Dietmar Keller
In den Mühlen der Ebene

Dietmar Keller

In den Mühlen der Ebene

Unzeitgemäße Erinnerungen

Karl Dietz Verlag Berlin

Mit 45 Abbildungen

ISBN 978-3-320-02270-9

© Karl Dietz Verlag Berlin GmbH 2012
Einband: Heike Schmelter, MediaService Berlin
Druck und Bindearbeit: Těšinska Tiskárna A.G.
Printed in Czechia

Omnis determinatio est negatio.
                                    Spinoza

Die Russen kommen

Ich wurde am gleichen Tag und Monat wie der Automobilbauer Gottlieb Daimler, der deutsche Stummfilmstar Brigitte Helm und der Schriftsteller Siegfried Lenz geboren. In meinem Geburtsjahr wurde Schalke 04 durch einen 2:0-Sieg gegen Vienna Wien Deutscher Fußballmeister, Hit des Jahres war »Heimat deine Sterne«, Film des Jahres »Wiener Blut« von Willi Forst. Der Zweite Weltkrieg wütete bereits dreißig Monate. Am 17. März 1942, dem Tag meiner Geburt, riet die deutsche Presse von Reisen über Ostern ab, weil die Reichsbahn Züge einsparen müsse, die für Militärtransporte gebraucht werden. Am 22. März wurde das Führerhauptquartier noch deutlicher: Ab sofort drohten Vergnügungsreisenden schwere Strafen bis hin zur KZ-Haft. Mein Vater war Soldat in Hitlers Armee, meine Mutter war allein und weinte viel, wie sie mir später gestand. Das Licht der Welt erblickte ich im elterlichen Schlafzimmer in einer Zweiraumwohnung im vierten Stock in der Chemnitzer Gellertstraße, Ofenheizung und die Toilette eine Treppe tiefer, das Haus genau auf der Achse zwischen dem Chemnitzer Schlachthof und dem Polizeisportplatz an der Planitzwiese, der heutigen Gellertwiese – Heimstatt der Chemnitzer Fußballclubs vom Polizeisportverein bis zum CFC. Mein Geburtshaus, nach Wiederaufbau unmittelbar nach Kriegsende, und das Stadion haben bis heute überlebt, nur der Schlachthof wurde nach der Wende eine große Verkaufseinrichtung, die »Sachsenallee«. Ich war im wahrsten Sinne des Wortes ein Soldatenurlaubskind.

Was in vergleichbaren Städten Kathedralen, Burgen und Schlösser sind, das waren in Chemnitz die Paläste und Dome des Maschinenbaus und der Textilindustrie. 1500 Gewerbe- und Industrieobjekte zeugen bis auf den heutigen Tag vom beachtenswerten Aufstieg einer alten Weberstadt zu einer modernen Fabrikstadt, die sich nach dem Urteil der Chronisten schon vor hundert Jahren weltweit einen guten Ruf erwarb. Ich wurde in dieser traditionsreichen Arbeiterstadt, dem berühmt-berüchtigten »Ruß-Chamts«, als Kind des Schlossers Herbert und der Verkäuferin Margarete geboren. Am 5. März 1945, ich war noch nicht drei Jahre alt, zerstörten alliierte Bomberverbände fast die ganze Chemnitzer Innenstadt. Das Datum markierte eine Zäsur in der fast tausendjährigen Stadtgeschichte, aber auch in meinem Leben: Es war der Tag, als Chemnitz sein Gesicht verlor. 1250 britische und amerikanische Flugzeuge verwandelten zwischen 22 und 22:45 Uhr durch Hunderttausende Brand- und Sprengbomben die Stadt in ein Flammenmeer. 72000 Wohnungen machten

Familienfoto, Dezember 1942

die Bomben unbrauchbar, fast zwei Drittel des Gesamtbestandes der Stadt.
Mehr als hunderttausend Menschen wurden obdachlos. Darunter auch meine
Familie. Meine Mutter erzählte mir später, sie habe aus der Wohnung in den
Himmel schauen können. Ich war noch zu jung, um davon Kenntnis zu nehmen. Aus Erzählungen meiner Familie erfuhr ich später, dass mein wunderbarer Großvater, Arno Kiess, mich und meine drei Jahre ältere Schwester Roswi-
tha sowie das für das Überleben Nötige auf einen Handwagen packte und mit
seiner Frau Maria und ihrer gemeinsamen Tochter, meiner Mutter, zu Fuß quer
durch das zerbombte Chemnitz in das etwa 25 Kilometer entfernte Leukersdorf brachte, wo wir bei der Altbauernfamilie Brummer – natürlich für diese
nicht uneigennützig – zunächst in deren Scheune einen Unterschlupf fanden.
Ich kann mich an all das nicht mehr erinnern, aber irgendwie müssen Begriffe wie Bescheidenheit, Dankbarkeit, solidarische Brüderlichkeit und gegenseitige Hilfe so oft gefallen sein, dass sie in mein Innerstes versenkt wurden und
mich später prägten.

Meine Erinnerungen setzen auf wundersame Weise nicht einmal acht Wochen später ein. Ich saß angezogen, in Decken eingehüllt, bei Nacht inmitten
der Familie, auf dem Holzdeckel des Troges im Waschhaus. Artilleriegeräu-
sche näherten sich grollend und furchterregend der Chemnitzer Stadtgrenze,

und einer der Erwachsenen sprach den Satz, der alle erstarren ließ: »Die Russen kommen.« Sie kamen dann wirklich über Leukersdorf und gingen weiter in Richtung Chemnitz, ohne von uns Notiz zu nehmen, der Satz aber: »Die Russen kommen«, war ein für allemal in mein Gedächtnis gebrannt.

An einem Sommersonnentag im August 1945 sah ich am Horizont einen Mann sich über die abgeernteten Stoppelfelder uns nähern, die Kleidung einer Uniform sehr ähnlich, die Haare blond und stoppelkurz geschoren. Je näher er kam, desto größer und gefährlicher wurde er. Ich rannte in meiner Not zu meiner Mutter mit dem Aufschrei: »Mama, ein Russe kommt.« Sie erschrak, kam, schaute und lief dem uns nähernden »Russen« in einem von mir bei ihr bisher nie gesehenen Tempo entgegen, das meine Ängste nur noch größer machte. Sie umarmte ihn ohne Ende und kam in seinem Arm weinend zu unserem Behelfsquartier zurück.

Ich verstand die Welt nicht mehr und verschwand grollend und eingeschnappt im Heu der Scheune. Das war meine erste bewusste Begegnung mit meinem leiblichen Vater. Er war da und für mich doch nicht da, wo war er nur die ganze Zeit gewesen und warum sah er wie ein Russe aus und nicht wie mein Großvater? Er war da, doch ich war nicht für ihn da. Welcher Schmerz für einen Vater. Dafür liebte ich meinen Großvater umso mehr. Als mein einziges Spielzeug, das Glück meiner Kindheit, eine eigentlich hässliche, aber für mich einzigartige Holzpuppe in einen Bach am Rande des Bauerngutes fiel und mit dem fließenden Wasser meinen Augen entschwand, rettete er sie. Mein Großvater war mein väterlicher Held, fing mit mir im Bach Stichlinge, die wir im Tiegel erhitzten und mit gebratenen Kartoffelschalen verzehrten. Das war die erste köstliche Mahlzeit, an die ich mich auch heute noch erinnere, wenngleich nicht mehr mit Genuss. Meine Welt war in Ordnung, denn ich kannte nur diese kleine Welt.

Wer aber war Lessing?

Im Herbst 1945, zurückgekehrt nach Chemnitz in die durch Großvater und Vater notdürftig reparierte Wohnung, etwas zugluftig und kalt, musste das Leben weitergehen. Es war Nachkriegszeit, die Achtung vor meinen Eltern und Großeltern wuchs später umso mehr, je mehr ich über die Nachkriegszeit las und sie zu begreifen begann. Vater und Mutter waren ohne Arbeit, der Vater vielfach auf Hamsterfahrten, die Schränke in unserer mehr als bescheidenen Wohnung wurden immer leerer, die wild handelnden und sammelnden Bauern, wie mein Vater meinte, immer reicher, glücklicher und unverschämter, die Gefahr, asozial und kriminalisiert zu werden, immer größer. Man nahm, was man sah, der Hunger und die Verantwortung für die Familie überdeckten die Gefahr, bei Unregelmäßigkeiten entdeckt zu werden. Auf deutsch: Man klaute, wo sich eine Möglichkeit bot.

Meine Bewunderung gilt heute noch diesen Nachkriegsmännern und Trümmerfrauen, die aus nichts etwas machten, aus getrockneten roten Rüben Kakao, aus Kartoffelschalen »Glitscher«, wie der Erzgebirgler sagte, ansonsten als Kartoffelpuffer bekannt, aus Futterrüben Eintopf, aus geriebenen Kartoffeln »Fitzfädelsuppe«. Die Bauern bewachten ihre Felder natürlich nicht mit Katapulten, sondern mit weggeworfenen Wehrmachtswaffen. Auch mein Vater musste oft Grenzen überschreiten, damit seine Familie etwas zu essen hatte. Diese einfachen Frauen und Männer sind die eigentlichen Helden der Nachkriegsgeschichte, weil sie uns eine Überlebenschance gaben. Wir, ihre Nachfahren, stehen in ihrer Schuld, unabhängig davon, ob sie in diesen Jahren selbst in Schuld standen.

Mein Vater ging mir in dieser Zeit erneut verloren, nach einer Reihe mehr zufälliger Aushilfsarbeiten entschied er sich in der ausweglosen Lage der Familie, zur Wismut nach Annaberg zu gehen: doppeltes Gehalt, soziale Sicherheit für die Familie, reichlich Wismut-Schnaps, eine bessere Lebensmittelversorgung und im Schacht Frauen, die auch überleben wollten, viel Ideologie, aber ohne Ideologie kein Überleben. Die Objekte wurden vom sowjetischen Militär überwacht, die Personalausweise dauerhaft einbezogen, Schachtausweise ausgeteilt. Ausgebombte und Arbeitslose, Kriegsheimkehrer und Glücksritter strömten dorthin. Alle wollten nur eines: überleben. Vater wurde Mitglied der SED, über die Gründe haben wir nie gesprochen, er wurde BGL-Vorsitzender in einem Schacht in Annaberg, wenige Monate später Verwaltungsleiter des Wismut-Kindererholungsheimes »Sachsenbaude« in Oberwiesenthal und kurz darauf Leiter eines der größten Wismut-Erholungsheime in Schwarzburg in Thüringen. Ein steiler Aufstieg eines zwar willigen, aber für diese Funktion zu wenig gebildeten Arbeiters, der auf sie nicht vorbereitet und deshalb überfordert war, der sich seiner Bestimmung und der einmalig gebotenen Chance ergab und deshalb genau so schnell tief stürzen musste, wie er aufgestiegen war. Wer in Schwarzburg mit Sepp Wenig und den vielen anderen Helden der Wismut im Feiern und Saufen nicht mithalten konnte, musste schon, ob er wollte oder nicht, einen Schritt zurückgehen. Wolfgang Grellmann war mit seinem Wismut-Orchester Stammgast, der Präsident der Republik, Wilhelm Pieck, besuchte das Erholungsheim. Es wurde gefeiert ohne Pause. Der Krieg war endgültig vorbei, eine neue Zeit hatte begonnen.

Meinem Vater wurde die Leitung des Wismut-Erholungsheimes in Zinnowitz an der Ostsee angeboten. Jetzt aber sprach meine Mutter das letzte Wort. Krieg, Gefangenschaft, Annaberg, Oberwiesenthal, Schwarzburg – nun war Schluss mit der Trennung von der Familie. Der Weg des Vaters zurück nach Chemnitz mündete 1952 mit seinem Eintritt in die Transportpolizei und wegen unbotmäßigen politischen Verhaltens vor, während und nach dem 17. Juni 1953 mit dem Ausschluss aus der SED und der fristlosen Entlassung aus der Transportpolizei. Ein schneller Aufstieg und Fall eines Arbeiters, der an einen demokratischen Aufbruch geglaubt und sich in den Stricken seiner eigenen Karriere verfangen hatte. Davon erholte er sich bis zu seinem Tode nicht.

1948 war ich eingeschult worden, in die Lessingschule II, vielleicht war es Zufall, wenn ja, dann ein für mich glücklicher. Was ich damals noch nicht begreifen konnte, prägte sich später Jahr für Jahr vor allem dank meines Klassen- und Deutschlehrers, Waldemar Schlosser, immer tiefer in meinen Kopf ein: Lessings ganz einfache und doch fundamentale Geschichtsphilosophie. Je mehr meine Lehrer darüber sprachen, desto mehr begann ich darüber nachzudenken: »Denn gründen alle sich nicht auf Geschichte? Geschrieben oder überliefert! – Und Geschichte muss doch wohl allein auf Treu und Glauben angenommen werden? – Nicht? – Nun wessen Treu und Glauben zieht man denn am wenigsten in Zweifel? Doch der Seinen? Doch deren Blut wir sind? Doch deren, die von Kindheit an uns Proben ihrer Liebe gegeben? Die uns nie getäuscht, als wo getäuscht zu werden uns heilsamer war? – Wie kann ich meinen Vätern weniger, als du den deinen glauben? Oder umgekehrt – kann ich von dir verlangen, dass du deine Vorfahren Lügen strafst, um meinen nicht zu widersprechen? Oder umgekehrt.« Gottfried Ephraim Lessing, von dem ich zu Hause nie gehört hatte, dessen Ideen aber mir in der Schule immer wieder begegneten, wurde mir mit seinem »Nathan der Weise« zu einem Wegweiser. Nichts konnte mich mehr davon abbringen. Nicht einmal ein schönes und doch beschwerliches Jahr Dorfschule in Schwarzburg in Thüringen hatte das geschafft, wohin

Einschulung, 1948

meine Mutter mit uns Kindern ihrem Mann misstrauisch nachgezogen war. Das einst imposante Schloss Schwarzburg auf einem Bergsporn im idyllischen Schwarzatal wurde 1071 erstmals urkundlich erwähnt. Dass die erste Demokratie auf deutschem Boden in Schwarzburg und nicht in Berlin oder Weimar in Kraft gesetzt wurde, lag einzig und allein daran, dass Reichspräsident Ebert damals seinen Sommerurlaub in dem kleinen Ort verbrachte. Eine fast identische Geschichte wie die Wahl Bonns zur Hauptstadt der Bundesrepublik durch die Verweigerung Adenauers, sein Haus und seine Wohnstatt in Königswinter am Rhein aufzugeben. Hitler wollte an der fast tausendjährigen Geschichte anknüpfen und das Schloss Schwarzburg zu einer Unterkunft für ausländische Staatsgäste umbauen. Von all dem erfuhr ich erst viele Jahre später. Ich ging in die einklassige Dorfschule, wo die Sechs- bis Zehnjährigen in einer Klasse unterrichtet wurden, hatte Geschichtsunterricht beim Dorfpfarrer, lernte von den Dorfjungen Forellen, breitbeinig in der Schwarza stehend, mit einer spitzen Gabel zu fangen, und fand mein Glück in einem Hund, drei Gänsen und zehn Hühnern, die meine Eltern mir schenkten.

Zurückgekehrt nach Chemnitz, schien es meinen Eltern, als führe von der Taufe im Dezember 1942 in der St. Markus Kirche auf dem Sonnenberg, den etwa zweihundert Stunden Religionsunterricht und der Konfirmation im März 1956 für mich ein gerader Weg. Doch das war ein Irrtum. Die langweiligen Stunden im Religionsunterricht, die Schläge des Religionslehrers und Katecheten Reinicke bei Unaufmerksamkeit mit dem Lineal auf die Finger waren nicht meine Welt gewesen. Auch mein Konfirmationsspruch, »Wachet und betet, dass ihr nicht in Versuchung fallet. Der Geist ist willig, aber das Fleisch ist schwach« (Markus 14, 38), entsprach mir nicht. Lessing schien mir viel näher als Jesus zu sein, da hatte ich allerdings von dessen Bergpredigt noch nie etwas gehört.

Die Pioniere und ihre Organisation in der Schule waren für mich schon eher von Interesse. Da gab es anregende Gespräche, Sport, Spiele und kulturelle Angebote, die mich neugierig machten. So wurde ich Ende 1948 Pionier in der Freundschaft »Sturmwind«. Ich weiß nicht mehr, ob dieser Schritt durch die Überzeugungskraft der Lehrer an der Schule oder durch Ermunterung der Eltern erfolgt war. Letzteres glaube ich aber kaum. Ich weiß allerdings noch, dass ich die Gesetze der Jungen Pioniere für mindestens gleichwertig mit den Zehn Geboten der Religion und für nachahmenswert hielt: Junge Pioniere achten den Menschen, lieben ihre Heimat, sind Freunde der Sowjetunion, halten Freundschaft mit anderen Völkern, achten ihre Eltern, lieben die Wahrheit, lernen gut, helfen überall mit, sind zuverlässig, halten ihren Körper sauber und gesund, schützen die Natur, sind einander Freund und halten ihr blaues Halstuch in Ehren. Das waren zwar drei Gebote mehr als die Zehn Gebote der

Kirche, aber sie sprachen mich an, waren nachvollziehbar, und das Leben in der Pionierorganisation war viel lustiger als das in der Kirche. Vater und Mutter waren politisch nicht sehr interessiert, in ihrer ideologischen Haltung sehr sozial und liberal, manchmal sehr konservativ. Ich wurde in einem kleinbürgerlich-proletarischen, etwas bildungsfernen Elternhaus groß. Der Krieg und die Nachkriegszeit hatten in unserer Familie manche Narbe hinterlassen.

Das hatte mir den Weg in die Pionierorganisation relativ leicht gemacht, da wurde auch politisch über vieles diskutiert, was ich bisher noch nicht gehört hatte. Ich war unter gleichaltrigen Schülerinnen und Schülern, die sich offen und frei bewegen konnten und über Gott und die Welt, auch wenn sie noch wenig davon verstanden, sprechen und ihre kindlichen Phantasien austoben konnten. Der ideologische Weihrauch und die Verneblung und Verblendung setzten erst später ein. Als Arbeiterkind, guter Schüler und Junger Pionier bekam ich zweimal in der Woche in einem Gebäude in der Nähe der St. Markus-Kirche, etwa einen Kilometer von meiner Schule entfernt, kostenfrei ein warmes Mittagessen, abwechselnd Haferflocken und Gräupchen, die mir heute noch ein wenig Übelkeit bereiten. 1951 nahm ich am Pioniertreffen in Dresden und 1952 am Deutschlandtreffen in Berlin teil, sah zum ersten Mal in meinem Leben andere Großstädte, die Fahrten waren unvergesslich, die Verpflegung traumhaft. Mit mehreren Papierbeuteln, voll von Bananen und Würstchen, die ich mir vom Munde abgespart hatte, kam ich nach Hause zurück und leistete damit meinen ersten Beitrag zur Versorgung der Familie.

Welch ein beglückendes Gefühl für mich. Das war meine Welt, ich wurde ernstgenommen. Ich erinnere mich, dass wir bei der großen Demonstration beim Deutschlandtreffen in Berlin Unter den Linden voller Begeisterung merkwürdige Sprüche skandierten: »Wir brauchen einen Vogelbauer, für den Minister Adenauer, der Vogelbauer ist zu klein, es muss ein Raubtierkäfig sein!« So richtig wusste ich gar nicht, wer Adenauer eigentlich war. Aber wenn alle das riefen, war er bestimmt ein schlechter Mensch.

Der 17. Juni 1953 blieb mir in Erinnerung als der Tag, an dem der Klassenausflug zum Leipziger Zoo wegen Unruhen im Land nicht stattfinden konnte. Wir hatten uns seit Wochen darauf gefreut. Mein Pionierleiter an der Schule sprach den verhängnisvollen Satz: »Ruhe ist die erste Bürgerpflicht.« Das war klar und deutlich, und das glaubte ich auch zu verstehen.

Mein Vater hatte aber offensichtlich etwas anderes mit mir vor. Er wusste aus seiner Biographie, dass nur der Stärkere sich im Leben durchzusetzen vermag. Ich habe mich mein Leben lang nie aus eigenem Antrieb geprügelt, bin auch jeder Prügelei aus dem Weg gegangen, obwohl ich manchmal ein unbedachtes und böses Wort pflegte. Einmal im Frühjahr 1954 verprügelte mich ein Klassenkamerad, er war Ausländer und hatte eine schnelle Faust. Mit blutender

Nase ging ich nach Hause, um Mitleid zu erregen. Als mein Vater diese Geschichte hörte, schlug er selbst noch einmal zu, aus Strafe, weil ich mich nicht gewehrt hatte. Daraus erwuchs eine kleine Lebensweisheit: Lass dich niemals für ein und dieselbe Sache zweimal bestrafen. Denk daran, dass du dich im Leben, wenn du eine Chance haben willst, durchsetzen musst. Ich begriff: Wer, wenn nicht ich selbst, ist seines Glückes Schmied. Du musst handeln, wenn es geht, nicht mit Fäusten und Gewalt, sondern mit besseren Überzeugungen und Argumenten. Diese Lektion habe ich ziemlich schnell begriffen.

Ansonsten war ich ein guter bis mittelmäßiger Schüler, etwas fußballverrückt, kein Schuhwerkverbot, wenn ich überhaupt welche hatte, das meine Gnade erfuhr, kein geschändeter Schuh, der nicht die handgreifliche Antwort meines Vaters fand. Aber ich war durch die väterlichen Schläge nicht verbockt, ich war offen, kommunikativ und im Organisieren gewandt, hatte Ideen und Vorschläge. Wenn nichts mehr ging, dann ging ich: Wer, wenn nicht ich! So wurde ich bald Gruppenratsvorsitzender meiner Klasse und schon wenig später Freundschaftsratsvorsitzender an der Lessing-Schule, warum, weiß ich heute nicht mehr zu erklären. Ich hatte zwar nichts zu entscheiden und zu sagen, aber ich bildete mir ein, alles sagen zu können, was die Mitschüler bewegte.

Nur einmal ging das völlig schief. Ich sollte auf einer Stadtdelegiertenkonferenz der SED das berühmte Grußwort der Pionierorganisation sprechen. Natürlich bekam ich die Rede zum Üben mit nach Hause. Mein Vater, ausgeschlossen aus der SED, fand sie stinklangweilig und im schlimmen »Funktionärsdeutsch« verfasst. Also schrieb er mir eine andere und viel bessere Rede. Ich erinnerte mich an meinen verehrten Deutschlehrer Waldemar Schlosser und an Lessings »Denn gründen alle sich nicht auf Geschichte?«, trug schließlich vor, was er geschrieben hatte. Ich sehe heute noch die entsetzten und vorwurfsvollen Gesichter vor mir. Nach der Wende erfuhr ich, dass ich seitdem in den Akten des Ministeriums für Staatssicherheit geführt wurde. Ich war erst zwölf Jahre alt und wurde registriert in einem Sicherungsvorgang: »Personen, an denen der Staatssicherheitsdienst vorbeugendes Interesse« hatte. Mein Weg als Gruppenrats- und Freundschaftsratsvorsitzender führte mich geraden Weges zur Jugendweihe, die ich vier Wochen nach der Konfirmation im April 1956 erlebte.

Ich hatte damit manches für mich Wichtige entschieden, aber noch war auf meinem Weg vieles offen. Es gab eine bezwingende Nähe zwischen christlichem und sozialistischem Gedankengut, besonders in Bezug auf soziale und moralische Grundauffassungen. Was mir letztlich an der Kirche missfiel, waren die Mystifizierung, die Kompliziertheit ihrer Geschichte und die vielen Rituale. Erst später merkte ich, dass meine sozialistische Welt sich davon nicht unterschied. Im gleichen Anzug wie bei der Konfirmation, drei Nummern zu groß, an den Armen und Beinen eingenäht, gedacht zur Benutzung in den nächsten Jahren, mit einer Brustweite, die durchaus noch ein göttliches Mahl vertragen hätte (was es allerdings nicht gab), sprach ich das Gelöbnis der Jugendweihe. Da heute viele Märchen darüber im Umlauf sind, sei es zitiert: »Seid ihr bereit, für ein glückliches Leben der werktätigen Menschen und ihren Fortschritt in Wirtschaft, Wissenschaft und Kunst zu wirken? Seid ihr bereit, für ein einheitliches, friedliebendes, demokratisches, unabhängiges Deutschland mit eurem ganzen Wissen und Können einzutreten? Seid ihr bereit, im Geiste der Völkerfreundschaft zu leben und restlos eure Kräfte einzusetzen, um gemeinsam mit allen friedliebenden Menschen den Frieden zu verteidigen und zu sichern? Ja, das geloben wir!« Erkläre mir einer, warum ich als 14-jähriger junger Mensch nicht dieses Gelöbnis sprechen sollte. Das Credo »Nie wieder Krieg« war für mich überzeugend und schlüssig, eine Aufforderung für mein Leben, ein Credo, für das ich mich nie zu schämen brauchte, auch wenn es mitunter missbraucht wurde.

Die Abschlussprüfung an der Grundschule bestand ich mit »gut«, eine Eins im Gesamtverhalten, im Fleiß, in Mitarbeit und Ordnung, in Deutsch, Geschichte, Gegenwartskunde und Biologie, eine Zwei in Betragen, Rechnen, Russisch, Erdkunde, Physik, Chemie, Turnen, Gesang und Zeichnen. Mit einem Schreiben vom 16. Mai 1956 erhielt ich die Zulassung »in unsere französische Klasse« der Friedrich-Engels-Oberschule und sollte mich demgemäß »am 1. September 1956, 7.15 Uhr in der Aula derselben einfinden«. Wenige Tage später bekam ich von der Abteilung Volksbildung des Rates der Stadt die »Gewährung von monatlich DM 25,– Unterhaltsbeihilfe und volle Schulgeldfreiheit« mitgeteilt. Mein weiterer Weg war damit ziemlich sicher. Meine Welt war immer noch in Ordnung.

Engels, Marx oder Hartmann?

Nun war ich Oberschüler, weniger wegen meiner Zensuren als vielmehr wegen meiner sozialen Herkunft und meiner vielfältigen gesellschaftlichen Aktivitäten. Im Abschlusszeugnis der Lessing-Schule II hieß es: »Dietmar ist ein strebsamer und ehrgeiziger Schüler. Die ihm übertragenen Aufgaben erledigte er gewissenhaft und sorgfältig. 1953 erhielt er das ›Abzeichen für gute Arbeit in der Schule‹, 1954 die ›Philipp-Müller-Medaille‹. Er gehörte der AG Grafik an. Als aktiver Pionier leistete er freiwilligen Arbeitseinsatz beim Bau der Aula.«

Mit der Grundsteinlegung 1871 war der Bau einer der schönsten Chemnitzer Schulen begonnen worden. Am Rande des Kaßberges gelegen, dessen Bewohner meist zum gehobenen Bürgertum gehört hatten, entstand in unmittelbarer Nachbarschaft zum Königlichen Amtsgericht und dem ehemals Königlichen Finanzamt ein wunderbares humanistisches Gymnasium, das sich architektonisch der Renaissance verpflichtet fühlte. Hier war man wirklich zu Hause, auch wenn der ästhetische Unterschied zwischen elterlicher Dachgeschosswohnung und diesem Gebäude für mich gewaltig war. Zu den Schülern des Gymnasiums hatten bedeutende Persönlichkeiten gehört: die Mitbegründer des deutschen Expressionismus Ernst Ludwig Kirchner und Karl Schmidt-Rottluff, dessen Name das Haus seit 2002 trägt, Stefan Heym, im April 1913 geboren, der in seiner Schulzeit noch Helmut Flieg hieß und wegen eines antimilitaristischen Gedichtes 1933 die Schule verlassen musste. In seiner Autobiographie »Nachruf« schrieb er über diese ihn prägende Zeit: »Je älter ich werde, desto öfter denke ich über die verworrenen Wege nach, die der Mensch geht, und wie es wohl kommen mag, dass er diesen einschlägt und jenen nicht.« Zu den Schülern gehörte auch Stephan Hermlin, im April 1915 als Rudolf Leder geboren. Beide, später große deutsche Schriftsteller, waren jüdischer Herkunft und stammten aus alten Kaufmannsfamilien, lebten nur einen Sprung voneinander entfernt auf dem Kaßberg. Auch Hermlin bekannte sich später zu einer konsequenten Haltung: »Ich konnte nicht außerhalb der Zeit stehen, in der ich lebte.« Zu den Schülern des Gymnasiums gehörten auch der Verleger und – unter Ulbricht – Bautzenhäftling Walter Janka, für kurze Zeit auch der spätere Bundespräsident Johannes Rau und Harry Ott, später Botschafter der DDR bei der UNO. In diesem Gymnasium, das 1949 den Namen Friedrich-Engels-Oberschule durch Beschluss der Stadtverordnetenversammlung erhalten hatte, war ich nun gelandet.

Demut und Ehrfurcht hätten mich eigentlich in die Knie zwingen müssen. Die beiden großen Gymnasien der Stadt trugen die Namen von Engels und Marx, beide große Denker des 19. Jahrhunderts. Warum eigentlich? Beide hatten doch mit der Stadt und ihren Bildungseinrichtungen nie eine persönliche Verbindung gehabt. Andere Namen hätten sich geradezu aufgedrängt, hatten doch solche bedeutenden Persönlichkeiten wie der Vater der Mineralogie Georgius Agricola, der Maschinenfabrikant Richard Hartmann und der Opernsänger und Intendant Richard Tauber hier gewirkt. Richard Hartmann hatte 1837 die Sächsische Maschinenfabrik gegründet. Bis zu deren Auflösung im Krisenjahr 1929 wurden in Chemnitz fast 5000 Dampflokomotiven hergestellt. Einige waren bis in die sechziger Jahre auf den Strecken der Deutschen Reichsbahn der DDR im Einsatz. Nicht umsonst wurde Hartmann der »Lokomotivenkönig« genannt. Er vollbrachte eine bemerkenswerte persönliche und industriegeschichtliche Leistung. Doch all das bewegte mich noch nicht. Der Geist der neuen Zeit bestimmte ganz offensichtlich die Namensgebung, bürgerliche Traditionen waren nicht gewünscht und verpönt.

Mein erster Tag in der Oberschule auf dem Kaßberg wurde für mich zu einem schwarzen Tag und zu einer Demütigung. In den ersten 14 Jahren meines Lebens hatte ich Armut nie als Schande empfunden. Wir heizten in unserer Dachgeschosswohnung meist mit Braunkohlenstaub, weil wir uns Briketts nicht leisten konnten, wir hatten keine Bücher, keinen Plattenspieler, kein Tonbandgerät oder eine Filmkamera, ein alter Volksempfänger war das Glück meines Vaters, der mitunter mit dem Ohr am Lautsprecher mehr ahnte, als er hörte. Wir wuschen unsere Wäsche im Waschhaus mit der Hand, aus dem Schlachthof holte ich Eisriegel für unseren handbetriebenen Kühlschrank mit Wasserablauf, ich hatte kein Fahrrad, spielte Fußball im Zeisigwald oftmals barfuß. Wir badeten einmal in der Woche in der Zinkbadewanne in der Küche in der Altersreihenfolge der Familie, natürlich alle im gleichen Wasser. Das alles hat mir wenig ausgemacht, nur die Toilette eine Treppe tiefer war alles andere als schön und für mich als Kind nachts natürlich eine Mutprobe.

Wer aus meiner Familie war nur auf die Idee gekommen, mich am ersten Schultag auf der Oberschule mit Knickerbocker zu verkleiden, auch wenn sie damals noch zur traditionellen Schulkleidung gehört hatten? Aber die Zeit verging rasend, und Mitte der fünfziger war nicht mehr Anfang der fünfziger Jahre. Ich sah nicht nur fürchterlich aus, ich fühlte mich auch so. Und dann die mitleidigen Blicke und das Geflüster der Mitschülerinnen und Mitschüler aus »gutem Haus«. So wurde der erste Tag für mich eine persönliche Niederlage. Dieser erste Schultag, an dem ich auf der Toilette fürchterlich weinte, hat mich mehr geprägt als später viele kluge Sätze von Marx und Engels. An diesem Tag waren sie mir wie auch andere mögliche Namenspatronen völlig gleichgültig.

Wer in der Grundschule Freundschaftsratsvorsitzender war, war natürlich in der Oberschule als Mitglied der Zentralen Schulgruppenleitung der FDJ erste Wahl. Bereits im Dezember 1955 war ich an der Lessingschule Mitglied der FDJ geworden oder richtiger formuliert, der Pionierleiter der Schule teilte mir mit, dass ich wegen meiner guten Arbeit als Pionier in Ehren in die FDJ übernommen worden war. Der Mitgliedsbeitrag betrug zehn Pfennige im Monat und wurde ohne Diskussion von meinen Eltern abgenickt. Ich musste allerdings alle entstehenden Kosten durch das Sammeln von Altpapier selbst erwirtschaften. Die Engels-Oberschule hatte einen hauptamtlichen FDJ-Sekretär, und ich dachte, dass meine Mitarbeit mir natürlich nicht schaden, sondern mir eher nützen würde.

Meine Lehrer waren mir wohlgesinnt. Nur mit einem hatte ich meine Schwierigkeiten, mit meinem Direktor Gierich, bei uns genannt »Die Träne«. Es begann damit, dass die Marx-Oberschule schon traditionell am Faschingsdienstag ihren Schülerinnen und Schülern manche Freiheiten ließ. Sie marschierten in Faschingskostümen quer durch die Stadt zur Hohen Straße, dem Sitz unserer Schule, wohl wissend, dass wir diese Freiheit nicht hatten. Wir durften die Schule nicht verlassen und standen traurig am Fenster, die Mädchen vorn, die Jungen dahinter auf den Bänken. Ich bekam dafür einen Tadel ins Schülertagebuch: »Dietmar steht auf der Bank.« Mein Vater nahm es gelassen zur Kenntnis und unterschrieb mit »g. g. g., H. K.«, was nichts anderes bedeutete als »gesehen, gelesen, gelächelt«.

Natürlich musste sich die Schülerschaft für diese Niederlage revanchieren. Am nächsten Morgen kamen wir nicht wie gewohnt zum Schulbeginn 7.15 Uhr in die Schule, sondern trafen uns am Fuße des Kaßberges in Trauerkleidung und marschierten mit einem Kranz und einer Schleife »Wir begraben den Humor unserer Lehrer« zur Oberschule in der Hohe Straße. Vor der Eingangstür stand breitbeinig und todernst der Direktor, hinter ihm mit freundlicheren Gesichtszügen eine Reihe von Lehrern. Der Direktor drohte den Organisatoren dieses Aufmarsches mit dem Ausschluss von der Schule, der Geschichtslehrer Siegert beschwichtigte die Situation. Wir mussten den Kranz im Foyer ablegen und begaben uns ohne Worte in unsere Klassenzimmer, befürchteten einen Riesenkrawall, doch unsere Lehrer machten das einzig Richtige, sie gingen ohne Worte zur Tagesordnung über und Punkt 8.15 Uhr begann der Unterricht, als wäre an der Schule nichts passiert. Weil sich kein anderer fand, wurde ich auch noch Wandzeitungsredakteur. Meine schnelle Feder hatte sich herumgesprochen. »Das warst du in der Lessingschule doch auch«, lautete die Begründung. Die Ausgabe nach dem Fasching erschien unter dem Titel »In diesem Haus: Lachen verboten!«, auf völlig schwarzem Untergrund und ohne einen einzigen Beitrag. Und wiederum geschah nichts. Spätestens zu diesem

Helfer im Ferienlager, beim Fahnenappell, 1958

Zeitpunkt hätte ich über meinen Direktor nachdenken müssen. Er möge mir verzeihen, dass ich es nicht getan habe. Wir waren ungestüm und mitunter an der Grenze zur Unvernunft.

Wenige Meter von der Schule entfernt war das Karl-Marx-Städter Untersuchungsgefängnis. Wir hatten unseren Spaß daran, aus dem obersten Stockwerk der Schule, aus dem Schulgarten und von der Turnhalle aus Papiertauben zu werfen. Auf diesen standen wundersame Texte, wie »Bis bald, mein Freund« oder »Morgen an dieser Stelle«. Dann kamen irgendwelche Herren in die Schule, gingen durch die Reihen, musterten uns und stellten Fragen, gingen mit ernsten Blicken durch alle Räume, öffneten und verschlossen die Fenster und verschwanden wieder. Unsere Direktion und unsere Lehrer konnten oder wollten sich beim besten Willen keine Untat ihrer Schüler vorstellen. Heute erscheint mir das alles wie aus einer anderen Welt. Aber es war so und nicht anders.

Noch einmal brachte ich unseren Direktor in arge Bedrängnis. Er war Neulehrer, Dorfschullehrer, wurde Geschichtslehrer und Direktor, aber er war eine grundehrliche Haut. Selten hatte ich bisher bei einem Lehrer bei einer neugierigen Frage die Antwort erhalten: »Das weiß ich leider auch nicht, aber ich werde mich erkundigen.« Allein für dieses Bekenntnis hätte er meine Hochachtung verdient gehabt. Natürlich war er Genosse, sonst wäre er wohl nie Direktor einer Oberschule geworden. Er war aber immer der ruhige, bescheidene und glaubwürdige Genosse, im Gegensatz zu vielen anderen, die auch an der Schule wirkten. Natürlich wusste ich, dass der Schriftsteller Stefan Heym ein ehemaliger Schüler unseres Hauses war, im Streit die Schule hatte verlassen müssen und seitdem – außer 1945 beim Durchmarsch der amerikanischen Truppen durch Chemnitz – sie nie wieder betreten hatte. So richtig verstand ich nicht, warum er bei den Parteioberen in Berlin in Ungnade gefallen war. Als Verantwortlicher für Kultur in der FDJ-Schulleitung war ich natürlich immer auf der Suche nach interessanten Veranstaltungen. Der Deutschlehrer und Schriftsteller Günter Spranger ließ mir auf meine Anfrage nach einiger Zeit eine Adresse zukommen, ich schrieb, lud Heym zu einer Lesung in seine ehemalige Schule ein, und er sagte zu. Jetzt brauchte ich natürlich einen Veranstaltungsort, mir schien die Aula der Schule der einzig mögliche zu sein.

Mein Direktor erblasste, als ich ihm von meinen Vorhaben erzählte und die Antwort Heyms überreichte, aber er bewies Fassung. Die Veranstaltung glitt mir aus den Händen oder besser, wurde mir vorsorglich aus den Händen genommen, ich hatte ab sofort nichts mehr zu sagen. Heym kam, und in der Aula saßen viele Leute, die ich in der Schule noch nie gesehen hatte. Am 13. Oktober 1959 veröffentlichte die Volksstimme, das damalige »Organ der Bezirksleitung der SED Karl-Marx-Stadt« einen Artikel von mir, in dem es hieß: »Vor Vertretern des öffentlichen Lebens und vielen Oberschülern las Stefan Heym aus seinem noch nicht veröffentlichten Werk ›Der Präsentkorb‹ … viel Beifall gab ihm die Gewissheit, dass er verstanden worden war. Der Applaus wollte nicht enden, als ihm im Auftrage des Rates der Stadt die Ehrenmedaille unserer Stadt verliehen wurde.« Die mir unbekannten anwesenden Herren waren zufrieden, die Vertreter der Stadt gaben sich jovial, mein Direktor atmete tief durch, blinzelte mir zu und war ebenfalls zufrieden, dass es keinen Ärger gegeben hatte.

Betrachte ich heute meine Oberschulzeit, so komme ich zu dem Schluss, dass ich wunderbare Lehrerinnen und Lehrer hatte, auch wenn mein Verhältnis zu ihnen damals nicht immer wunderbar war. Dass ich mich heute, mehr als ein halbes Jahrhundert später, noch an ihre Namen erinnere, spricht ausschließlich für sie. Drei Lehrer muss ich gesondert erwähnen: »Kitsch-Büttel« Martin Richter, als ehemaliger Kunstmaler war natürlich Zeichnen und Kunsterziehung sein Lehrgebiet. Die einzige Schulmappe, die heute in meinem Archiv noch einen Platz hat, ist »Kunsterziehung 9A bis 12A«. Er hat uns auf wundersame Weise die Bildwelt und Architektur der Menschheitsgeschichte nahegebracht.

Der andere war der Musiklehrer und Chorleiter Günter Muck, der uns in die Welt der klassischen sinfonischen Musik einführte und es wunderbar verstand, unsere mitunter einseitige Vorliebe für Unterhaltungsmusik auf Achtung für die Klassiker zu übertragen. Ansonsten war er auch ein Unikum. Ich habe bis heute wenig Ahnung von der Macht der Noten und bewundere die Musikkritiker, die bei Konzerten die Partituren auf den Knien haben und die Dirigenten und Orchester kritisch begutachten. Auch ich hatte einmal ein aufgeschlagenes Notenheft auf den Knien, allerdings bei einer Klassenarbeit im Fach Musik bei Günter Muck. Als er den Gang zwischen den Schulbänken betrat und sich mir näherte, zitterten meine Knie vor Angst und Scham der Entdeckung des Betruges so sehr, dass das Heft zwischen den Knien durchrutschte und mit einem plumpen Ton auf dem Fußboden aufschlug. Muck: »Geigenklänge sind jetzt gefragt und nicht Pauken!« Ich mochte ihn natürlich auch dafür.

Der dritte für mich außergewöhnliche Lehrer war der Geschichtslehrer und Historiker Günter Siegert. Wenngleich ich nicht alles verstand, was er uns zu vermitteln versuchte, sein Geschichtsverständnis aber war für mich prägend: Mein Junge, du musst dir immer ins Gedächtnis rufen: Es gibt nicht nur eine Sicht auf die Geschichte, wie es auch nicht nur eine Wahrheit gibt. Bemühe dich, Geschichte immer nur von ihrem Anfang aus zu betrachten, niemals vom Ende, auch wenn der Anfang oder das Ende noch so wunderschön oder tragisch sind. Mit der Geschichte ist es wie mit einem Gegenstand. Ein Tisch ist und bleibt ein Tisch. Man sieht ihn nur anders, wenn du auf dem Tisch stehst oder unter ihm liegst. So oder ähnlich muss er einmal zu mir bei einem Spaziergang während der Hofpause gesprochen haben. Nach Lessings Geschichtsphilosophie vermittelte mir Siegert viel für mein späteres Geschichtsverständnis.

Ansonsten quälte ich mich durch den Unterricht, insbesondere Latein und Französisch waren nicht nach meinem Geschmack, meine Leistungen dementsprechend bescheiden. Mein Kopf und meine Interessen waren auf Wanderschaft. Die soziale Ungleichheit trieb mich um, nicht als politische oder ideologische Frage, so weit dachte ich zu dieser Zeit noch nicht, sondern als ein zutiefst menschheitsgeschichtliches Problem. Die gleichaltrigen Ärztesöhne Freitag und Hammer, die Parallelklassen besuchten und im Prinzip nette Jungen waren, fuhren nagelneue Kleinmotorräder »Jawa«, trugen bei den Schulmeisterschaften und bei Prüfungen in der Leichtathletik Spikes und nebenbei noch tolle Trainingsanzüge und Freizeitklamotten. Ich bekam mit 16 Jahren von meinem Großvater ein altes Damenfahrrad, das mich unendlich glücklich machte, lief bei den Schulmeisterschaften die 100 Meter und die 1000 Meter barfuß, weil ich nicht einmal Sportschuhe besaß. Die Töchter und Söhne aus den Kreisen der Intelligenz hatten nicht nur materielle Vorteile und damit mehr Siegchancen, die Jungen hatten darüber hinaus bei den schönsten Mädchen der Schule auch noch die größten Chancen. Eine mich doch sehr bedrückende Ungerechtigkeit. Den Zusammenhang begriff ich erst viel später, als es mir besser ging und ich auf der Seite der sozial gut Gesicherten stand.

In meinem Innersten aber am meisten wundgescheuert war ich, als meine erste Freundin, ein wenig Liebe war bestimmt auch dabei, die Tochter eines Chefarztes aus dem Krankenhaus an der Scheffelstraße, mir eröffnete, dass sie mich zu ihrer Geburtstagsfeier nicht einladen könne und dürfe, da ihr Vater gegen jede Form solcher sozialen und freundschaftlichen Kontakte war. In diesen Momenten waren mir Marx und Engels natürlich viel näher als Kirchner oder Schmidt-Rottluff, als Agricola oder Hartmann. Es war kein sozialer Neid, der mich umtrieb, es waren eher Minderwertigkeitsgefühle, die mich plagten und die sich zunehmend mit einer spürbaren Sensibilität für Gerechtigkeit und Ungerechtigkeit verbanden.

Mein jugendliches Herz war krank und meine Seele zutiefst verletzt, und nur die Aussicht, nun endlich während der Schulzeit auf irgendeine Weise selbst Geld zu verdienen, nahm mir mein Minderwertigkeitsgefühl. Beifahrer auf einem LKW in einem Lebensmittellager war mein erster Job, bis zu diesem Moment hatte ich noch nie so viele angeblich beschädigte und deshalb »abgeschriebene Brucheier« gesehen und gegessen. Nachhilfeunterricht für Kinder der Grundschule mit manchmal sehr anlehnungsbedürftigen Müttern, Hilfstransportarbeiten auf dem Güterbahnhof Karl-Marx-Stadt, Hilfsarbeiten an der Bandförderstrecke im Steinkohlebergbau in Oelsnitz waren noch die einfachsten Möglichkeiten. Das waren zum Teil schwere und knochenharte Arbeiten, um am Abend, während der Nacht oder an den Wochenenden etwas Geld zu verdienen. Der Verdienst lag in einem Bereich, worüber zu schreiben normalerweise die Feder streikt. So erinnerte mich eine Abrechnung der Lohnbuchhaltung des Güterbahnhofes daran, für 109,5 Stunden einen Bruttolohn von 133,74 DM einschließlich Erschwerniszuschlägen, Wochenendvergütungen und einer Prämie erhalten zu haben. Aber ich hatte zum ersten Mal selbstverdientes Geld in der Hand.

Die Achtung meines Vaters stieg. Auch ich habe ihn geachtet und vielleicht sogar als Vater sehr gemocht, obwohl er mir das Leben nicht immer einfach gemacht hat. Seine Schläge mit der Hand oder auch mit Hilfsmitteln habe ich lange weggesteckt, mehr schmerzten mich Hausarrest und Stubenarrest, wenn im Stadion an der Gellertstraße ein Fußballspiel war. Ich liebte Fußball über alles und schaute während des Spiels zwei Stunden aus dem Dachfenster in Richtung Stadion, versuchte am Lärmpegel den Spielverlauf nachzuvollziehen. Nur Fußballnarren können vielleicht nachempfinden, was diese Strafe für mich bedeutete. Ich selbst spielte, schon während der Grundschulzeit, bei der BSG Lokomotive Karl-Marx-Stadt auf dem Sportplatz am Hohlweg als Torwart, bekam dort auch meine ersten Fußballschuhe, die mindestens schon zehn Mann vor mir getragen hatten, aber jetzt war ich ein richtiger Fußballer. Während der Oberschulzeit spielte ich auch Volleyball und Hallenhandball. Die Medaillen und Urkunden als Stadt- und Bezirksmeister waren für mein Selbstwertgefühl unendlich wichtig. Einmal wurde ich sogar in die Bezirksauswahl Fußball berufen.

Und wieder einmal schrieb ich einen Artikel für die »Volksstimme«: über ein Hallenhandballturnier, er erschien auf der Sportseite am Montag, den 19. Oktober 1959. Einige Tage später erhielt ich für mich völlig überraschend einen Brief des Sportredakteurs Hans Vollert mit der Einladung zu einem Gespräch. Er schrieb: »Die Art, wie du geschrieben hast, gefällt uns, und wir sind daran interessiert, dich eventuell als Mitarbeiter für unsere Redaktion zu gewinnen.« So wurde ich über Nacht mit 17 1/2 Jahren Sportberichterstatter der »Volksstimme«, mit dem Auftrag, über alle Fußballspiele des SC Motor Karl-Marx-Stadt zu berichten. Das war eine frühe Sternstunde in meinem Leben. Mein erster Bericht erschien am 2. November nach dem Sieg des Sportclubs über Wismut Plauen mit 3:0 vor über 5000 Zuschauern im Stadion an der Gellertstraße. In der Elf des Gastgebers standen mit dem späteren Nationalspieler Werner Holzmüller, dem Juniorenauswahlspieler Claus Enold und dem Chemnitzer Idol »Antek« Hübner weit über die Stadtgrenze hinaus bekannte Fußballer. Am Montag in der Schule war ich mindestens einen Kopf größer, auch ohne »Jawa« und Spikes, und gesuchter Gesprächspartner nicht nur der Jungen. Von nun an ging es im Wechsel mit den Heimspielen an den Wochenenden auf Reisen nach Lauscha und Berlin, nach Weida und Dresden, nach Eisleben, Wolfen und Stendal, nach Cottbus und Leipzig, und das immer im Bus der von mir angebeteten Fußballgrößen. In den Stadien der Gastgeber wurde ich ungläubig bestaunt, wenn ich kurz nach Spielschluss mit Notizblock bewaffnet nach einer freien Telefonleitung in die Sportredaktion der »Volksstimme« fragte und meinen Bericht über das Spiel frei aus dem Kopf in die Leitung diktierte.

Nur am Montag früh in der Schule, nachdem ich meistens erst Sonntagnacht zurückgekehrt war, fragten mich die Lehrer nach den Gründen meiner Müdigkeit. Sie waren offensichtlich keine Fußballinteressenten. Ich berichtete auch über die Spiele der Fußballnationalmannschaft, der Juniorenauswahl der DDR und natürlich über alle Freundschaftsspiele des Sportclubs. Jetzt war endgültig die Entscheidung über meinen künftigen Berufsweg gefallen, ich wollte in Leipzig Journalistik studieren und danach Sportjournalist werden. Meine Bewerbung an der Universität wurde angenommen und ich im Frühsommer des Jahres 1960 durch ein Schreiben des damaligen Prorektors für Studienangelegenheiten, Dozent Dr. Möhle, für das Studienjahr 1962/63 vorimmatrikuliert. Damit war mir, wenn ich die Armeezeit ordentlich absolvieren würde, mein Studienplatz absolut sicher. Ich fühlte mich wie ein König, besaß ich doch darüber hinaus durch das Honorar der Zeitung ein gutes Taschengeld und konnte meinem Vater, wenn er wie meistens am Wochenende nicht mehr flüssig war, mal einen Schein »rüberschieben« und fürs Wochenende einen Kasten Bier kaufen. Mein Vater akzeptierte mich nun, auch mit meinen Eigenschaften und Marotten, von denen ich natürlich auch nicht frei war, und ich konnte ihm etwas zurückzahlen.

Als Mitglied der FDJ-Leitung der Schule und Kulturverantwortlicher organisierte ich einmal im Monat eine Tanzveranstaltung im Clubhaus »Einheit« in der Zwickauer Straße, offen für alle Oberschüler der Stadt und ihre Gäste für eine DM Eintritt. Der Plattenspieler spielte Westmusik rauf und runter, nur wenn irgendeine Kontrolle kam, spielten Freunde von uns auf der Gitarre Volksmusik. Christa Schwarz, blond und mit großem Liebreiz ausgestattet, wurde in der ersten Minute ihres Erscheinens in unserem Kulturhaus meine erste große Liebe und 1963 meine Frau. Mit ihr besuchte ich zum ersten Mal auch Theaterveranstaltungen, die berühmte Chemnitzer Operette mit den älteren Operettenstars Hoff, Schädlich und Felder, aber vor allem mit dem Heldentenor Karl-Heinz Volquardsen, den ich wegen seiner Wirkung auf das schöne Geschlecht geradezu anbetete. Im Schauspielhaus sah ich die Schauspieler Erik Veldre, Dieter Franke und Reimar J. Baur, die später in Berlin Karriere machten. Meine Welt war in den letzten Monaten der Oberschulzeit wieder einmal in Ordnung.

Das Abitur bestand ich mit dem Prädikat »bestanden«, einem Einzeldurchschnitt von 2,4: Gesamtverhalten 2, zweimal eine 1, sechsmal eine 2 und achtmal eine 3. In der Gesamteinschätzung hieß es: »D. K. arbeitet zuverlässig und sorgfältig und denkt klar und logisch, sein Verhalten ist jederzeit diszipliniert, und er fügt sich gut in das Klassenkollektiv ein. Gesellschaftlich arbeitet er sehr aktiv mit. Für den polytechnischen Unterricht zeigte er sehr reges Interesse.« Mein Abitur war kein Ruhmesblatt, es hätte besser sein können, aber ich hatte ja nicht nur schulische Pflichten, beruhigte ich mich. Das Wichtigste war, dass mein Studienplatz gesichert schien. Nun wollte ich auch so berühmt werden wie andere Söhne und Töchter meiner Geburtsstadt, von denen ich während der Oberschulzeit gelesen und gehört hatte: wie die Bauhauskünstlerin Marianne Brandt, der Verleger Walter Janka, die Schriftsteller Irmtraud Morgner, Peter Härtling oder Werner Bräunig, der Theaterregisseur Fritz Bennewitz oder der Komponist Gerd Natschinski. An Vorbildern fehlte es mir wahrlich nicht.

Die »Fahne« ruft

Noch schnell zum Fotografen, Passbilder für die Armee und natürlich zum Friseur, die Haare auf für mich unerträgliche Kürze geschnitten, damit ich nicht gleich bei der Einkleidung auffalle, dann der tränenreiche Abschied von meiner geliebten Freundin Christa und ab in den Zug nach Gera zum Einberufungsstandort. Der Zug war wie immer überfüllt, es blieb ein Stehplatz im Gang und damit das erste Training für künftiges Schlafen im Stehen. Ich hatte mich im letzten Oberschuljahr zum eineinhalbjährigen Dienst in der Nationalen Volksarmee freiwillig verpflichtet. Es waren weder Argumente oder politische Überzeugungen, die mich zu dieser Entscheidung geführt hatten. Es waren für mich rein private und soziale Beweggründe: Ich wollte unbedingt Journalistik studieren, bei meinem Abiturzeugnis, zumindest was die Noten betraf, ein schwieriges Unterfangen, ohne Armeedienst im Prinzip undenkbar, und ich wollte nicht während oder gar nach dem Studium einberufen werden. Wir wussten damals schon um die Diskussionen über ein Gesetz zur Wehrpflicht, das 1962 dann auch beschlossen wurde.

Außerdem wollte ich mich emanzipieren, weg von den Fesseln des elterlichen Familienalltags, der Wunsch, auf eigenen Füßen zu stehen, war größer als der Gedanke an mögliche Nachteile. Ich wollte unbeirrt und konsequent meinen eigenen Weg gehen, mir meine erträumte Karriere nicht gefährden oder gar verbauen. Das klingt heute hart, aber anders formuliert auch nicht besser: Ich wollte alles vermeiden, was mir ein Hindernis auf meinem Weg zu meinem beruflichen Traum war. Und so wurde ich im September 1960 Soldat der Nationalen Volksarmee in einem Mot.-Schützen-Regiment, den Fußlatschern, wie wir von anderen Waffengattungen geringschätzig genannt wurden. Was ich hinter mir hatte, konnte mich nicht mehr aufhalten, alle meine Gedanken waren auf meinen künftigen Traumjob als Sportjournalist gerichtet.

Allerdings hatte ich nicht geahnt, dass der Schritt zum Armeedienst, noch ehe er getan, mir so viel Kopfschmerzen bereiten würde. Als gelernter DDR-Bürger wusste ich fast alles, was Deutschland durch eine verbrecherische Politik im 20. Jahrhundert ins Chaos geführt hatte. Kein Tag in der Schule, an dem nicht daran erinnert worden war. Kein langes Gespräch im Kreis der Familie, in dem die Schrecken des Krieges und die Zeit vor 1945 ausgeblendet worden wären. Mit Ehrfurcht wusste ich um die mutigen Taten und den Widerstand von Anne Frank, von Hans und Sophie Scholl, von Carl von Ossietzky, von Rudolf Breitscheid, von Dietrich Bonhoeffer und natürlich von Ernst Thälmann. Ich wusste um das Internationale Militärtribunal in Nürnberg und den zehn Monate dauernden Prozess gegen 24 deutsche Hauptkriegsverbrecher. Ich wusste, dass zehn der Angeklagten gehängt worden waren und Göring Gift genommen hatte. Ich wusste um die zwölf Nachfolgeprozesse vor US-Militärgerichten gegen Gruppen von Ärzten, Juristen, Diplomaten, Industriellen, Militärs und SS-Führern.

Ich glaubte zu wissen um die Schuld des Hitlerfaschismus. Lehrer, Freunde, Zeitungsartikel, Rundfunkmeldungen, autobiographische Überlieferungen, Geschichtsbücher und Bekannte nannten Namen und Begriffe: Hitler, Hitlerfaschismus, Nationalsozialismus, Nazipartei, SA und SS, Konzentrationslager und immer wieder Faschismus, mein Kopf war schwer davon, was bedeuteten konkret historisch all diese Begriffe, was war mit Hitler, Hitlerfaschismus, Hitlerdiktatur, Nazipartei, Nazidiktatur, Gestapo, SS und SA, NSDAP und Gauleiter konkret gemeint? Waren sie eine einmalige Erscheinung in der Geschichte, ein fürchterliches Moment oder ein Zufall, die Taten und Verbrechen das Werk politischer Einzelgänger oder gar wiederholbar? Der Faschismus und seine Verbrechen waren für mich als 18-jähriger junger Mensch ein Albtraum. Und trotzdem hatte ich mir über all das noch nicht allzu viel Gedanken gemacht. Bis mir, kurz vor Antritt meiner Einberufung, ein mir sehr lieb gewordener Mensch einen Brief gab. Natürlich nicht ohne Hintersinn.

Mir läuft auch heute noch, ein halbes Jahrhundert später, beim Lesen ein kalter Schauer über den Rücken: »Mir geht es augenblicklich relativ gut. Wir liegen seit fünf Tagen in Ruhestellung. Als letzte Aktion haben wir in der Stadt, in der wir jetzt liegen, ein Getto ausgehoben. Dreitausend Juden mussten ihr Leben lassen. Ich war einen Tag ganz krank, jetzt ist der Rauch über den Trümmern verraucht. Unsere Verpflegung ist jetzt in der Stadt nur reine Feldküche ohne Zusätze, wie wir sie sonst bei unseren Einsätzen auf dem Land hatten. Beides hat also seine Vor- und Nachteile… Heute Morgen war hier feierliche Beerdigung von 80 gefallenen Kameraden, die durch feigen Verrat von früher für uns kämpfenden landeseigenen und jetzt übergelaufenen Verbänden hingemordet wurden. Die Banditen werden hier trotz unserer Einsätze auch eher stärker als schwächer. Sie werden von Moskau aus durch Flugzeuge ergänzt und bewaffnet und vor allem geleitet. Der Kampf wird nicht leicht sein. Sie halten ihre Zeit für gekommen. Nun, wir müssen abwarten, was der ersehnte Schlag gegen England bringen wird.«

Mir wird heute noch übel. Ich begriff damals: Der Weltkrieg war viel mehr als nur ein Verbrechen von Faschisten und der Nazidiktatur, die Verbrechen wurden auch getragen von Menschen, die mir nahestanden. Der Krieg war auch der Krieg unserer leiblichen Väter und Großväter, der persönliche und der offizielle Umgang mit ihrer Vergangenheit hat die Mitschuld und Schuld der Vätergeneration leider verstärkt und zugleich auch verdrängt. Mein Vater war jeder Frage und jeder Diskussion um seine eigene Geschichte und Vergangenheit aus dem Weg gegangen. Bei uns zu Hause lag ein Porträtfoto von ihm, das »Eiserne Kreuz« wahrscheinlich mit einer Rasierklinge herausgekratzt, und andere Fotos aus seiner Militärzeit, die doch mehr wie Urlaubsbilder aussahen. Spätere Vergleiche mit anderen Bildern konnten mich etwas beruhigen, es war ein militärisches Sportabzeichen gewesen.

Was hat mein Vater alles erleben und dulden müssen, wie viele Menschen sind neben ihm gestorben, wie viele Menschen musste er töten, um nicht selbst getötet zu werden. Mit welchen traumatischen Schäden ist er aus dem Krieg zurückgekehrt, die unbehandelt ihn bis zu seinem Lebensende gequält haben müssen. Ich begann zum ersten Mal in meinem Leben, über politische und persönliche Schuld und Unschuld nachzudenken, und weiß bis heute nicht genau, wo die Grenze zwischen beiden, die Grenze zwischen Täter und Opfer, verläuft. Erst heute verstehe ich richtig, wie leicht nach 1945 für viele die Flucht in den Antifaschismus war. Keiner sprach mehr über die Millionen begeisterten Bürger auf Hitlers Straßen bei seinen Aufmärschen und Fackelzügen, keiner fragte den anderen: »Und was hast du in dieser Zeit getan? Wie viele Menschen musstest du selbst töten, um nicht selbst getötet zu werden, welches Elend hast du über andere Familien, Dörfer, Gemeinden und Städte gebracht?« Welche Albträume, haben dich, lieber Vater, nachts bis zu deinem Tode geplagt, ist deine Härte mir gegenüber daraus erwachsen, dass du nicht wolltest, dass ich ein schwacher Mensch werde? Wie viele Schwache, die sich nicht selbst genügend wehren konnten, die die unmenschlichen Anstrengungen eines unmenschliches Krieges nicht aushielten, hast du neben dir sterben sehen? Warst du deshalb so unerbittlich und hart zu mir? Hast du mich deshalb so lange geschlagen, bis ich mit 16 Jahren mich zum ersten Mal gewehrt und zurückgeschlagen habe? War ich da endlich für dich zum Mann geworden, der sich wehren und behaupten konnte?

Ich habe mit meinem Vater leider nie über all diese Fragen gesprochen, er war nicht gerade gesprächswillig, vielleicht hatte ich auch Angst vor seinen Antworten. Aber eines habe ich dabei gelernt: Wer nicht fragt und ungeduldig ist, bekommt keine Antworten. Die fehlenden Antworten meines Vater quälen mich heute noch, obwohl ich selbst nun schon älter bin, als er geworden ist. »Nie wieder Krieg« oder« »Wer noch einmal eine Waffe in die Hand nimmt, dem soll die Hand abfallen« – was das hieß, war mir wohl bewusst.

Die Standorte meines Armeedienstes hießen Gera, Bad Klosterlausnitz und Erfurt, ich besuchte nach sechs Wochen Grundausbildung eine Unteroffiziersschule, weil ich mir davon finanzielle Vorteile für mein Studium versprach, machte Dienst in der Schreibstube der Kompanie, war wieder einmal Wandzeitungsredakteur, oder besser, ich klebte bestätigte Treueadressen und ähnlichen Unsinn an das Wandzeitungsbrett, ich war Mitglied des Zirkels Schreibender Soldaten und spielte Fußball in der ASG Vorwärts Erfurt, immerhin in der Bezirksklasse.

Exerzierplatz und Truppenübungsplatz sah ich selten, da ich meistens auf irgendwelchen Anleitungen, Schulungen, Lehrgängen oder zum Training war. Insofern war ich ein pflegeleichter Soldat. Trotzdem, oder vielleicht gerade deshalb, wurde ich ausgezeichnet als »Bester Soldat der Kompanie« 1961, »Bester Unteroffizier des Bataillons« und »Bester Gruppenführer des Regiments« jeweils 1962. Die größte Auszeichnung aber waren die Sonderurlaube, ich hatte plötzlich Sehnsucht nach zu Hause, nach meiner Familie, nach meinem gewohntem Umfeld und besonders nach meiner Freundin Christa, wir hatten uns entschieden, nach der Armeezeit eine Familie zu gründen. In den anderthalb Jahren meines Dienstes lernte ich viele Menschen kennen, von denen ich heute noch mit Achtung sprechen kann, aber es gab mindestens genauso viele, die glaubten, dass Dienstränge zu tragen und Waffenträger zu sein der Freifahrtschein für Dummheit und menschenverachtende Diskriminierung von Untergebenen ist. Manche hatten geradezu perverse Lust daran, andere mit der Schnauze im Dreck liegen zu sehen.

Die »Rotlichtbestrahlung«, der Polit-Unterricht, war auf einem erschreckenden Niveau, die Information über Ereignisse in der Welt erfolgte in der Regel ohne die Möglichkeit der Diskussion und war ziemlich schmalspurig. Gemeinsam wurde die »Aktuelle Kamera« gesehen. War das wirklich eine Armee des Volkes? Ansonsten waren wir verdammt jung, in bestem Jünglingsalter, voller Tatendrang und den Kopf voller Unsinn, die Welt der jungen und schönen Mädchen sowie der Strohwitwen lag uns zu Füßen und wir mitunter in ihren Betten. Zum ersten Mal begegnete ich verheirateten Frauen, deren Männer ebenfalls dienten oder auf Dienstreise waren und die sich flüchtige Bekanntschaften für kurze Zeit und ohne gegenseitige Verpflichtungen wünschten.

In der Nacht vom 12. zum 13. August 1961 gab es in der Kaserne am Steigerwald in Erfurt Ernstfallalarm. Wir wurden scharf aufmunitioniert, die Offiziere rannten brüllend und mit ernsten Gesichtern durch die Gegend, irgendeiner sagte den schwerwiegenden Satz: »Die Republik ist in Gefahr.« Wir bestiegen unsere Schützenpanzerwagen und fuhren in Richtung Westgrenze. Keiner sagte, warum. Dort verharrten wir einen Tag und eine Nacht. Zurückgekehrt in die Kaserne, hörten wir einen Vortrag über die Notwendigkeit der Schließung der Staatsgrenze nach Westberlin. Berlin war weit, und wir hatten wieder unsere Ruhe. Ich konnte mir jetzt allerdings auch erklären, warum ich im Juli des gleichen Jahres für acht Stunden in Sicherungsverwahrung genommen worden war. Ich hatte Urlaub genehmigt bekommen, Christa war schon

auf der Insel Rügen und ich auf dem Weg zu ihr mit der Deutschen Reichsbahn, natürlich von Chemnitz aus den kürzesten Weg über Berlin. Dort wurde ich aus dem Zug geholt, den Armeeangehörigen war es untersagt worden,
so wurde ich belehrt, ohne Sondergenehmigung durch Berlin zu fahren. Ich
weiß nicht, ob ich in der Kaserne darüber belehrt worden war, jedenfalls wurde ich verdächtigt, eine Republikflucht geplant zu haben. Ich wollte zu meinem
Mädchen und landete in der Zelle. Einen Tag später durfte ich die Reise fortsetzen, Christa hatte umsonst am Bahnhof gewartet, und ich hatte natürlich
keine Möglichkeit, sie von meinem Missgeschick zu informieren. Die Auskünfte seitens des Regimentes oder sonst woher waren offensichtlich für mich po-
sitiv gewesen.

Aber seitdem war nichts mehr so, wie es vordem gewesen war. Der Ton in
der Kaserne wurde schärfer, die Disziplin angezogen, die Gefährlichkeit des
Klassenfeindes uns immer drastischer bewusst gemacht. Die Teilnahme meines Zuges an der Beerdigung eines an der Grenze erschossenen Offiziers der
NVA in Arnstadt hatte ihre eigene Wirkung: Wenn ich zum Wachdienst im Au-
ßengelände des Regiments eingeteilt wurde, war meine Angst größer als mein
Verstand. Jeder Hase, der durchs Unterholz hoppelte, schien ein Klassenfeind
zu sein und erzeugte einen Angstschweiß, in dem ich baden konnte. Die Ka-
laschnikow im Hüftanschlag, ging ich meinen Wachweg. Ein Glück, dass mir
niemand begegnete oder nur ein Soldat, der den Ausgang überzogen hatte und
den Rückweg in die Kaserne über die Mauer suchte. Ich kann heute viel besser als damals nachvollziehen, was in den jungen Menschen vorging, die permanent an der Staatsgrenze Wache schieben mussten. Zur DDR gehörte damals die Mauer wie zu Rom das Kolosseum, sie war einfach da, ob wir sie
wollten oder nicht. Wer wie ich in Chemnitz wohnte, in Erfurt seinen Armeedienst absolvierte, weit weg von Berlin, den interessierte die Mauer relativ wenig. Ich hatte keine Verwandten, keine Freunde oder Bekannte in Westberlin.
Meine Familie auch nicht.

Es existierte alles nebeneinander, oftmals unvermittelt: Der Westen war für
mich Adenauer, Globke und Oberländer, er war aber auch Fritz und Ottmar
Walter, Willy Millowitsch und Caterina Valente. Er war Wiederaufrüstung,
Kreppschuh und Petticoat, Radikalenerlass und Rudi Dutschke, Kaugummi
und Leuchtreklame. Der Westen war für mich nah und zugleich fern. Der Bau
der Mauer war zunächst kein politischer Einschnitt für mich. Die schwerwie-
gende Bedeutung dieses Walls registrierte ich erst viel später, als ich zum ersten
Mal dieses stadtzerschneidende Phänomen und unmenschliche Monstrum in
seiner Größe und Bedrohung vom Berliner Fernsehturm aus wahrnahm. Trotzdem konnte ich dem Argument nicht so einfach widerstehen, dass uns die Mauer zwar die große Welt nahm, aber zugleich eine ungestörte Welt in Frieden und

Sicherheit gewährte. Sie wurde zum Spielball der Verhandlungen der beiden Großmächte. Heute wissen wir über die Vorabsprachen und gegenseitigen Informationen der Staatsoberhäupter der USA und der Sowjetunion mehr. Das ist keine nachträgliche Rechtfertigung, macht nur deutlich, was alles in den Köpfen der Zeitzeugen, und ich war gerade 19 Jahre jung, vorging.

Es gab während der Armeezeit auch manche schöne Stunde. So fuhr unser Zug für einige Tage als operatives Schneekommando für die Deutschen Meisterschaften im Skispringen nach Oberhof. Und manchmal wurden zwanzig bis dreißig Soldaten zu Betriebsfesten mit Tanz von Betrieben mit einem unnatürlich hohen Frauenanteil eingeladen. Daraus ist manches entstanden, so meldete sich Wochen später eine Tanzpartnerin am Kasernentor und verlangte nach mir. Ich verzichtete auf meinen Ausgang, ein Freund aus der Kompanie erbarmte sich meiner und schwärmte noch Tage später von der Nacht mit ihr. Dann im Mai 1962 die Entlassung aus der NVA – leider mit etwas Knatsch und unnötigem Ärger, denn wir hatten die letzten Tage zu lange, zu lustig und zu laut gefeiert und waren dabei nicht immer nüchtern geblieben.

Ich war wieder zu Hause und schloss mit der »Volksstimme« von Mai bis August einen befristeten Arbeitsvertrag für redaktionelle Mitarbeit in der Sportredaktion mit einem monatlichen Entgelt in Höhe von 450 DM ab. Und wieder war meine kleine und meine große Welt in Ordnung. Ich bekam eine Einladung zu einem Gespräch an die Fakultät für Journalistik der Leipziger Universität. Mit fliegenden Fahnen und stolzgeschwellter Brust fuhr ich hin – und kehrte auf den Knien kriechend nach Karl-Marx-Stadt zurück. Ohne viel Umschweife war mir erklärt worden, dass die Realisierung der Vorimmatrikulation nicht möglich, mein Studienplatz belegt sei. Auf Nachfrage wurde mir mit aller Deutlichkeit gesagt: Die Nationale Volksarmee benötigt nach dem Wehrpflichtgesetz für ihre journalistische und publizistische Arbeit ausgebildete Journalisten. Dafür musste die Universität mehr als ein Dutzend Studienplätze aus dem geplanten Kontingent bereitstellen. Wenn ich mich als Berufsoffizier verpflichten würde, wäre ein späteres Studium durchaus im Bereich des Möglichen. Und im Übrigen wäre ich nicht Mitglied der Partei, Journalisten aber seien Parteiarbeiter. Der anwesende Vertreter des Prorektorates für Studienangelegenheiten unterbreitete mir geradezu abenteuerliche Varianten: Studium als Diplomhistoriker an der Humboldt-Universität in Berlin, Studienbeginn allerdings erst ein Jahr später – oder mit einiger Sicherheit zwei Jahre später, 1964, Zahnmedizin, Agrarökonomie oder Diplomlehrer für Marxismus/Leninismus in der Fachrichtung Geschichte an der Leipziger Universität.

Für mich brach eine Welt zusammen. Ich hatte das Abitur, war vorimmatrikuliert, hatte meinen Dienst in der NVA ordentlich geleistet, hatte selbst schon viel geschrieben und durch meine Tätigkeit in der »Volksstimme« ausreichend journalistische Praxis gesammelt. Berlin kam schon gar nicht in Frage, denn meine Freundin war schwanger, und wir wollten heiraten, nach anderthalb Jahren Trennung durch den Armeedienst waren noch einmal fünf Jahre Trennung undenkbar. Und die anderen Angebote brachten mich fast zur Verzweiflung. Ein Berg kaum zu lösender Probleme türmte sich mir auf.

In Gesprächen mit den Sportredakteuren Hans Vollert und Helmut Weise von der »Volksstimme« sowie meinem Geschichtslehrer an der Oberschule Günter Siegert gab es eine einheitliche Meinung: Wenn du wirklich Sportjournalist werden willst, dann kämpfe darum, studiere Geschichte mit Verstand und kämpfe nicht gegen Windmühlen. Schreiben kannst du, du hast eine flinke Feder und gute Ideen, da ist dir wenig beizubringen. Lerne und studiere ein Fach, das deinen Horizont erweitert. Geschichte an der Philosophischen Universität der Karl-Marx-Universität zu Leipzig ist eine gute Adresse. Du wirst dabei nicht dümmer, und das Schreiben wirst du sowieso nicht lassen. Höre auf, traurig zu sein, und springe in das dir angebotene Becken, auch wenn es nur halbvoll mit Wasser ist.

Und ich sprang, auch wenn ich damals noch manchen Haifisch unterschätzte. Bis zum September schrieb ich mir in der Sportredaktion die Finger wund: Porträts über bekannte Sportgrößen der Republik: den Marathonläufer Gerhard Hönicke, die Schwimmerin Petra Noack, den Boxer Erich Posorski, die Fußballer Manfred Hambeck und Eberhard Schuster, den Gewichtheber Jürgen Hunger, den Motorradrennfahrer Horst Fügner, über viele andere lokale Sportereignisse, Fußballberichte über Spiele des heimischen Sportclubs gegen SC Aufbau Magdeburg, Chemie Leipzig, SC Lokomotive Leipzig und Lokomotive Stendal. Diese wunderbaren sportlichen Erlebnisse, die Begegnungen mit national und international bekannten Sportlerinnen und Sportlern und die kameradschaftliche Atmosphäre in der Redaktion trösteten mich über die erste große und nicht selbst verschuldete Niederlage meines Lebens hinweg, wenngleich eine ewig schmerzende Narbe bleiben sollte.

Meine Universität

Nun war ich Student der 1409 gegründeten, weltweit bekannten, anerkannten und altehrwürdigen Alma mater lipsiensis, einer Bildungsstätte, die mich in kürzester Zeit mehr prägte, als mich die ersten zwei Jahrzehnte meines bisherigen Lebens geprägt hatten. Hier waren als Studenten Thomas Müntzer und Ulrich von Hutten, als Gelehrte einst der Vater der Akademien Gottfried Wilhelm Leibniz, Christian Thomasius, der als Erster seine Vorlesungen in deutscher Sprache hielt, der Begründer des Collegium musicum Georg Philipp Telemann, der Theaterreformer Johann Christoph Gottsched und der Begründer des Universitätskolloquium Christian Fürchtegott Gellert tätig gewesen. Als Studenten hatten sich in die Matrikel der Namenspatron meiner Grundschule Gottfried Ephraim Lessing, Johann Wolfgang von Goethe, Jean Paul, Novalis, Robert Schumann und Richard Wagner, Franz Mehring, Hermann Duncker und Karl Liebknecht eingetragen. Ich war stolz, gerührt und vor Ehrfurcht fast erstarrt, an dieser Universität studieren zu können, das Arbeiterkind, ein bestimmt ehrlicher junger Mann, aber nicht gerade mit studienreifen Abitur-

Seminargruppe, im Petersssteinweg, 1962

noten und auch nicht mit einem weit über dem Durchschnitt liegenden Intelligenzkoeffizienten ausgestattet.

Das war die Universität von Bloch und Zwerenz, von Mayer und Budzislawki, von Behrens und Engelberg, von Frings und Markov, Herzfelde, Krauss, Lips und Polak. Was Besseres konnte mir als junger Mensch, mit wenig bürgerlicher Bildung, aber einem Heißhunger auf Wissen und Erkenntnisse, eigentlich gar nicht passieren. Viele dieser Gelehrten hatten nach dem Krieg, aus Gefangenschaft und Emigration kommend, voller Hoffnung ihren Wohn- und Arbeitssitz in Ostdeutschland gewählt. Nicht wenige Intellektuelle sahen im Osten die große Chance für ein neues Deutschland. Dazu zählten Arnold Zweig, Bertolt Brecht, Eduard von Winterstein, Wolfgang Langhoff, Wolfgang Heinz, Anna Seghers, Ernst Busch, Kurt Sanderling, Fritz Cremer und viele andere. Von der Lessingschule über die Friedrich-Engels-Oberschule zur Karl-Marx-Universität, das war ein Aufstieg, der meine proletarischen Eltern und natürlich auch mich stolz machte. Am 30. August 1962 erfolgte meine feierliche Immatrikulation. In meinem Studienbuch war ab sofort vermerkt: Universität − Karl-Marx-Universität Leipzig, Fakultät − Phil., Fachrichtung − Hist., Berufsziel − Lehrer für Marxismus-Leninismus.

Doch schon am gleichen Tag erfolgte eine tiefe Ernüchterung und sogar ein klein wenig Erschütterung. Meine Mitstudenten waren in ihrer Mehrheit viel älter als ich, der älteste gar Mitte vierzig, sie hatten bisher Funktionen im Partei- und Staatsapparat ausgeübt und waren zum Studium als Qualifizierung für ihre berufliche Tätigkeit von ihren bisherigen Arbeitgebern delegiert worden. So war Horst Dewitz 43 Jahre alt, Rudi Barthel 36 Jahre, Kurt Thiele 33 Jahre, Hans-Rolf Mahn 32 Jahre und Wolfgang Welkerling 30 Jahre alt. Die Studenten anderer Fachrichtungen bestaunten und belächelten uns, wir hatten vom ersten Tag unseres Studiums unseren Stempel als Funktionärsgruppe weg.

Augen zu und durch, wurde zu meiner Maxime, mich erinnernd an die Ratschläge der Journalisten Hans Vollert und Helmut Weise sowie meines Geschichtslehrers Günter Siegert: Lerne und studiere an der Universität aufmerksam und mit Leidenschaft, und du wirst ein guter Journalist werden können. Meine wichtigsten Lehrer wurden die Geschichtsprofessoren Rigobert Günther und Gottfried Härtel, Max Steinmetz und Gerhard Zschäbitz, Jutta Seidel und Manfred Bensing.

Den tiefsten Eindruck aber hinterließ bei mir Walter Markov, ein Universalhistoriker, der bei den Faschisten zehn Jahre in Siegburg in Kerkerhaft war. Seine Vorlesungen, die ich in der Regel erst viele Jahre später verstand, trug er frei vor. Er war einer der unverzichtbaren, der leider immer weniger werdenden großen und umfassend humanistisch gebildeten Geistesköpfe des Landes.

5. *Oktober 1974: Emeritierung von Walter Markov, der viele Leipziger Historiker prägte*

Scheinbar etwas verlegen am Vorlesungspult stehend, ein kleiner und feinner-
viger Gelehrter, verletzbar, der schon, ohne ein Wort gesprochen zu haben,
geistige Brücken schlug. Er fesselte seine junge Hörerschaft, auch wenn sie
nicht alle Hintergründe seiner Worte und Gedanken sofort erfassen konnte.
Sein Meisterschüler war Manfred Kossok, der schon mit gerade 30 Jahren den
Professorentitel erworben hatte und uns fachlich und politisch begeisterte.

Zu den Lehrkräften, die mich faszinierten, gehörten auch Felix-Heinrich
Gentzen, ehemals Offizier der faschistischen Wehrmacht und dann Mitbegründer des Nationalkomitee Freies Deutschland, der ehemalige Spanien-
kämpfer Basil Spiru, ein Internationalist mit einer europäischen Biographie,
die ihresgleichen sucht. Von ihm stammt der Satz, den ich bis heute nicht vergessen habe: Hätten die Christen all das verwirklicht, was ihnen Jesus in der

Bergpredigt verkündet hatte, hätte Marx nicht das Kommunistische Manifest schreiben müssen. Insofern seien auch wir legitime Nachfolger und Verfechter der Bergpredigt.

Ich war durstig nach Bildung und Wissen, fast jeden Tag bis zur abendlichen Schließung war ich in der Universitätsbibliothek oder der Deutschen Bücherei, besuchte, ohne mit anderen darüber zu sprechen, auch Vorlesungen, die nicht zu meinem Studienprogramm gehörten: Germanistik und Literaturwissenschaft, Ästhetik und Kulturwissenschaft, Soziologie und Geschichte der Philosophie, aber auch Geschichte der Medizin, der Anatomie und der Geburtshilfe. Ich war wie ein trockener Schwamm, der sich zumindest nach Wasserdampf sehnte.

Schon am zweiten Tag nach Semesterschluss des ersten Studienjahres begab ich mich wieder in die Sportredaktion der »Volksstimme« und arbeitete dort bis zum Beginn des neuen Studienjahres. Ich berichtete über die Leichtathletikmeisterschaften der DDR und die Siege der Hürdensprinterin Karin Balzer, der Kugelstoßerin Renate Garisch, des Dreispringers Hans-Joachim Rückborn und des Langstreckenläufers Friedrich Janke, damals Leichtathleten mit Weltniveau, deren Namen und Leistungen im Laufe der Zeit leider immer mehr verblassen. Als Sonderberichterstatter der Zeitung war ich bei den Schwimmeuropameisterschaften in Leipzig und berichtete vom Sieg der DDR in der Nationenwertung vor Holland und der UdSSR. Ein Höhepunkt waren die Rennen auf dem Sachsenring, als der unvergleichliche Mike Hailwood aus England bei den 250-ccm-Maschinen auf MZ-RE, in der 350er und der 500er Klasse auf MV Agusta einen umjubelten dreifachen Sieg einfuhr. Ich wusste es damals noch nicht, aber das war in Wirklichkeit mein Abschied vom Traum eines Sportjournalisten.

Als sich mir 1964 die einmalige Möglichkeit bot, ein Teilfachstudium Journalistik aufzunehmen, das ich mit der Berechtigung der Berufsbezeichnung Journalist abschloss, ergriff ich einen letzten Strohhalm, aber ich ahnte es schon, dass dies mein letzter verzweifelter Versuch war, doch noch einen Fuß in die Tür des Journalismus zu bekommen.

Meine Hoffnung war allerdings schon ein Traumballon geworden, nachdem ich den Mechanismus des Instituts für Journalistik, des sogenannten Roten Klosters, kennengelernt hatte. Mein journalistischer Freund und Förderer Hans Vollert ließ mich zu dieser Zeit wissen, dass die Chancen eines beruflichen Einstiegs in eine Sportredaktion immer geringer wurden. Wer in der Wirtschafts- oder Innenpolitikredaktion politisch oder gar ideologisch ins Wanken geriet, war für eine Sportredaktion immer noch gut genug. Das war der Schluss eines Traumes, den ich jahrelang gehegt und aus dem ich viel Kraft geschöpft hatte.

Hochzeit mit Christa Schwarz, 1963

Natürlich war ich nicht nur ein verrückter Student. Ich war auch ein junger Mann und heiratete 1963 meine bereits schwangere Jugendliebe Christa Schwarz. Trauzeuge war mein ehemaliger Klassenkamerad an der Oberschule Peter Gemarius de Kepper, späterer Bühnenbildner und Ausstellungsleiter an den Theatern in Karl-Marx-Stadt und Zwickau. Unsere Antje kam im Frühjahr 1964 zur Welt. Damals wohnte ich bei meinem Seminarkollegen Hans-Rolf Mahn in einem Zimmer in der Fechnerstraße im Leipziger Norden, unweit des Leipziger Zoos und des Gohliser Schlösschens. Meine Frau, medizinisch-technische Assistentin im heutigen Bethanien-Krankenhaus in Chemnitz, erkrankte schwer und durfte keinen Kontakt zu unserer Tochter halten. Gegen den Willen der Schwiegereltern holte ich Antje nach Leipzig und bemühte mich mit Liebe und Unfähigkeit um sie, konnte aber Studium und Verantwortung eines Vaters kaum miteinander verbinden. Einmal stellte ich die kleine Antje mit dem Kinderwagen in den Garten, rannte zur Vorlesung und kam nach drei Stunden zurück. Unter einem alten Apfelbaum stehend, war nach Wind und Regen alles Mögliche und sogar Unmögliche in den Kinderwagen gefallen. Doch das kleine Mädchen wollte ich nicht mehr hergeben und holte meine Frau, erneut gegen den Willen der Schwiegereltern, nach Leipzig.

Heute ist mir deren Widerstand mehr als verständlich, aber ich war jung, unbelehrbar und im Glauben, alles allein meistern zu können. Wir wohnten immer noch im Einzelzimmer bei meinem Studienkollegen. Wegen ihrer Erkrankung konnte Christa ihre Tätigkeit weder in einem Krankenhaus noch in einem Labor fortsetzen. In dieser Zeit lebten wir von 220 DM – 180 DM Stipendium und 40 DM Zusatzstipendium durch den Besuch der Unteroffiziersschule. Unser kleines Mädchen kostete viel Geld, und wenn ich am Wochenende einkaufen ging, lag die Obergrenze des auszugebenden Kontingents bei 20 DM. Ich schämte mich nicht, manchmal neben dem Lebensnotwendigen ein Ei für Christa und eine Flasche Bier für mich zu kaufen. Was waren das für verrückte Zeiten. Niemandem unsere finanziellen Schwierigkeiten zu offenbaren, schon gar nicht den Schwiegereltern gegenüber, war ein falscher Stolz. Ich wollte und ich musste es allein schaffen.

Wir waren trotzdem glücklich, wir liebten uns, und wir hatten eine wunderbare kleine Tochter. Später fand Christa eine bescheidene kleine Anstellung, unsere finanzielle Lage entspannte sich ein wenig, und wir konnten Miete bezahlen. In der Stallbaumstraße, nur 300 Meter von unserem bisherigen Zuhause entfernt, fanden wir eine kleine Zwei-Zimmer-Wohnung im Erdgeschoss, nett, aber leider nass, vom Fenster aus konnte man die Rosen gießen. Das war unsere erste gemeinsame Wohnung. Wir konnten kommen und gehen, wann wir wollten, zuschließen und hatten einen bescheidenen Raum und vor allem ein Stück Garten für Antje. Alle meine bisherigen Staatsexamen hatte ich bis zu diesem Zeitpunkt mit der Note 1 und 2 abgeschlossen. Zwei meiner Studienkollegen waren schon lange vor Ende des dritten Studienjahres im Gespräch mit dem Ministerium für Staatssicherheit, sie redeten hinter vorgehaltener Hand üner traumhafte finanzielle Bedingungen. Ich kam für diese Institution nicht in Frage, weil meine Frau ihre gesamte Verwandtschaft im Westen des Landes hatte. Gott sei Dank oder schade, ich kann die Frage heute nicht mehr genau beantworten. In meiner damaligen familiären und finanziellen Situation wäre ich einem Angebot dieses Ministeriums möglicherweise erlegen. Ich musste einen neuen Ansatz für meine künftige berufliche Entwicklung finden. Die Wohnung war zu klein, finanziell hatten wir nach wie vor zu knabbern. So bewarb ich mich mit Christa beim Ministerium für Auswärtige Angelegenheiten für eine Tätigkeit im Bereich der Entwicklungshilfe in Afrika. Wir wollten etwas Gemeinsames machen. Eine damals völlig verrückte Idee, irgendwie hab ich selbst nicht richtig an eine reale Möglichkeit geglaubt, bis ein halbes Jahr später die Einladung zu einem Personalgespräch ins Ministerium erfolgte.

Damit war ich in einer Zwickmühle, denn in der Zwischenzeit war einiges passiert. Im Studium hatte ich mich richtig ins Zeug gelegt, wurde Hilfsassistent am Institut für Deutsche Geschichte und erarbeitete in der Forschungsgemeinschaft »Biographien bekannter Persönlichkeiten deutscher Geschichte zwischen 1963 und 1964« dreißig Kurzbiographien, die bei meinem Mentor

Wilhelm Wehling das Urteil »zuverlässig und in guter Qualität« fanden. So erlag ich dem seltenen Angebot, vorfristig, nach gerade drei Jahren, mein Studium zu beenden, und ab 1. November 1965 für 530 DM monatlich wissenschaftlicher Mitarbeiter am Institut für Deutsche Geschichte mit der Perspektive einer Anstellung an dem neu zu errichtenden Lehrstuhl »Geschichte der DDR« zu werden. Ich fühlte mich geehrt und entschied mich mit einem weinenden und einem lachenden Auge für eine wissenschaftliche Laufbahn, die mir meine damaligen Professoren und Dozenten dringend angeraten hatten. Ich, ein wenig vorgebildetes Arbeiterkind, aber fleißig, ehrgeizig und mit einem unbändigen Willen ausgestattet, sollte Wissenschaftler werden, verständlich, dass ich auch ein wenig verrückt vor Freude war.

Als Diplomarbeit bekam ich die Empfehlung, eine Untersuchung zur Geschichte der Leuna-Werke in der Nachkriegszeit anzufertigen. Der Betrieb war der größte des Landes. In ihm arbeiteten 28 000 Arbeiter, Angestellte und Angehörige der technischen Intelligenz. 1944 war das Werk in 23 schweren Luftangriffen der englisch-amerikanischen Luftwaffe zu achtzig Prozent zerstört worden. 80 000 Bomben fielen auf das Gelände des Betriebes, davon waren 10 000 Volltreffer. Sie hinterließen ein unvorstellbares Chaos, einen riesigen Trümmerhaufen, dessen Schutt und nicht mehr brauchbare Produktionsmittel etwa 80 0000 Tonnen betrugen. Wer Leuna 1945 gesehen hatte, konnte nicht mehr an einen Neubeginn denken, erzählten mir die Alteingesessenen. Da das Werk als ehemaliger IG-Betrieb während des Weltkrieges einen wichtigen Beitrag zur Rüstungsproduktion geliefert hatte, fiel es unter die Bestimmungen des Potsdamer Abkommens, die eine Demontage und Drosselung der Produktion vorsahen. Die Leuna-Werke hätten demontiert und ihre Produktionskapazität auf etwa 33 Prozent des Jahres 1936 eingeschränkt werden müssen. Mit der Übernahme des Werkes als »Sowjetische Aktiengesellschaft« wurde nicht nur Tausenden Belegschaftsangehörigen ihr Arbeitsplatz erhalten, sondern auch den aufbauwilligen Kräften eine große Hilfe zuteil.

Im Januar 1966 reichte ich meine Diplomarbeit an der Philosophischen Fakultät ein und bekam bei der Verteidigung die Note »Sehr gut«. Mit der gleichen Note beendete ich auch meine anderen Diplomprüfungen und begann meine wissenschaftliche Tätigkeit. Als Seminarleiter »Geschichte der deutschen Arbeiterbewegung« arbeitete ich am Institut für Philosophie und lernte den Studenten und späteren Schriftsteller Christoph Hein kennen, der von 1967 bis 1971 im gleichen Haus im Leipziger Petersstimweg Philosophie studierte und weit nachdenklicher, intelligenter und argumentativer als seine Kommilitonen war.

Als Studenten begegneten mir zu dieser Zeit auch Lothar Bisky, 1961 bis 1965 Student der Kulturwissenschaften, und Volker Braun, der von 1960 bis

1965, wie sein späterer Schriftstellerkollege, ebenfalls Philosophie studiert hatte. Ihn traf ich mehrfach im Poetischen Theater der Universität.

Ich war sehr engagiert und wurde schon 1966 Wissenschaftlicher Assistent im befristeten Arbeitsverhältnis für ein monatliches Entgelt von 675 M, 1969 im unbefristeten Verhältnis für 840 M und im September 1969 Wissenschaftlicher Oberassistent für 1 080 M. Es war nicht die Welt, aber man konnte davon leben, auch wenn die Familie durch die Geburt unserer zweiten Tochter Claudia sich vergrößert hatte. Ich hatte schon als Schulkind den Pfennig achten gelernt und blieb sparsam und bescheiden. Innerhalb von nur sieben Jahren hatte ich studiert und den Weg zum Oberassistenten geschafft. Bereits im Frühjahr 1969 verteidigte ich meine Dissertation »Die Herausbildung der sozialistischen Demokratie im Bereich der materiellen Produktion der volkseigenen Industrie von Mitte 1948 bis Mitte 1952« mit »Magna cum laude«. Gutachter waren Rolf Badstübner aus Berlin, Günter Griep aus Bernau und Manfred Bensing aus Leipzig, der mir, auch aus heutiger Sicht nicht nachvollziehbar, von der Einreichung abgeraten und eine weitere Überarbeitung empfohlen hatte. Allerdings war ich von mir und meiner Arbeit überzeugt und ließ mich von meinem Weg auch von meinem künftigen Lehrstuhlleiter nicht abbringen, natürlich ein mehr als gewagtes Unternehmen. Ich sollte recht behalten, denn die Dissertation erschien bereits im Frühjahr 1971 unter dem Titel »Lebendige Demokratie« in einer Auflagenhöhe von 3 000 Exemplaren im Tribüne-Verlag Berlin. Es war die erste gedruckte Monographie des Lehrstuhls »Geschichte der DDR« am Institut für Deutsche Geschichte der Philosophischen Fakultät der Leipziger Universität. Das Honorar betrug 4 750 M, für mich damals und auch heute noch eine unvorstellbare Summe.

Lese ich die Arbeit heute, vierzig Jahre später, kann ich mich eines Schmunzelns natürlich nicht erwehren. Ein Drittel »absichernder« ideologischer Schmalz und Ergebenheitserklärungen, zwei Drittel auch heute noch ernstzunehmende faktenreiche Darstellung. Das umfangreiche Quellenstudium, insbesondere im Deutschen Zentralarchiv, Zweigstelle Coswig, aber auch im Archiv der SED-Bezirksleitung Halle sowie in verschiedenen Betriebsarchiven, hatte sich gelohnt.

Beeindruckt hatte mich besonders das Archiv in Coswig, seit 1961 Zentralarchiv der DDR. Ein ehemaliges Schloss, dann ein Zuchthaus und nun ein Archiv mit Zellen voller Quellen, im Prinzip ein kaltes und menschenleeres Schloss, ein Aktengefängnis mit durchaus hochinteressanten, aber auch schon »aus«sortierten Quellen. In wochenlanger mühevoller Kleinarbeit hatte ich mich durch die Akten gewühlt, Aufsehen erregende Protokolle, Niederschriften und Briefe gefunden und vieles, weil es durch andere Dokumente nicht bestätigt wurde, wieder verworfen.

Nie habe ich vergessen, was der Mediävist und spätere Rektor der Leipziger Universität, Ernst Werner, mir in einem Gespräch nach einem Seminar so im Vorbeigehen im Gang gesagt hatte: Freue dich, mein junger Freund, über jede neu gefundene Quelle, die dir einen geistigen Zuwachs bereitet und schütze und bewahre sie wie dein Augenlicht, allerdings ist sie nichts wert, du kannst sie getrost vergessen, wenn du nicht eine zweite und noch besser, eine dritte Quelle findest, die die erste Quelle bestätigt. Das ist das harte, aber auch schöne Los des Historikers, ein Unruhiger, der sucht, findet, verwirft und Weiteres findet. Nur so kannst du aufrechten Ganges den Pfad der Wahrheit beschreiten und dich deinen Kritikern und Rezensenten stellen. Noch eine Erkenntnis von ihm habe ich mir bewahrt: Du musst nicht alle Neuerscheinungen zu deinem Fachgebiet lesen. Finde heraus, welche drei Autoren die klügsten, belesensten und produktivsten sind, deren Arbeiten lies mit Verstand und Aufmerksamkeit, denn sie haben bereits alles gelesen, was man lesen muss, und lies auch und vor allem die Fußnoten, auch wenn sie noch so lang und strohtrocken sind, sie sind des Goldes wert.

In der Zeit meiner Assistenz am Institut für Deutsche Geschichte musste ich allerdings auch manchen politischen Preis bezahlen. Am Ende meines ersten Studienjahres war ich Mitglied der SED geworden. Alle meine Lehrer, die mir etwas bedeuteten, waren es schließlich auch. Walter Markov sagte in einem Gespräch mit mir: Ach wissen Sie, wenn Sie wirklich etwas verändern wollen in diesem Land, dann treten Sie ein. Ich wäre gern noch Mitglied der SED, aber es hatte nicht sollen sein. Nur in der SED haben Sie wirklich die Chance, die Gesellschaft mitzugestalten, nur dort werden Ihre Vorschläge gehört werden, wenngleich nicht immer mit Begeisterung, aber daran werden Sie sich auch gewöhnen, oder auch nicht.

Bereits 1966, nach nicht einmal drei Jahren Mitgliedschaft in der SED, wurde ich Mitglied der Leitung der Grundorganisation der Sektion Geschichte, drei Jahre später zum stellvertretenden Sekretär gewählt. Damit war ich überfordert.

1968 wurde die Universitätskirche gesprengt. 1240 geweiht und nach 728 Jahren des Bestehens und weitestgehender Nutzung vernichtete politische Willkür in Berlin ohne Gegenwehr der Kommune in Leipzig ein historisches, künstlerisches, universitäts- und stadtgeschichtliches Monument von Interesse und Bedeutung. Es war die berühmt-berüchtigte Bilderstürmerei einiger Kommunisten und ihrer diensteifrigen Schweiger, die zu wissen glaubten, was dem Volke guttue und was nicht. Der Vorfall schlug Wellen und war natürlich von Protesten begleitet. Im benachbarten Hörsaal 40, der nicht zuletzt durch die Vorlesungen, die Ernst Bloch dort in den fünfziger Jahren gehalten hatte, berühmt geworden war, hatte ich noch die letzten Vorlesungen von Hans Mayer gehört, bevor er aus mir damals nicht nachvollziehbaren Gründen 1962 das Land verließ.

Ich gestehe, ich war wie viele andere Universitätsangehörige fasziniert von der Idee, im Stadtzentrum von Leipzig ein großes und bedeutsames Bildungszentrum zu errichten, eine Universität des Volkes, die die Einheit von Geist und Macht materialisieren und einen wunderbaren Gegenentwurf zu den Campus-Universitäten der Bundesrepublik darstellen sollte. Aber es wurde ja nicht nur die Kirche gesprengt, sondern auch das alte große Universitätsgebäude. Ich verstand die Zustimmung wie die Proteste auf der Straße und besonders letztere an der Theologischen Fakultät der Universität, denn ich hatte schon begriffen, für jede politische Entscheidung im Leben gibt es Fürsprache und Widerspruch. Ich hatte mich leider nie so richtig mit der Geschichte der Universitätskirche beschäftigt, mir als nicht religiös gebundenem Menschen reichte die unmittelbare Nähe der Nikolaikirche und der Thomaskirche für die Wahrnehmung religiösen Glaubens im Zentrum der Stadt.

Mir war unwohl, wenn ich daran dachte, dass im Peterssteinweg, wo wir arbeiteten, die gleiche Situation wie an der Oberschule in Chemnitz herrschte: Unmittelbarer Nachbar, auf Steinwurfweite entfernt, war ein Untersuchungsgefängnis. 1968 war auch das Jahr der Studentenunruhen in der Bundesrepublik und des Prager Frühlings. Auch in diesen Fragen war ich noch zu keiner selbstständigen und vernünftigen Bewertung und Einschätzung der wirklichen Lage fähig und folgte der allgemein üblichen Meinungsbildung. Auf der einen Seite sympathisierte ich mit den Reformern in Prag, waren doch dabei viele Ideen und Überlegungen, die auch bei uns mit dem Neuen Ökonomischen System heiß diskutiert wurden, andererseits war ich zu feige, den Einmarsch von Truppen des Warschauer Vertrages zu verurteilen. Ich schwankte wie viele andere Hochschullehrer, die viel älter und lebenserfahrener als ich waren, obwohl wir eigentlich mit den Kenntnissen von 1953 und 1956 es besser hätten wissen müssen.

Wenn ich in diesen Jahren am Verlauf unseres Weges zweifelte, geschah das meistens auf kleiner Flamme und zu Hause im Gespräch mit den besten Freunden. Es war mir schon in Fleisch und Blut übergegangen: Zweifeln und Schwanken nur mit der Partei und nicht gegen sie. Kaum einer redete über seine Sorgen, Bedenken und Zweifel mit einem anderen, die innere Angst war immer da. Und immer hinterlässt die Angst tiefere Spuren als der Zweifel am Sinn dieser Angst. Der spätere Leipziger Professor Hartmut Zwahr, damals noch Dozent, der offensichtlich wie Eckermann bei Goethe alle Bemerkungen in den Parteiversammlungen protokolliert hatte, machte sich mit Hilfe seiner protokollarischen Notizen in einem Nachwendebuch, allerdings ohne meinen Namen zu nennen, über meine damalige Hilflosigkeit lustig. Er vergaß allerdings, dass er damals beim Mitschreiben offenbar so überfordert war, dass er darauf verzichtete, selbst einen kritischen Beitrag zu halten. Ich fühlte mich zu dieser Zeit alles andere als wohl in meiner Haut. Am Schlimmsten aber war, als ich in Abwesenheit des Sekretärs der GO-Leitung ein Referat in der monatlichen Mitgliederversammlung halten musste. Vor mir die stolze Garde von Professoren, Dozenten und wissenschaftlichen Mitarbeitern, die mir an Bildung, Wissen und Erfahrung vieles voraus hatten, und ich als Assistent am Pult Referent zu Fragen der großen Politik. Ich weiß nicht mehr, über welches Thema ich referierte, ich bin mir allerdings sicher, was ich sagte, war bestimmt kein großer Wurf und textlich im Stil des »Neuen Deutschland«. Da war der Text bestimmt auch von mir abgeschrieben worden. Das Wissen um das Fehlen von politischer Souveränität, Erfahrung und Fingerspitzengefühl war so groß, dass ich in einem Kadergespräch mit dem Ersten Sekretär der FDJ-Bezirksleitung über seine Nachfolge erschrak und passte, obwohl er mir zwei Jahre zur Einarbeitung als Sekretär für Wissenschaft, Volksbildung und Kultur anbot. Nur das nicht, und schon gar nicht in der FDJ. Bereits zuvor hatte ich in einem Gespräch an der Universität abgelehnt, 1. Sekretär der FDJ-Kreisleitung dieser Bildungseinrichtung zu werden. Ich ahnte nicht, dass ich mich schon im Spinnennetz langfristiger politischer Personalplanungen der Partei verfangen hatte.

Zwischen Universität und Parteiapparat

Um das Folgende zu verstehen, ist es – zumindest für Menschen, die nicht die DDR kannten, sei es, weil sie zu jung waren, sei es, weil sie in der Bundesrepublik oder anderswo zu Hause waren – sinnvoll, kurz die Strukturen des DDR-Herrschaftssystems zu umreißen: Die DDR war 1952 nach französischem Vorbild als Zentralstaat organisiert und gegliedert worden: Kommune (7 570) – Kreis (191 Landkreise, 27 kreisfreie Städte) – Bezirk (14 plus Ostberlin) – Regierung mit Ministerien. Genauso war die SED strukturiert: Grundorganisation – Kreisleitung – Bezirksleitung – Zentralkomitee.

Die Entscheidungewalt lag bei der SED-Leitung der jeweiligen Ebene. Nicht der Vorsitzende eines Rates des Kreises (vergleichbar mit einem Landrat) traf die wichtigen Entscheidungen, sondern der 1. Sekretär der jeweiligen SED-Kreisleitung zusammen mit seinem Sekretariat, in dem in der Regel jedoch der Vorsitzende des Rates des Kreises Mitglied war – in dieser Funktion also auch mitentschied, in seiner staatlichen Funktion aber diese Beschlüsse umzusetzen hatte. Die wöchentlich tagenden Sekretariate waren die eigentlichen Machtzentren, sie existierten in den Kreisen, Bezirken und im Zentralkomitee. Darüber befand sich das Politbüro des Zentralkomitees der SED; hier wurde die eigentliche Politik gemacht. Diejenigen seiner Mitglieder, die gleichzeitig Mitglieder des Sekretariats des Zentralkomitees waren, hatten die meiste Macht im Land. Kurt Hager, auf den immer wieder zu sprechen kommen sein wird, war beides, Politbüromitglied und Sekretär für Wissenschaft und Kultur und damit der mächtigste Mann auf diesem Gebiet. Ihm unterstanden alle Sekretäre für Wissenschaft, Volksbildung und Kultur in den unteren Gliederungen sowie alle entsprechenden Ministerien samt ihren Gliederungen in den Bezirken und Kreisen. Die Parteiorganisationen der Universäten, dort, wo ich also arbeitete, hatten den Rang einer Kreisorganisation.

Dreimal lehnt man bei der »führenden Rolle« nicht ungestraft ab. Dessen war ich mit bewusst, als ich im November 1969 zu einem Gespräch beim Sekretär für Wissenschaft, Volksbildung und Kultur der SED-Bezirksleitung Leipzig, Hans-Joachim Hoffmann, gebeten wurde. Er sollte 2. Sekretär der SED-Bezirksleitung werden, Peter Heldt, bisher Sekretär für Wissenschaft, Volksbildung und Kultur der SED-Kreisleitung der Universität, war als sein Nachfolger vorgesehen und damit dessen Stelle an der Universität vakant.

Die Auswahl war auf mich gefallen. Und Hoffmann hatte scheinbar gute Argumente: Wir halten dich für einen der talentiertesten jungen Gesellschaftswissenschaftler an der Universität, du wirst dort, wenn du weiter so zielstrebig wissenschaftlich arbeitest, deine Karriere machen und zum Hochschullehrer berufen werden. Aber zuvor musst du, entsprechend der Berufungsordnung des Hochschulministeriums, eine Tätigkeit außerhalb des Wissenschaftsbetriebes, wo du studiert und promoviert hast, aufnehmen, und wir haben gedacht, du wirst für etwa vier Jahre Sekretär der Kreisleitung. Du bleibst da sozusagen hautnah an der Wissenschaft und kannst dich langfristig auf deine weitere wissenschaftliche Arbeit vorbereiten und konzentrieren. Du wechselst im Prinzip nur das Arbeitszimmer.

Der mir sehr sympathische und ebenfalls anwesende Peter Heldt nickte augenzwinkernd und lächelnd. Hoffmann war ein ernstzunehmender Gesprächspartner mit nachdenklichem gütigem Gesicht und sonorer Stimme. Entscheide dich bis morgen früh und entscheide dich richtig, gab er mir zum Abschluss mit auf den Weg. Ich redete mit meiner Frau, selbst das Gehalt von 1 500 M konnte sie nicht überzeugen, ich fuhr noch abends nach Chemnitz zu meinem Vater. Sein Urteil war vorhersehbar und ziemlich klar: Mein Junge, die Politik ist eine Hure, und wenn du dieses Angebot annimmst, wirst du ihr Zuhälter.

Ein vernichtendes Urteil. Ich kannte inzwischen schon viele Politiker, die wunderbare Menschen, aber auch welche, die erbarmungslose Karrieristen waren. Ich kannte Lehrer, die mir väterliche Freunde geworden, und welche, die kalte und knochenharte Pauker waren. Mir waren an der Universität Wissenschaftler begegnet, denen ich blind vertraut, und welche, denen ich keine Mark geborgt hätte. Ich kannte inzwischen einige Künstler, die mir gottgleich schienen, und welche, die in ihrem Charakter einfach nur erbärmlich waren. Das alles war zu bedenken.

Und so wurde ich zum ersten Mal meinem Lessing untreu: Wie kann ich meinen Vätern weniger als du den deinen glauben. Wer, wenn nicht ich, muss ich wohl gedacht haben. Mein Arbeitsverhältnis als Oberassistent beendete ich am 24. November 1970, ich wurde Sekretär der SED-Kreisleitung für Wissenschaft, Volksbildung und Kultur an meiner geliebten Universität, damals der jüngste Sekretär in einer Kreisleitung in der DDR. Mein 1. Sekretär war Werner Dordan, den es als ehemaligen Sekretär für Agitation und Propaganda einer Kreisleitung eines Landkreises des Bezirkes Leipzig wie Treibsand an die Universität gespült haben musste. Bestimmt ein anständiger Mensch mit gutem Willen, aber von der Wissenschaft und von einem Wissenschaftsbetrieb hatte er keine Ahnung und deshalb auch nicht das Gespür und das Gefühl, dass er keine Ahnung hatte. Wissenschaftler waren für ihn Parteiarbeiter an der Front der Universität.

Ich war kaum zwei Monate im Amt, als ich mir meine erste Parteistrafe bei ihm einfing. Während seines Schlusswortes auf einer Parteiaktivtagung der

Universität im großen Hörsaal der Physiologie, das er glaubte, in einigen Passagen ziemlich frei vortragen zu können, unterbrach ich ihn während einer Passage über die weitere Wissenschaftsentwicklung der Universität mit einer »Gotteslästerung«: »Das stimmt doch nicht, was du da sagst.« Ich sah das Entsetzen in den Augen der Präsidiumsmitglieder und derer, die in den ersten Reihen saßen und jedes Wort von ihm mitschrieben, und genoss fortan die Achtung und die Anerkennung vieler ehrwürdiger Hochschullehrer.

Dabei hatte mein Debüt in der Kreisleitung bereits mit zwei mir unvergesslichen Belehrungen begonnen. Bei meinem Antrittsbesuch beim Direktor der Augenklinik, Rudolf Sachsenweger, war ich fünf Minuten zu spät gekommen. Ein unverzeihlicher Fehler. Die Sekretärin des Ordinarius führte mich in sein Zimmer, er saß hinter dem Schreibtisch, unterschrieb und unterschrieb eine Mappe nach der anderen, trommelte mit den Fingern der linken Hand auf die Glasplatte und sprach, ohne den Kopf zu heben: Junger Freund, Zeit ist Geld, Geld habe ich genug und kann Ihnen durchaus einen Packen schenken, denn viel werden Sie in der Partei nicht verdienen, aber Zeit habe ich keine und schon gar nicht, um sie Ihnen zu schenken. Haben Sie mich verstanden? Lassen Sie mich nie wieder warten. Und nun sagen Sie mir in Kurzfassung, was Sie mir sagen müssen. Die Lektion saß, nicht nur für ein paar Wochen oder Monate, sondern für mein ganzes Leben.

Später schrieb ich sogar einen ganzseitigen Artikel in der Universitätszeitung mit der Überschrift »Zeit ist mehr wert als Geld« gegen die Verbürokratisierung der Arbeit an der Universität, gegen die Vergeudung der Arbeitszeit der Wissenschaftler durch die immer schlimmer werdende Wissenschaftsbürokratie. Zum Zeitpunkt meines Antrittsbesuches wusste ich allerdings schon, dass aus bündnispolitischen Gründen die Klinikdirektoren der Universität mit komfortablen Einzelverträgen ausgestattet waren und viel mehr verdienten als Institutsdirektoren anderer Fakultäten der Universität. Noch nicht wusste ich, dass sie durch die ihnen eingeräumte Möglichkeit der Privatliquidation, dass heißt der Behandlung privater Patienten mit Selbstzahlung unter Nutzung der räumlichen, materiellen und personellen Kapazitäten ihres Hauses, in der Spitze jährlich bis zu sechsstellige Zahlen, und das nicht nur in Mark der DDR, hinzuverdienten. Als diese Verordnung beschlossen wurde, war die Grenze zur Bundesrepublik noch offen, jeder Weggang eines hochqualifizierten Mediziners aus der DDR traf diese und vor allem dessen Patienten schwer. Und nach der Schließung der Grenzen war der Beschluss nicht mehr korrigierbar.

Die zweite Lektion bei meinen Vorstellungsgesprächen bekam ich vom Physiker und späteren Nationalpreisträger Arthur Lösche: Sie, Herr Keller, bestimmen den Fortgang der Wissenschaft nicht. Sie haben von dem, was ich wirklich mache, auch keine Ahnung, also versuchen Sie nicht, mitzureden, und

Internationale wissenschaftliche Konferenz, 1978, von links: Max Steinmetz, Karl Czok, Siegfried Hoyer

mischen Sie sich nicht in meine Arbeit ein. Sie haben einzig und allein die Aufgabe, mir solche Bedingungen zu schaffen, dass ich ungestört arbeiten, lehren und forschen kann. Auch dieser Satz prägte sich mir tief ein, er wurde zu einem Kernsatz meiner weiteren politischen Arbeit in Kultur und Wissenschaft, und das nicht nur an der Universität.

An der Wende von den sechziger zu den siebziger Jahren arbeiteten an der Universität etwa 2 900 Wissenschaftler und 7 000 Mitarbeiter des nicht wissenschaftlichen Personals. Die Gesamtzahl der Studierenden aus der DDR betrug etwas mehr als 13 000. Hinzu kamen mehr als tausend ausländische Studierende. 250 Professoren und 350 Dozenten waren in Lehre und Forschung tätig. International anerkannte Forschungsleistungen kamen von den Historikern, Sprachwissenschaftlern und Physikern. Bedeutsame Leistungen in der medizinischen Forschung kamen aus der Physiologischen Chemie, der Physiologie, Orthopädie, Augenheilkunde, Kinderchirurgie und Herz- und Gefäßchirurgie. Zunehmende Bedeutung erlangten die Biowissenschaften und die Regionalwissenschaften. Im Alltag ging es bei meiner Arbeit um Grundfragen der politischen und fachlichen Bildung und Erziehung der Studenten, um grundsätzliche Fragen der Sicherung der langfristigen Planung der Wissenschaftsentwicklung, um eine zukunftsorientierte, aber auch den Wissenschaftstraditionen verpflichtende Planung und damit verbundene Verteilung finanzieller Mittel, gleichwohl um die Förderung von Spitzenleistungen in Lehre und Forschung wie um die Sicherung der Existenz- und Arbeitsbedingungen wissenschaftlicher Nebendisziplinen, wie etwa der Islamforschung und der Indologie, des ausgewogenen Verhältnisses der Grundlagenforschung und der angewandten Forschung und um die ewig leidigen Personalentscheidungen. Und das alles in enger und vertrauensvoller Zusammenarbeit mit den dafür verantwortlichen staatlichen Leitern der Universität.

Ich denke, dass die Personalfragen der sensibelste Bereich unserer Entscheidungen war, mit dem wir nach meinem Empfinden vielfach politisch verantwortungsbewusst und doch mitunter unsensibel umgegangen sind. Macht verführt zu Dummheit, der Subjektivismus feiert dabei fröhliche Urständ. Ich bin mir dessen heute nach wie vor bewusst und bedauere manch unkluge Entscheidung.

Es gab aber auch Entscheidungen, über die ich mich noch heute diebisch freuen kann. Einmal kamen zu mir zwei hochtalentierte junge Wissenschaftler, die sich mit der Begabtenforschung beschäftigten, die um ihr Wissenschaftsgebiet kämpften, was in der DDR aus sozialen Gleichheitsgründen und schon gar nicht beim Ministerium für Volksbildung beliebt war. Ich habe ihnen geholfen, dass sie an der Universität einen Platz fanden, und aus Dankbarkeit kamen sie später zu mir und baten um Aufnahme in die SED. Meine Erfahrung sagte mir aber, sage nicht ja, denn eigentlich wollten sie es aus innerer Überzeugung selbst überhaupt nicht. Ich empfahl ihnen den Eintritt in eine Blockpartei. Beide schauten mich mit großen Augen an, als würde ich sie jetzt einer schwierigen Prüfung unterziehen. Sie hatten noch nicht begriffen, daß nur eine Mitgliedschaft in einer Blockpartei (CDU, LDPD, NDPD, DBD) sie bis zu einem gewissen Grade vor dem Zugriff der SED schützte. Nach einem weiteren Gespräch Wochen später folgten sie meiner Empfehlung, wurden für ihre wissenschaftlichen Leistungen belohnt und mit meiner besonderen Fürsprache zu Professoren berufen und auch international anerkannte Wissenschaftler. In dieser Frage hatte ich mit meinem Instinkt richtig entschieden, aber warum ich als Mitglied des Sekretariats der SED-Kreisleitung auch über die Vorschläge des Rektors zur Berufung aller Hochschullehrer mit entschied, lässt mir heute keine Ruhe mehr, in dieser Frage hatte ich den Rat von Professor Lösche schnell vergessen. Das war so, als würde der Physiotherapeut und nicht der Trainer über die Berufung zum Nationalspieler in irgendeiner Ballspielsportart entscheiden. Ich war noch zu jung, um an mir selbst zu zweifeln. Wenn ich zweifelte am Lauf unserer sozialistischen Dinge, dann nur, wenn die Führung meiner Partei auch zweifelte. Und die zweifelte nie.

Das Hauptproblem meiner politischen Tätigkeit bestand darin, dass Wissenschaft, Bildung und Kultur in der DDR ausschließlich einer politischen

Zielstellung zu dienen hatten, deshalb entschied die führende Politbürokratie auch über deren Glanz und Elend nicht nach Vernunft oder Verstand, sondern nach subjektivem politischem Interesse und Ermessen. Ich stand immer zwischen zwei rotierenden Walzen, die mir manchmal Luft zum Atmen gaben und manchmal mich fast ersticken ließen. Das intellektuelle Leben in der DDR bewegte sich in einem eigenartigen Spannungsfeld. Auf der einen Seite die inhaltliche Forderung der Partei nach Schöpfertum, inhaltlicher Kreativität, nach Wirklichkeitsnähe und Offenheit, auf der anderen Seite aber gerieten die, die das wirklich ernstnahmen, am schnellsten und unmittelbarsten in das Schussfeld der Kritik und unterlagen ohne Chance dem Rasenmäherprinzip. Alles über dem Durchschnitt sich Entwickelnde und nicht Kontrollierbare musste beschnitten werden. Wissenschaftlich nicht tragbare Analysen und daraus abgeleitete Kritik entschieden. Gesinnungskontrolle, Verdächtigungen und Zensur waren allgegenwärtig.

Die uns damals heilige Lehre von Marx und Engels war in Wirklichkeit dem Einfluss der persönlichen und gesellschaftlichen Erfahrung entzogen. Die Parteierziehung disziplinierte Gedanken, Ideen, Theorien und Erfindungsgeist auf das Maß von Spaliertrieben. Was sich nicht disziplinieren, beschneiden oder zurechtbiegen ließ, wurde abgestoßen, versetzt oder seiner sozialen Sicherung entzogen. Ich frage mich heute noch fassungslos, warum kritische Analysen von Bernstein und Kautsky, von Luxemburg und Korsch, Gramsci und Lukács, Behrens, Bahro und Havemann uns nicht vermittelt wurden.

Die SED hatte die Schulen und Universitäten den Kindern des ganzen Volkes geöffnet, aber gleichzeitig verhinderte sie ihre umfassende Bildung, denn sie war blind gegenüber bürgerlichen Bildungselementen. Bürgerliche Bildung und Wissenschaft wurden teilweise verachtet und ausgegrenzt. Wir wurden nie ernsthaft geschult in Toleranz, Demokratie und alternativem Denken. Das aber ist im Grunde genommen bildungs- und wissenschaftsfeindlich. Wie anders ist es zu erklären, dass in der Bildung und Erziehung der DDR wichtige Bereiche der Faschismus- und Antifaschismusdebatte keine Öffentlichkeit erfuhren. Erinnert sei an Theodor W. Adorno, Hannah Arendt, Bruno Bettelheim, Ernst Fraenkel, Max Horkheimer und Karl Jaspers.

Warum war bürgerliche Bildung dekadent, warum wurde meine Generation nicht für reif gehalten, andere Meinungen kennenzulernen und uns selbst ein Urteil zu bilden? Warum entsprach unsere Bildung nicht den modernen Anforderungen des 20. Jahrhunderts? Fragen über Fragen, die ich damals noch nicht stellte. An bestimmte Bücher, die im direkten Zusammenhang mit meinem Forschungsprojekt standen, aber in der »Giftkammer« der Deutschen Bücherei lagerten, war nur mit einer Bescheinigungen meines Doktorvaters heranzukommen.

In den Jahren als Sekretär der Kreisleitung gelang es trotzdem, langfristige Forschungskonzeptionen auf wichtigen Gebieten der Wissenschaftsentwicklung auszuarbeiten, die Forschung auf Schwerpunkte zu konzentrieren und die Zersplitterung von Forschungskapazitäten Schritt für Schritt zu reduzieren – daran hatte ich Anteil. In der ersten Hälfte der siebziger Jahre erhielten zwanzig Wissenschaftler der Universität den Nationalpreis der DDR. Auch ich bekam etwas, nämlich meine zweite Parteistrafe, weil ich in einem Weiterbildungsseminar in der SED-Bezirksleitung Leipzig – Seminarleiter war der mir nicht unsympathische Sekretär für Landwirtschaft Gerhard Ehrlich – gefordert hatte, die überall üblichen Schein- und Trugbilder über die Sowjetunion zu vermeiden und ein wirklich lebendiges Bild über Erfolge und Misserfolge zu vermitteln, über Erreichtes und noch nicht Erreichtes ehrlich zu berichten. Je mehr Touristen die Sowjetunion besuchten, umso mehr kamen mit Enttäuschungen und vielfältigen Fragen zurück. Aber das war zu dieser Zeit für die DDR noch zu viel »Glasnost«.

Viel Wert legte ich in meiner Arbeit auf die Öffnung der zur Universität gehörenden Einrichtungen für die Bevölkerung der Stadt und der Region Leipzig: Der Botanische Garten, einer der ältesten Universitätsgärten in Mitteleuropa, das Musikinstrumentenmuseum im Grassimuseum, das 1976 wieder eröffnete Ägyptische Museum, die Sammlungen des Antikenmuseums, des früheren Geologischen Museums, des Karl-Sudhoff-Instituts belebten das öffentliche Wirken der Universität und wurden von der Bevölkerung gut und gern angenommen. Unter meiner Federführung entstanden »Empfehlungen an Rektor, Senat und Wissenschaftlichen Rat der Karl-Marx-Universität zur Pflege der humanistischen und progressiven Traditionen und des revolutionären Erbes der Geschichte und Gegenwart der Karl-Marx-Universität«, sie stießen auf unerwartet große Resonanz und eröffneten dem geistig-kulturellen Leben an der Universität völlig neue Möglichkeiten. Die Veteranenuniversität mit den vielfältigsten Vorlesungen aus fast allen Wissenschaftsbereichen erlebte überfüllte Hörsäle. Öffentliche Schul- und Lehrlingskonzerte der künstlerischen Ensemble der Universität öffneten manch jungem Menschen den Weg zu Kunst und Kultur.

Die Theaterzüge nach Berlin zum Berliner Ensemble für zehn Mark Eintritt, einschließlich Hin- und Rückfahrt mit der Bahn, die Vorbereitungen zur Wiederaufstellung des Leibniz-Denkmals, des Schinkel-Portals, das einst die Front des Augusteums zierte, die Einbringung von alten Grabplatten der gesprengten Universitätskirche in den Neubau des Seminargebäudes, die Installation der alten Universitätsglocke in den Innenhof des Universitätsneubaus, die Sicherung von Kulturschätzen aus der gesprengten Universitätskirche im Depot des Museums der bildenden Künste und der Ausbau der ehemaligen

Moritzbastei hinter dem Universitätshochhaus mit der originalgetreuen Einrichtung des »Fuchsbaus« und des »Schwalbennestes«, als ehemalige Studentengaststätten weit über die Stadtgrenzen hinaus bekannt, zeugten von dem Bemühen, neuen Wein in wirklich neue Schläuche einzufüllen.

Ohne Übertreibung lässt sich sagen: Die Universität war einer der wichtigsten Kristallisationspunkte neuen Denkens und des kulturellen Lebens im Territorium. Der traditionsreiche Universitätschor unter der Leitung von Hans-Joachim Rotzsch, dem späteren Thomas-Kantor, und seinem Nachfolger Max Pommer, das Akademische Orchester unter Horst Förster und Claus-Peter Flor, das in der DDR einmalige internationale Studentenensemble »Solidarität« unter der künstlerischen Leitung von Hans Thomas, ein internationales Folklore-Ensemble, das sich jede Stadthalle gewünscht hätte, die Capella fidicinia und vieles andere zeugten von Weite, Breite und Vielfalt des musikalischen Schaffens an der Universität.

Natürlich verlief das alles nicht ohne Konflikte. Der Universitätschor verstand sich in der Tradition von Felix Mendelssohn Bartholdy und Johann Sebastian Bach, folglich gehörten zu seinem Repertoire auch alle Passionen und vor allem dessen Leipziger Motetten, zu seinen Auftrittsorten gehörten traditionell die Thomas- und die Nikolaikirche. Das wollten einige führende Köpfe aus dem Bereich der Gesellschaftswissenschaften partout nicht verstehen. Als aber der Universitätschor zum 30. Jahrestag der Wiedereröffnung der Universität 1976 im Festsaal des Alten Rathauses gar kirchliche Motetten sang, die mit einem wunderschönen »Halleluja« endeten, war das Maß für sie voll. In der Universitätszeitung erschien ein Kommentar über das »merkwürdige Kulturverständnis« des Sekretärs für Wissenschaft, Volksbildung und Kultur. Er stammte vom Direktor des Franz-Mehring-Instituts, Gottfried Handel, mit dem ich einige Publikationen über die Leipziger Universität veröffentlicht hatte. Er beantragte die Eröffnung eines Parteiverfahrens gegen mich. Dazu kam es nicht, weil keinem, selbst seinem besten Befürworter, eine richtige Begründung gegen die Pflege des humanistischen Erbe Johann Sebastian Bachs einfiel.

Vielleicht war das auch ein nicht unwesentlicher Grund, dass mein Interesse und der Zeitanteil meiner Arbeit sich immer mehr zugunsten von Kunst und Kultur im Leben der Universität veränderten – auch wenn die Bedingungen nicht unbedingt dafür sprachen. Die Universität besaß mit einer Studentenbühne und dem Kabarett »academixer« zwei weitere national bedeutsame künstlerische Institutionen. Viel Ruhm, viel Ärger, viel Lob, viel Kritik, viele Auszeichnungen und manchen »übergeordneten« Eingriff prägten ihr Dasein und bestimmten mitunter auch meine Arbeit. Das Studententheater war schon 1949 vorübergehend Teil eines universitätszentralen Volkskunstensembles gewesen. Auch das ihm folgende Louis-Fürnberg-Ensemble war ein solches

Großensemble, das nach vorübergehender Auflösung 1966 schon kurze Zeit später als Poetisches Theater »Louis Fürnberg« mit Studiobühne, einem Studio Poesie für lyrische Programme, einer Tanzgruppe und später einer pantomimischen Gruppe erneut ins Leben gerufen worden war.

Kern des Poetischen Theaters aber war von Anfang an die Studiobühne. Während meiner Zeit in der SED-Kreisleitung spielte sie u. a. Shakespeares »Cymbelin« unter der Regie von Bernhard Scheller, Volker Brauns »Freunde« unter Jürgen Kauts, Jura Soyfers »Weltuntergang« unter Bernhard Scheller und Jürgen Hart, Brechts »Über Freundlichkeit« unter Bernhard Scheller, Stephan Hermlins »Scardanelli« unter Annegret Hahn, Ludwig Hohlbergs »Ulysses-von-Ithacia« unter Jürgen Hart, Heiner Müllers »Philoktet« unter Annegret Hahn und Brigitte Fischer, die DDR-Erstaufführung von Różewicz' »Der unterbrochene Akt« unter Annegret Hahn, Edward Albees »Es zog eine Nymphe auch im Sommer gestrickte Strümpfe« unter Wolfgang Junge und Volker Brauns Uraufführung »Guevara oder der Sonnenstaat« unter Annegret Hahn. Auf der Bühne standen unter anderem Christoph Hein, Eike Sturmhöfel, Burkhard Damrau, Helga Sylvester, Gisela Oechelhaeuser, Claudia und Thomas von Zglinicki, Michael Hametner und Peter Brasch.

Wer des Theaters erfahren ist, weiß bei dieser Programmfolge um die Schwierigkeiten nicht nur mit der großen und kleinen Leipziger Theaterprominenz, sondern vor allem mit dem Leipziger allmächtigen »Theater-Kayser«. Ich kann verstehen, dass er mit meiner späteren Berufung in den Bezirk wahre Albträume bekam. Allein die Namen von Volker Braun und Heiner Müller ließen aufhorchen, misstrauisch werden und verführten zur Diskreditierung. »Keine Fachleute«, hatte der damalige Student Adolf Dresen schon in den fünfziger Jahren gefordert und meinte damit vor allem die Theaterwissenschaftler. Denn schon in dieser Zeit tobte zwischen der Universität und der Theaterhochschule der berühmt-berüchtigte Stanislawski-Brecht-Streit. Während Hans Mayer schon längst Bertolt Brecht in den Hörsaal 40 der Universität geholt hatte, war es den Studenten der Theaterhochschule regelrecht verboten, mit dem Theaterzug der Universität ins Berliner Ensemble zu fahren. Und das nicht durch die Partei, sondern durch die Leitung der Hochschule.

Als vulgärmarxistisch wurde 1971 die Inszenierung von Shakespeares »Cymbelin« der Studentenbühne angegriffen, weil sie der heilen Welt der DDR widersprach. Die Päpstin der Shakespeare-Gesellschaft der DDR, Johanna Rudolph, wies die Sonetten in den Vertonungen von Uwe Ködderitzsch empört zurück, die Professoren Kuckhoff von der Theaterhochschule und Seehase von der Universität revidierten darauf eilfertig ihre zunächst positiven Urteile. Kein Klamauk, sondern viel erlebter Theaterdonner, dessen Grollen später ausschließlich der SED zugeschrieben wurde.

Heute scheint es in manchen Erinnerungen so, als wären die harten Trennlinien vor allem zwischen den klugen Theaterbesessenen und der dummen Bürokratie der Partei gewesen. So bildeten sich Legenden. Die Uraufführung von »Che« von Volker Braun wurde wegen Einsprüchen der kubanischen Botschaft abgesetzt. In Kreisen der studentischen »Kulturhelden« hieß es jedoch, in Wirklichkeit hätten die Leipziger Funktionäre der SED dahinter gesteckt, sie seien nur zu feige gewesen, sich dazu zu bekennen. In Kreisen des Schriftstellerverbandes war zu hören, so wolle man nur ein Aufführungsverbot für Volker Braun kaschieren.

Was aber war in Wirklichkeit geschehen? Zwischen Volker Braun und mir hatten sich vorsichtig ein freundschaftliches Verhältnis und eine gemeinsame Verantwortung für die Aufführung entwickelt. Für sie plädierten viele Wissenschaftler, nicht zuletzt Gisela Oechelhaeuser und das mir sehr verbundene Gelehrtenehepaar Christel und Walfried Hartinger. Sie alle sprachen sich trotz mancher warnender Stimmen anderer Theater- und Literaturwissenschaftler für die Premiere aus. Ich hatte die letzte Probe gesehen und war natürlich vor allem als Historiker begeistert. Kurz vor der Premiere erhielt ich einen Anruf aus der Abteilung Kultur des Zentralkomitees, wenige Stunden später aus der Kulturabteilung des Außenministeriums, dass wir auf jeden Fall im Interesse der guten und freundschaftlichen Beziehungen zur Volksrepublik Kuba auf die Premiere verzichten sollten. Ich verstand die Welt nicht mehr, denn das Stück war eine Hommage an »Che« und an die kubanische Revolution. Es gab also für mich keinen plausiblen Grund, und ich widersprach.

Ein Anruf des Sekretärs der SED-Bezirksleitung, Werner Martin, ich sei kein Theaterintendant, sondern Parteiarbeiter und solle mich gefälligst an die Parteidisziplin halten, erzeugte in meinem Inneren noch mehr Widerstand. Da meldete sich der Kulturattaché der kubanischen Botschaft zu einem Gespräch beim Rektor der Universität an. Der lud seinen Prorektor für Gesellschaftswissenschaften, der auf staatlicher Seite letztlich die Verantwortung für die Kulturarbeit besaß, und mich zu diesem Gespräch ein. Schritt für Schritt erfuhren wir im Gespräch die eigentlichen Hintergründe der Sorgen der kubanischen Botschaft. Die Familie von Tamara Bunke sowie Freunde aus dem In- und Ausland hatten Einspruch gegen die Darstellung einer Liebesbeziehung zwischen Tamara (Tanja) und »Che« eingelegt. Ich versprach, eine Lösung zu finden, und besprach mich mit Gleichgesinnten. Und wir fanden scheinbar eine wundersame Lösung. Die Premiere und die Aufführungen fanden statt, allerdings nur als universitätsinterne Studioaufführungen, ohne öffentliche Werbung und Kartenverkauf. Volker Braun erklärte sich mit dieser Lösung einverstanden.

Nach der zweiten Vorstellung kam ein Mitarbeiter der Bezirksverwaltung des Ministeriums für Staatssicherheit zu mir und erklärte mir mit großer Ernsthaftigkeit, Deutlichkeit und Dringlichkeit: Uns liegen gesicherte Erkenntnisse vor, dass eine große Zahl von kubanischen Studenten aus allen Bezirken des Landes nach Leipzig kommen wird, um weitere Aufführungen demonstrativ zu verhindern. Wir können uns eine solche Konfrontation mit Fidel Castro und dem sozialistischen Kuba nicht leisten, und wir können uns auch nicht vorstellen, dass die Universität und ihre Verantwortungsträger eine solche Verantwortung übernehmen wollen. Und ich gehorchte wieder einmal, denn was sollte ich solchen Argumenten entgegensetzen? Vor die Mitglieder der Studiobühne treten und sagen, dass eine DDR-Familie um des Familienfriedens willen mit Unterstützung der kubanischen Botschaft auf jeden Fall die Aufführung verhindern will, wollte und konnte ich nicht. Lieber nahm ich die Verdächtigungen auf mich. Einige Jahre später habe ich mich revanchiert und dafür eingesetzt, dass Volker Brauns »Che« in der Neuen Szene am Schauspielhaus Leipzig zu einer glanzvollen Aufführung gelangen konnte.

Die Studiobühne, die zwischen 1956 und 1968 Gastspiele in Flensburg, Heidelberg, Freiburg, Tübingen, Hamburg, Köln, Marburg, Bielefeld und Dortmund hatte, sah nach den 68er Ereignissen in der ČSSR und den Studentenunruhen in der Bundesrepublik bis Mitte der siebziger Jahre nur noch Chancen für Gastspiele in Kuba und Österreich sowie im östlichen Teil Europas, in Ungarn, Polen, der ČSSR und der Sowjetunion. Die Studentenbühne war kein Amateurtheater, wie es so viele im Lande gab, es war eine fast professionelle Institution, die Theatergeschichte schrieb und die für viele Künstlerinnen und Künstler zu einem Sprungbrett und zu einem Ort von sonst kaum durchsetzbaren Erst- und Uraufführungen wurde. Der Beifall des Publikums im Parkett auf der einen Seite und die »Buh«-Rufe auf den langen und dunklen Gängen der Macht auf der anderen Seite, Freude und Ärger lagen eng beieinander.

Nicht anders war die Situation der »academixer«, die ihre Arbeit mit einer schweren Vorbelastung antreten mussten. Anfang der sechziger Jahre war das FDJ-Studentenkabarett der Fakultät für Journalistik »Rat der Spötter« in die Mühlen der politischen Auseinandersetzungen geraten und schließlich verboten worden. Mehrere ihrer Mitglieder wie Peter Sodann und Ernst Röhl wurden verhaftet und nach monatelanger Untersuchungshaft in einem Prozess wegen »konterrevolutionärer Umtriebe« zu Haftstrafen auf Bewährung verurteilt. Später gründete sich ein Studentenkabarett am Dolmetscherinstitut, das sich »academixer« nannte und auch nur ein Programm überstand, wenngleich das mehr künstlerische als politische Gründe hatte. 1966 dann der dritte Versuch an der Universität durch Jürgen Hart, dem die Muse scheinbar alles in die Wiege gelegt hatte und der später als Kabarettist, Textautor, Sänger, Komponist und Regisseur nicht nur in Leipzig Kultstatus besaß. Zu seinen Mitstreitern wurde im ersten Jahr Gunter Böhnke, 1967 Christian Becher und

Bernd-Lutz Lange, 1969 Katrin Bremer, die später seine Frau wurde, 1972 Eva-Maria Fastenau, die allerdings schon nach kurzer Zeit wieder ausstieg, und 1974 Gisela Oechelhaeuser. Mit dem Pianisten Christoph Rüger, der 1980 das Land verließ, spielte sich die Truppe in konstanter Besetzung etwa sechs Jahre zunächst in die Herzen der Universitätsangehörigen und schon bald in die Kabarettöffentlichkeit der DDR. Ihr Markenzeichen waren nicht nur hochintelligente Texte, sondern vor allem intelligente Menschen auf der Bühne, die ihre Texte lebten.

Innerhalb kürzester Zeit sammelten sie alle Auszeichnungen, die es im Lande für volkskünstlerisches Schaffen gab. 1972 verlieh ihnen der Rat der Stadt den »Kunstpreis des Rates der Stadt Leipzig«. Kein Wunder, dass die Anzahl der Auftritte und die beruflichen Tätigkeiten kollidierten. Partei hilf! Und sie half. In der Hauptabteilung Kultur wurden gut dotierte Halbtagsstellen eingerichtet: für Jürgen Hart als Leiter des Poetischen Theaters, für Christian Becher als Verantwortlicher für Großveranstaltungen sowie für die Theaterzüge nach Berlin und für Bernd-Lutz Lange als Verantwortlicher für Öffentlichkeitsarbeit. Blieb die seit langem offene Stelle des Hauptabteilungsleiters, die nach dem Weggang von Eike Sturmhöfel nach Berlin, der im Übrigen schon einmal als Schüler der Engels-Oberschule in Chemnitz meinen Weg gekreuzt hatte, vakant. Alle von mir an der Universität angesprochenen Personen nannten nur einen Namen: Gisela Oechelhaeuser.

Sie war nicht Genossin, christlicher Herkunft, die Mutter Pastorin, der verstorbene Vater ehemals Funktionär der nationalsozialistischen Einheitsgewerkschaft, ihre Brüder waren in den Westen gegangen. Ich lud sie dennoch zum Gespräch ein. Mein erster Eindruck war: »akzeptable Gesprächspartnerin«, ich lud sie zu einem zweiten Gespräch ein, und sie kam mit überzeugenden Konzeptionen für die Leitung der Hauptabteilung. Ich bot ihr die Position als meine künftige staatliche Partnerin an, und sie fragte mich, ob sie Mitglied der SED werden müsse. Ich verneinte, mich interessierten ausschließlich fachliche Kompetenz und die Fähigkeit, freundschaftlich und konstruktiv mit den vielen Ensemblemitgliedern der Universität zusammenzuarbeiten. Schließlich fragte sie, was ich in meinem überdimensionalen Panzerschrank hätte. Ich antwortete ihr, alles, was für solche Gespräche wie heute nötig sei, ich öffnete ihn und in ihm stand nichts als eine Flasche Weinbrand. So begann unsere Zusammenarbeit.

Die Hauptabteilung Kultur war dem Rektor der Universität direkt unterstellt. Und die wachsamen Genossen der Kaderabteilung, die solche Entscheidungen letztlich vorzubereiten hatten, fielen fast in Ohnmacht und glaubten, ich hätte wegen der Ausstrahlung dieser Frau jegliche revolutionäre Wachsamkeit verloren. Ein solches Risiko auf solch einer ideologischen und politisch wichtigen Position, niemals – abgelehnt. Ich wusste, was ich wollte, und setzte meine Meinung beim Rektor der Universität durch. Gisela Oechelhaeuser wurde Hauptabteilungsleiter, aber das Sicherheitsrisiko blieb in den Köpfen anderer permanent vorhanden. Wahrscheinlich hat sie dies gespürt, denn eines Tages überraschte sie mich mit der Mitteilung, dass sie Mitglied der SED geworden sei. Ihre Begründung war logisch: Sozialismus ist Frieden, unsere Gesellschaft wird aus den Positionen der Schwachen gesehen, ich will dazugehören, weil alle von mir verehrten Lehrer und Freunde Mitglied der SED sind. Ich wusste damals noch nicht, wie sehr sich Gisela Oechelhaeuser nach öffentlicher Aufmerksamkeit und Anerkennung sehnte. Ich widersprach ihrem Schritt nicht, warum sollte ich auch? Wir hatten eine gute Zusammenarbeit, und der Gegenstand unserer Arbeit bedingte es, dass wir uns viel sahen. Und je mehr wir uns sahen, desto stärker wuchs das Bedürfnis nach mehr. Sie war so völlig anders als meine Frau Christa, sie war laut und lachte, wo meine Frau leise und nachdenklich war, sie war lustig, wo meine Frau traurig war, sie war für ständige Veränderung und Unruhe, wo meine Frau für Kontinuität und Ruhe war, sie wirkte geradezu furchterregend selbstbewusst, wo meine Frau bescheiden war, und sie war für mich – allerdings nicht nur für mich – geradezu beängstigend gebildet und belesen. Sie öffnete mir Türen der Erkenntnis, die für mich bisher verschlossen waren. Ich verliebte mich in sie.

Erst viel später begriff ich, dass solch unterschiedlichen Eigenschaften nicht auf einer Dezimalwaage zu messen und zu vergleichen sind, dass scheinbare Vorzüge auch ernüchternde Nachteile sein können. Und wie ich mich in sie verliebte, verliebte sie sich in mich. Wir wussten beide, dass wir uns nicht offenbaren konnten. Nichts war schlimmer als Heimlichkeit und das Schweigen meiner Frau gegenüber, die ich trotzdem noch liebte und die mir zwei wunderschöne Töchter geschenkt hatte. Ich litt Höllenqualen und stürzte mich noch mehr in meine Arbeit. Allerdings wusste ich auch, dass man vor den Mitarbeitern des Ministeriums für Staatssicherheit nichts verheimlichen kann.

Schon wie 1961 hatte ich wieder einmal stundenlang in einem Untersuchungsraum dieses Ministeriums gesessen. Als Leiter einer Kulturdelegation der Universität, vielleicht auch als Aufpasser gedacht, war ich mit einem studentischen Singeclub der Universität 1972 zum Pressefest des Organs der Kommunistischen Partei Portugals nach Lissabon geflogen. Ihr damaliger Leiter ist heute Ordinarius an der Medizinischen Fakultät der Leipziger Universität. Nach den Auftritten auf dem Pressefest waren die Gastgeber so beeindruckt, dass sie die Gruppe zu einer achttägigen Rundreise durch Portugal mit einer Vielzahl weiterer Auftritte einluden. Die Abteilung Kultur des ZK der SED und die Universitätsleitung entsprachen der Bitte der DDR-Botschaft in Lissabon.

Unsere Töchter Antje und Claudia

Nur mein damaliger 1. Sekretär der Kreisleitung, Werner Dordan, bestand auf meiner sofortigen Rückkehr, da eine Kreisleitungssitzung anstand. Ich war das erste Mal in meinem Leben in Portugal, und jeder kann nachvollziehen, was ich über die Größe des Geistes meines damaligen Vorgesetzten dachte, der im Übrigen kurze Zeit später völlig zu Recht durch den Wirtschaftswissenschaftler Horst Richter abgelöst wurde. Also nahm ich mit Wut im Bauch mein Rückflugticket, verabschiedete mich von den Studentinnen und Studenten des Singeclubs sowie vom Kulturattaché der Botschaft und fuhr zum Flughafen, checkte ein und saß im Warteraum, den Aufruf zum Abflug erwartend, der allerdings nicht erfolgte, da die portugiesischen Fluglotsen streikten. Ich konnte mit meinem DDR-Pass den Warteraum nicht mehr verlassen, sprach weder portugiesisch noch spanisch, von englisch keine Spur und französisch nur radebrechend und hatte auch keinen Pfennig ausländischer Währung mehr einstecken, warum auch? Ich konnte auch nicht die Botschaft anrufen, denn ich hatte nicht einmal deren Telefonnummer.

24 Stunden saß ich in diesem Warteraum, ohne etwas zu trinken, außer Wasser auf der Toilette, und ohne etwas zu essen. Ich schlief oder besser, ich wachte, im Halbschlaf auf mein Gepäck aufpassend, bis ich mir vertraute deutsche Laute hörte. Eine Maschine solle in Kürze von Lissabon nach Wien fliegen. Ich bat, flehte und diskutierte so lange, bis die Austria-Fluglinie mich

mitnahm, es war später Vormittag, und die Stewardessen servierten Kaffee und Buttercremetorte, natürlich bei mir oben rein und nach fünf Minuten unten wieder raus. Kurz vor Wien kam der Chefsteward zum Kassieren. Ich erklärte ihm, dass ich keinen Pfennig besaß, nur durch Zufall in dieser Maschine saß und eigentlich nach Ostberlin wolle, denn dort sei ich zu Hause. Er sah mich mitleidig an und sagte dann kurz und trocken, aber so laut, dass es alle hören konnten: Wenn Sie wirklich so arm sind, sollten Sie laufen und nicht fliegen. Sie bleiben in unserer Schuld. Aber damit Sie nicht noch mehr Dummheiten machen, wenn wir in Wien landen, steht hundert Meter weiter eine Maschine nach Berlin. Ich kündige Sie schon mal an, die werden sich bestimmt auf einen armen Schlucker aus der Ostzone wie Sie freuen und einen freien Platz im Gang oder in der letzten Reihe haben.

Gerettet, dachte ich. Falsch gedacht. Die Maschine landete in Berlin-Tegel. Ich, so schnell wie möglich, in eine S-Bahn zur Friedrichstraße. Die Heimfahrt kam mir vor wie ein Vabanquespiel. Ohne Geld als Ostberliner in Westberlin, und dann auch noch als Funktionär der SED, das alles löste Schweißausbrüche bei mir aus. Doch der befürchtete S-Bahn-Kontrolleur kam nicht. An der Friedrichstraße im Tränenpalast endlich angekommen, schaute der Grenzer auf mich und auf mein Flugticket, lächelte mich freundlich an und schien etwas zu denken wie: Du bist verrückt, mein Junge, ich allerdings nicht, und telefonierte, mich nicht aus den Augen lassend. Dann kam ein Offizier in Begleitung zweier smarter und kräftiger Männer, sie führten mich in einen fensterlosen Raum, den sie hinter mir verschlossen. Anschließend kam ein anderer, etwas gesetzter Herr in Zivil, dem ich meine Geschichte erzählte. Er lächelte mich freundlich an, bat mich, meine Geschichte ihm noch einmal rückwärts zu erzählen und verschwand. Nach vier Stunden kam er wieder, nicht einmal ein Glas Wasser hatten sie mir angeboten: Wir haben mit der Abteilung Kultur des ZK gesprochen, obwohl alles, was sie sagen, für uns nicht nachvollziehbar ist, scheint es zu stimmen, wir werden trotzdem alles sorgfältig prüfen. Sie können jetzt gehen.

Ich war wieder in meiner geliebten DDR angekommen, mein Gepäck allerdings sah ich nie wieder. Die Sitzung der SED-Kreisleitung fand »wegen Störungen im Flugverkehr zwischen Lissabon und Berlin« ohne mich statt.

So lustig und verrückt das alles auch war, die Lust an meiner neuen Tätigkeit hatte es nicht befördert. Täglich vorgesetzte Parteifunktionäre zu erleben, die von der Wissenschaft und der Kultur nicht viel verstanden, das aber nicht bereit waren, zuzugeben, ein gehetztes Leben zwischen Verstand und Disziplin, zwischen Gehorsam und Aufmüpfigkeit – das war nicht unbedingt das, nach dem ich mich sehnte. Bereits 1973 hatte ich zum ersten Mal vorsichtig nachgefragt, was aus dem Versprechen würde, dass ich nach vier Jahren Dienst in der

Kreisleitung in die Wissenschaft zurückgehen könne. Die Antwort war immer die gleiche: jetzt noch nicht, wir unterhalten uns später noch einmal darüber. Meine Protagonisten konnten mir nicht mehr helfen. Hans-Joachim Hoffmann war 1973 Minister für Kultur geworden, Peter Heldt Abteilungsleiter für Kultur im Zentralkomitee der SED, wo er allerdings nach Differenzen mit Kurt Hager schon bald wieder ausschied und als Hochschullehrer an die Universität zurückkehrte. Mir war klar, dass ich nun meine Habilitation vorantreiben musste. Die ersten drei Jahre hatte ich alles Mögliche an Material zur Geschichte der Universität nach 1945 gesammelt, nicht zuletzt aus dem inneren Antrieb heraus, mehr über die Geschichte der Universität zu wissen als andere. Auf Empfehlung von Gottfried Handel hatte ich mich entschlossen, eine Arbeit über die Geschichte der Universität nach 1945 zu schreiben, und sollte mir dies gut gelingen, als Habilitation einzureichen. Deshalb beschäftigte ich mich auch mit theoretischen Fragen der Wissenschafts- und Hochschulpolitik, natürlich auch mit der westdeutschen DDR-Historiographie, ging ins Archiv der Universität, in den »Giftturm« der Deutschen Bücherei und in verschiedene Einrichtungen der Universität, die archivalische Quellen besaßen, arbeitete viel nach Dienstschluss bis in die Morgenstunden an meinem Schreibtisch zu Hause, nahm unvernünftigerweise, mehr als mir guttat, Koffeintabletten und schrieb und schrieb, bis ich glaubte, in absehbarer Zeit eine vernünftige Arbeit vorlegen zu können.

Im November 1976 geschah etwas, was für die Kulturpolitik einen der tiefgreifendsten Einschnitte in die Geschichte der DDR darstellte: die Ausbürgerung des Liedermachers Wolf Biermann. In Berlin war die Hölle los, Leipzig war zu dieser Zeit nur ein kleiner Vorhof zur Hölle. Aus dem »Poetischen Theater« und der Sektion Germanistik/Literaturwissenschaft der Universität erfuhr ich erste Zusammenhänge um die Brisanz des Vorgangs. Biermann war in Leipzig nicht gerade bekannt, aber der Satz Stefan Heyms, »Ausbürgern darf sich nicht einbürgern«, bot Sprengstoff genug. In Berlin jagte eine Erklärung dafür und dagegen die andere, die Provinz musste sehen, wie sie mit den Ereignissen zurechtkam. Natürlich sahen alle das Westfernsehen, das ununterbrochen über den neuen Helden berichtete.

Wer, wenn nicht ich, sollte jetzt an der Universität die Initiative ergreifen. Ich lud mit großen Plakaten zu einer Informationsveranstaltung »Wer ist Wolf Biermann« in den großen Hörsaal der Physiologie ein. Die Plakate in der Universität waren kaum geklebt, als über mich die »Berliner« Hölle hereinbrach. Die Bezirksverwaltung des Ministeriums für Staatssicherheit fürchtete einen Aufruhr an der Universität und beschwor mich, die Veranstaltung abzusagen. Nach langen Diskussionen, in denen ich mich weigerte, meine Position zu revidieren – in dieser Zeit sprach interessanterweise kein Mensch aus der Parteihierarchie mit mir – einigten wir uns auf einen Kompromiss: Umzug vom großen Hörsaal mit 800 Plätzen in den Hörsaal der Tierproduktion/Veterinärmedizin mit einer Kapazität von 350 Plätzen.

Als ich dort ankam, war der Saal völlig überfüllt, und ich sah mindestens genauso viele mir bekannte Wissenschaftler und Studenten wie mir völlig unbekannte Menschen, die ich noch nie an der Universität gesehen hatte. Ich sprach über eine Stunde, im Saal war Stille, aufmerksames Zuhören, ich sprach über die Verschärfung des ideologischen Kampfes zwischen beiden deutschen Staaten, über die Biographie Biermanns, insbesondere über die Jahre nach seiner Übersiedlung 1953 in die DDR, über seine literarischen Texte, über seine Sozialismusauffassungen und seinen Individualismus. Da ich die Übertragung des Konzertes durch die ARD gesehen hatte, sprach ich auch über die vertane Chance Biermanns, mit seinem Auftritt in Köln auszugleichen statt zuzuspitzen und die Lage in Berlin zu beruhigen sowie über die möglichen Hintergründe der unterschiedlichen Reaktionen von bekannten Künstlerinnen und Künstlern in Berlin.

Ich muss wahnsinnig gewesen sein, als ich die Idee für die Veranstaltung hatte, und war überrascht, dass ich mit meiner offenen, aber zugleich suchenden Rede mein Publikum überzeugt hatte, Beifall bekam und die Hörer zufrieden nach Hause gingen. Mein Auftritt muss sich rasend schnell herumgesprochen haben, denn ich bekam von nun an überall Einladungen, und das nicht nur aus Leipzig, aber da galt für mich das Sprichwort: einmal ist keinmal, zweimal ist einmal zu viel. Wenn ich heute meine handschriftlichen Notizen lese, wundere ich mich schon über manchen Unsinn, den ich gesagt habe. Aber ich wusste es zu dieser Zeit nicht besser, und die Besucher der Veranstaltung wussten in ihrer Mehrheit noch viel weniger als ich. Wichtig war, dass an der Leipziger Universität alle folgenden Berliner Ereignisse mit größerer Gelassenheit gesehen wurden und ich bei vielen einen Stein im Brett hatte. Viele waren mir auch nur deshalb dankbar, weil ich mich zu einem politischen Problem offen geäußert und ohne Rückendeckung meine Meinung kundgetan hatte, wo viele andere aus der Sektion Germanistik/Literaturwissenschaften oder dem Bezirksverband der Schriftsteller in der Öffentlichkeit zunächst nur geschwiegen und hinter verschlossenen Türen diskutiert und selbst nur Briefe geschrieben hatten.

An der Universität selbst kämpften die Wissenschaftler in dieser Zeit mit den Folgen der Hochschulreform, die strukturelle Veränderungen in Forschung und Lehre mit sich brachte. Die Konzentration auf Forschungsschwerpunkte und ihre Aufnahme in zentrale Pläne und Projekte führte zu Unsicherheit, zu administrativen Eingriffen und zu Überlebenskämpfen kleiner Wissenschaftseinheiten. Ich hatte mehrfach davor gewarnt und mir den Ärger der Abteilung Wissenschaften beim ZK der SED zugezogen. Wenn Wissenschaftler in den Mühlen der Bürokratie ersticken, haben sie zu wenig Zeit und zu wenig Luft für die Mühen der Ebenen der alltäglichen wissenschaftlichen Arbeit. Die Auflösung und Umstrukturierung der alten klassischen Fakultäten mit ihren traditionellen Institutsstrukturen, die sich über Jahrzehnte bewährt hatten und die zu schnelle Bildung der Sektionen ohne ausreichende Übergangsfristen war aus meiner Sicht ein Fehler gewesen. Mir blieb in meiner Funktion mitunter nur noch Schadensbegrenzung, zum Leidwesen eines Teils der Hochschullehrer, mit Dankbarkeit verbunden von einem anderen Teil des Lehrkörpers. Natürlich war ich auch für die Konzentration auf Forschungsschwerpunkte, doch die Konzentration von Personen und finanziellen Mitteln durfte nicht dazu führen, dass kleinere Wissenschaftseinheiten austrockneten. Was einmal verloren geht, bleibt für immer verschollen.

Die »academixer« glänzten im Frühjahr 1977 mit der Premiere ihres Programms »Ideal und Intensivwirklichkeit«. Dies wurde nach »Wir sind stolz auf 80« und »Wir machen ein Kulturprogramm« zu ihrer dritten, auch gesendeten, Fernsehaufzeichnung. Nur das zur Erinnerung für jene, die meinen, in der DDR gab es überhaupt kein Kabarett im Fernsehen. Es gab es, leider viel zu wenig. Die »academixer« drängten seit Mitte 1976 darauf, Profikabarett zu werden. Dafür gab es in der DDR konkrete Festlegungen. Wer vom Amateur- ins Profilager wechseln und seine Brötchen auf öffentlichen Bühnen verdienen wollte, benötigte einen Berufsausweis. Die »academixer« erhielten die sogenannte Pappe nach einem Vorspiel vor der Konzert- und Gastspieldirektion Leipzig unter dem Direktorat von Ruth Oelschlegel, einer vernünftigen Frau und Kultursachverständigen, die ich mochte und von der ich manches im Umgang mit Künstlerinnen und Künstlern lernte. Für andere aus dem kulturellen Bereich war sie eine »Kulturhexe«. Die Universitätstruppe wurde das erste und einzige Profikabarett der DDR ohne Schauspielausbildung mit einer für damalige Verhältnisse traumhaften finanziellen Einstufung. Damit verloren sie natürlich ihren Status an der Universität. Partei hilf. Und sie half erneut. Der Rat der Stadt, der nunmehrige Arbeitgeber, hatte zwar Planstellen für die Kabarettisten der »Pfeffermühle«, jedoch keine für das zweite Leipziger Profikabarett. Die wurden kurzerhand vom Gewandhausorchester geborgt. Kurt Masur und sein Gewandhausdirektor Karl Zumpe waren darüber zwar nicht begeistert, aber als Leipziger Kulturfürsten der Musikszene uns gegenüber gnädig.

Die Studiobühne brillierte mit einer Welturaufführung »Amor America« von Carlos Cerda, mit Programmen von Erich Weinert, Georg Maurer, Joachim Ringelnatz und Louis Fürnberg. Am Regiepult standen mit Michael Hametner, Bernhard Scheller, Wolfgang Junge, Christian Becher und Wolfgang U. Schütte streitbare und begeisterte Theaterverrückte. Viele Fachleute aus allen Teilen des Landes kamen zu den Premieren. Die Studiobühne war eine Reise wert.

Ich selbst arbeitete neben meinen Dienstpflichten wie besessen an meiner Habilitation. Der Prorektor für Gesellschaftswissenschaften hatte mich wissen lassen, dass am Franz-Mehring-Institut ein Lehrstuhl für Geschichte der DDR errichtet werden würde. Nur noch darauf war mein Denken konzentriert. Im Spätsommer reichte ich meine Arbeit mit dem Thema »Karl-Marx-Universität 1945 bis 1976. Ein historischer Abriss« an der Fakultät für Philosophie und Geschichtswissenschaft ein. Als Gutachter schlug ich meinen Altlehrer Max Steinmetz, Wolfgang Heinke aus Berlin, der in den fünfziger Jahren an der Universität gewirkt hatte, und den Direktor des Franz-Mehring-Instituts, Gottfried Handel, vor. Die Verteidigung der Arbeit fand im Dezember 1977 im altehrwürdigen Senatssaal der Universität statt.

Diskrepanzen hatte ich bereits im Vorfeld mit der Zeitschrift »Beiträge zur Geschichte der Arbeiterbewegung«, die Beiträge von mir ohne Rücksprache zensierte und große Streichungen vornahm, und erneut mit der Abteilung Wissenschaften beim ZK der SED, die sich gegen einige Thesen meiner Arbeit stellte. Ich forderte in meinen Thesen die konsequente Durchsetzung des Leistungsprinzips in Forschung und Lehre, die Entbürokratisierung der wissenschaftlichen Arbeit, die Abkehr von der Berufung der Hochschullehrer auf Lebenszeit, die Ausarbeitung von Bewertungskriterien für die finanzielle Einstufung der Wissenschaftler und für ihre Berufung, die Erhöhung des Stellenwertes der Geschichte, Philosophie und Methodologie der Wissenschaften, die Verbreiterung der Allgemeinbildung der Studenten, die Reduzierung der verwaltungsorganisatorischen Arbeit bei gleichzeitiger Erhöhung der Verantwortung der Leiter für Wissenschaftsentwicklung und die Abkehr von der kurzzeitigen Rotation der Leitungskader auf der Ebene der Sektionen und der großen Institute. Ich war damit im »Hohen Haus« und im Ministerium einigen Leitern auf die Füße getreten, aber dafür schreibt man ja schließlich wissenschaftliche Arbeiten. Nun also war ich habilitiert. Nur Sekretär der SED-Kreisleitung war ich nicht mehr.

Bereits Anfang November war ich zu einem Gespräch beim Ersten Sekretär der SED-Bezirksleitung Leipzig, Horst Schumann, geladen worden. Ich rätselte – warum? War ich wieder einmal bei den unendlichen Geburtstags- oder Auszeichnungsfeiern zu stürmisch und unkontrolliert mit dem vielen Alkohol umgegangen, hatte ich vielleicht irgendwo einen unpassenden politischen Witz erzählt, oder waren gar meine gegen alle Prinzipien der sozialistischen Moral gerichteten Eheprobleme ruchbar geworden? Nichts von alledem. Schumann kam sofort zur Sache. So wie ich im Zusammenhang mit Wolf Biermann an der Universität offen aufgetreten wäre – natürlich könne man so etwas nur an der Universität machen –, wie ich mit Ruhe und Vernunft selbst in schwierigen Fragen der Wissenschafts- und Hochschulpolitik mit den

Hochschullehrern sprechen würde, wie ich Verständnis für komplizierte kulturelle Prozesse hätte und dabei immer tolerant und trotzdem prinzipienfest gewesen wäre, hätte ihm sehr imponiert. Außerdem würde ich seit langem in die personellen Überlegungen des Sekretariats der Bezirksleitung einbezogen. Wissenschaftler könnten viele andere auch werden.

Also: Weil man sich vom Sekretär der Bezirksleitung, Werner Martin, trennen müsse, da er auf seinem Gebiet nicht das nötige Fingerspitzengefühl und Durchsetzungsvermögen habe, wäre die Reihe nun an mir. Die Vorlage müsste noch in der laufenden Woche im Sekretariat beschlossen, dann an das Sekretariat des ZK eingereicht werden, dort beschlossen und dann auf der nächsten Sitzung der Bezirksleitung der Beschluss gefasst werden. Ich müsste mich deshalb auf der Stelle entscheiden, wenn es überhaupt noch etwas zu entscheiden gäbe. Ich erinnerte mich kurz an eine Szene in meiner Oberschulzeit. Auf dem Zehnmeterturm des Freibades Zeisigwald stehend, glaubte ich, dass ich alles kann, wenn ich es nur wolle, nahm Anlauf, sprang ab und, wie ein Vogel fliegend, landete ich gegen allen Vogelverstand im Wasser auf dem Rücken. Mehrere Tage brannte dort eine dicke und rote Speckschwarte. Schumann muss mein Nachdenken bemerkt haben: Willst du nun oder nicht? Und wieder erinnerte ich mich an eine andere Lebensmaxime: Wer – wenn nicht ich? Ich sagte ja und verschwieg, dass ich riesige Eheprobleme hatte und manchmal zu heftig feierte. Mitte Dezember 1977 wurde ich auf einer Sitzung der SED-Bezirksleitung Leipzig zum Sekretär für Wissenschaft, Volksbildung und Kultur gewählt.

Mein Leipzig lob ich mir

Nun war ich also in der Leipziger Bezirksparteiorganisation mit über 170 000 Mitgliedern verantwortlich für die geistig-kulturellen Fragen; die Medien konnte ich nicht dazu zählen, ihre Unterstellung und Zuordnung zum Verantwortungsbereich des Sekretärs für Agitation und Propaganda unterstrichen ihre eigentlichen Aufgaben. Welch einen großen Rucksack ich mir aufgeladen hatte, war mir anfangs noch nicht vollständig bewusst, ich war zu dieser Zeit der jüngste Sekretär einer Bezirksleitung, hatte allerdings mit der Universität eine gewaltige und mir wohlgesinnte Streitmacht hinter mir. An der Spitze der Universität stand mit Lothar Rathmann, mit dem ich mich fast wortlos verstand, eine international anerkannte Wissenschaftlerpersönlichkeit, seine Prorektoren waren ausgewiesene Lehrer und Forscher. All das betraf allerdings nur den wissenschaftlichen Bereich, auf dem Gebiet der Kultur fehlte mir noch manche Erfahrung.

Ich verdiente nun 2 400 Mark, für mich damals unerhört viel Geld, genauso viel wie ein Professor in seinem Berufungsjahr, und war in der Bezirksleitung in der Nachfolge von Siegfried Wagner, einem eigentlich liebenswerten und freundlichen Menschen, der allerdings auch ein fürchterlicher Parteisoldat und schlimmer Opportunist sein konnte, von Hans Lauter, einem bewundernswerten antifaschistischen Widerstandskämpfer, der 1936 wegen Vorbereitung zum Hochverrat durch den III. Senat des Volksgerichtshofes zu zehn Jahren Zuchthaus verurteilt worden und von 1950 bis 1953 Sekretär für Kultur des Zentralkomitees der SED gewesen war, seiner Funktion in Schimpf und Schande enthoben und schon 1956 wieder rehabilitiert worden war, von Hans-Joachim Hoffmann, meinem eigentlichen politischen Ziehvater und persönlichem Vorbild, von dem ebenfalls aus der Universität kommenden Wirtschaftswissenschaftler Peter Heldt, meinem Vorgänger an der Universität und von Werner Martin, von der Abteilung Wissenschaft beim ZK der SED nach Leipzig abkommandiert, sich aber als Fehlbesetzung erwiesen hatte. An der Spitze der Bezirksparteiorganisation stand als Nachfolger des von der Mehrheit der Leipziger Intellektuellen ungeliebten und zum Teil gehassten Paul Fröhlich seit 1970 Horst Schumann. Gegen den erklärten Willen des damaligen Kadersekretärs des SED-Zentralkomitees, Erich Honecker, war der in Berlin Geborene, der von 1940 bis 1945 Mitglied der kommunistischen Widerstandsgruppe seines Vaters in Leipzig gewesen war, in diese Position gekommen. Schumanns Vater war als kommunistischer Widerstandskämpfer hingerichtet worden und hatte in einem letzten Brief an Walter Ulbricht den Wunsch geäußert, dass dieser sich nach seinem Tod um seinen Sohn kümmern möge. Solange Walter Ulbricht in der DDR in Amt und Würden war, kam er in anständiger Weise dieser Verpflichtung nach, mit dem Wechsel von Ulbricht zu Honecker, also kurz nach Amtsantritt von Schumann in Leipzig, begann auch für ihn, als ehemaligem Ziehkind Ulbrichts, eine schwere Zeit. Es war bis zum Schluss für mich bewundernswert, wie er die offen zur Schau gestellte Ablehnung Honeckers wegsteckte und versuchte, ein guter 1. Sekretär für Leipzig zu sein. Seine Menschlichkeit hat mich oft tief berührt, seine aus der persönlichen Geschichte stammende gnadenlose kommunistische Treue manchmal erschreckt.

Von der Wissenschafts- und Hochschulpolitik verstand ich etwas. Aber ich musste mitunter offen bekennen: Von der Kompliziertheit des künstlerischen Denkens, von den Schmerzen des künstlerischen Schaffens und den damit verbundenen Verhaltensweisen verstand ich viel zu wenig. Ich hatte selbst bisher weder ein Gedicht noch einen Roman geschrieben, keine Sinfonie komponiert, noch eine Oper dirigiert, kein Bild gemalt, noch mich in Stein verewigt. Ich war an Kultur und Kunst zwar interessiert, aber zugleich unwissend, dachte und litt nicht in den Dimensionen eines Künstlers. Das hatte Vorteile und zugleich Nachteile, was ich alles erst viel später richtig begriff. Und trotzdem wollte ich mich bemühen, und ich denke, dass mein Wunsch, dass Literatur und Kunst frei und ohne Zensur »das Licht der Welt erblicken« können, nicht nur ein Stoßgebet blieb. Ich wollte, dass mein Land ein Kulturland wird, und doch wurde mir bald bewusst, dass ich eher eine übermotivierte und mitunter glücklose Hebamme sein sollte, ein politischer Lebenskünstler in einem hoffnungsvollen und zugleich hoffnungslosen Land.

Leipzig war neben Berlin und Dresden ein Zentrum des geistigen Lebens. Die Universität verfügte über ein breites gesellschaftswissenschaftliches, naturwissenschaftliches und medizinisches Potential. In der Messestadt war eine Reihe von gesellschaftswissenschaftlichen und naturwissenschaftlichen Abteilungen und Instituten der Akademie der Wissenschaften zu Hause. Die 1846 gegründete Sächsische Akademie der Wissenschaften, der etwa achtzig ordentliche Mitglieder aus den Bereichen der ehemaligen Länder Sachsen, Sachsen-Anhalt und Thüringen sowie siebzig korrespondierende Mitglieder aus dem In- und Ausland angehörten, hatte hier ihren Stammsitz. Mit der wunderbaren, 1912 gegründeten Deutschen Bücherei, der Universitätsbibliothek, 1543 gegründet und mit einmaligen kostbaren Schätzen bestückt, und der Deutschen Zentralbücherei für Blinde hatten hier auch bedeutende wissenschaftliche Bibliotheken ihre Heimstatt. Zehn weitere Hochschulen und 16 Fachschulen waren im Bezirk Leipzig beheimatet. Dazu gehörte die Technische Hochschule, hervorgegangen aus der 1838 gegründeten Königlich-Sächsischen Baugewerkenschule, der nach dem Krieg die Bauhochschule und die Ingenieurhochschule folgten, wo an den Sektionen Polygraphie, Automatisierungsanlagen und Elektroanlagen künftige Hochschulingenieure ausgebildet wurden. Hinzu kamen die in der DDR einmalige, bereits 1898 gegründete Handelshochschule, die 1972 gegründete Pädagogische Hochschule und die ebenfalls einmalige Deutsche Hochschule für Körperkultur und Sport, die 1950 ins Leben gerufen worden war. Außerdem wurden in Leipzig Studenten an der Fachschule für wissenschaftliches Bibliothekswesen und an der Fachschule für Bibliothekare ausgebildet. Und nicht zuletzt gab es eine Fachschule für Gastronomie.

Leipzigs Ruf als Kulturzentrum wurde in die Welt getragen vom einzigartigen Gewandhausorchester, dem Thomaner-Chor und den Leipziger Theatern. Die Internationale Dokumentar- und Kurzfilmwoche, die Internationale Buchkunstausstellung und die Ausstellung »Schönste Bücher aus aller Welt« sowie die »Internationalen Johann-Sebastian-Bach-Wettbewerbe« fanden in der Messemetropole statt. Von Timotheus Ritzsch herausgegeben, erschien hier 1650 die erste Tageszeitung der Welt. Die Stadt nahm seit dem 18. Jahrhundert auch eine führende Stellung auf dem Buchmarkt ein: Hier arbeiteten Setzer, Drucker, Notenstecher, Buchbinder, Gestalter und Verleger von Weltruf. Bereits 1765 wurde in der Stadt zum ersten Mal mit Hilfe von teilbaren und beweglichen Totentypen gedruckt, und 1863 erfolgte erstmalig in der Welt der Übergang zur maschinellen Produktion in der Steindruckerei. Traditionsreiche Verlage wie Brockhaus, Insel, Reclam, Bibliografisches Institut, Seemann, Teubner, Thieme und eine Reihe von Musikverlagen hatten in Leipzig ihren Sitz. Neue Verlage wie Fachbuch, Enzyklopädie oder Edition waren nach dem Krieg entstanden.

In Leipzig arbeiteten nach dem Krieg wichtige Verleger wie Friedemann Berger, Elmar Faber, Günter Hempel, Roland Links, Hans Marquardt und Norbert Molkenbur. Kiepenheuer kam von Weimar nach Leipzig. Jeder vierte der jährlich über 6 000 DDR-Titel wurde an der Pleiße gedruckt. Auch der Leipziger Kommissions- und Großbuchhandel sowie das Zentralantiquariat der DDR waren hier zu Hause. Zugleich war die Messestadt ein Zentrum und eine Heimstatt des künstlerischen Nachwuchses. Die Hochschule für Grafik- und Buchkunst, die auf der 1764 eingerichteten Kunstakademie basierte, die Hochschule für Musik »Felix Mendelssohn Bartholdy«, 1843 als erstes Konservatorium Deutschlands gegründet, die Theaterhochschule »Hans Otto« und das Literaturinstitut »Johannes R. Becher« waren in Leipzig ansässig. Hinzu kamen die Fachschulen für Tanz und die für Museologen. Über 1 200 Studenten waren in die Matrikel der künstlerischen Hoch- und Fachschulen eingetragen. Leipzig hatte ein wunderbares Potential für die künftige künstlerische Entwicklung und war zugleich ein Zentrum von geistiger und politischer Sprengkraft. Das reizte mich, und dieser Aufgabe wollte ich mich stellen. Natürlich nahm man mich zunächst als »Jungspund« nicht gerade ernst. »Die Sekretäre der Bezirksleitung kommen und gehen, aber wir bleiben bestehen«, hieß ein alter Spruch. Daran war ich gewohnt, nahm es aber ernst und zugleich nicht allzu ernst.

Das sollte ich schon nach meiner ersten Dienstberatung mit den Abteilungen Wissenschaft, Bildung und Kultur der Bezirksleitung und des Rates des Bezirkes gründlich ändern. Ich erklärte meine Arbeitsprinzipien, und einige der langjährigen im Dienst ergrauten Mitarbeiter der Bezirksleitung waren geschockt: Abteilungsberatungen dienten nicht dem Befehlsempfang, sondern seien Diskussionsforen bis zur Entscheidung, der dann aber alle konsequent zu folgen hätten, Dienstberatungen seien keine Anleitungen oder Anweisungsempfänge. Keiner von uns habe das Recht, über wissenschaftliche Ergebnisse und Kunstproduktionen Urteile zu fällen. Was gefalle oder missfalle, sei reine Privatsache, Urteile müssten allein durch die dafür Verantwortlichen Kunst-, Musik- und Literaturwissenschaftler gefällt werden, die dafür ausgebildet worden seien und dafür ihr Geld bekämen. Wissenschaftler und Künstler würden zu Gesprächen oder Informationen nicht in die Bezirksleitung eingeladen, sondern vor Ort an ihrem Arbeitsplatz besucht, denn in der Geschichte der Menschheit habe es zuerst die Kunst, Kultur und Wissenschaft gegeben, ehe die dafür zuständigen politischen Abteilungen entstanden, wir hätten ihnen also zu dienen und nicht sie uns. Die alteingesessenen Hasen der Abteilungen sahen mich verwundert an, als würde ich aus einer anderen Welt kommen.

Zur ersten Konfrontation kam es schon einige Tage später, als ich während der Arbeitszeit unangemeldet die Etagen wechselte und in die Abteilung Bildung ging. An einem großen langen Tisch sah ich meine Mitarbeiter Gerhard Butzmann und Lothar Plecher, viele Zeitungen, viel leeres Papier, Scheren und Leim. Was macht ihr da eigentlich, war meine verwunderte Frage. Dein erstes Referat, war die Antwort. Habt ihr noch nicht gehört, dass ich Schüler von Walter Markov bin, gern frei spreche und nur Stichwörter, Zahlen und Fakten benötige? Nein, so etwas habe es hier noch nie gegeben. Ich hatte mich von Anfang an bemüht, weitestgehend frei zu sprechen, nicht immer gerade glücklich und mit Erfolg, aber je länger ich im Amt war, desto besser gelang mir das.

Und es gab mit meinem Amtsantritt weitere Konsequenzen, die Beifall, Unterstützung und heftigen Widerspruch auslösten. Ich bestand darauf, einen Tag in der Woche, in der Regel am Donnerstag, von Terminen und Verpflichtungen freigehalten zu werden. Das war nur mein Tag: unangemeldeter Besuch von Vorlesungen an der Universität, den Hoch- und Fachschulen sowie von Unterrichtsstunden in den Schulen, Besuch bei Proben im Theater, in Ateliers und Werkstätten, Spaziergänge in der Innenstadt und Besuch von Gaststätten,

Cafés und Kneipen, wo schon am frühen Morgen Wissenschaftler und Künstler verkehrten. Und viele, die ich traf, waren von solchen spontanen Begegnungen wirklich angetan und erzählten mir Geschichten, die ich sonst nie gehört hätte. Nur wenn mein Chef nach mir fragte oder ein dringender Anruf aus Berlin kam, und keiner wusste, wo ich gerade zu erreichen war, Handys gab es ja noch nicht, war mitunter Ärger vorprogrammiert.

Horst Schumann stand mir in solchen Situationen in der Regel trotzdem immer bei und hatte einen Narren an meiner unkonventionellen Arbeitsweise gefressen, denn von überall hörte er positive Informationen über seinen neuen Sekretär, die er mit so viel Wohlwollen noch nie gehört hatte. In den Sekretariatssitzungen war ich meistens gut vorbereitet und gab meine Statements ab, natürlich im Wissen, dass die anderen Sekretäre mich nicht ernstnahmen. Aber sie sollten mir zumindest zuhören und wissen, dass ich ernstzunehmen war. Und es gab von mir weitere Neuerungen, die mit Misstrauen beobachtet wurden. Natürlich besuchte ich auch weiterhin Passionen und Motetten des Thomaner-Chores sowie des Universitätschors in der Thomaskirche und der Nicolai-Kirche: ein Sekretär der SED-Bezirksleitung zu Konzerten in der Kirche, das war doch mehr als verdächtig oder zumindest fragwürdig.

Um diesen Diskussionen ein für alle Mal aus dem Wege zu gehen, organisierte ich, verantwortlich für das Kulturprogramm beim Besuch des Ersten Sekretärs des Gebietskomitees Kiew, der zugleich auch Mitglied des Politbüros des ZK der KPdSU war, einen Besuch der Thomaskirche, ein kurzes Gespräch mit dem Pfarrer der Thomaskirche, ein kurzes Gedenken an der Grabplatte Bachs in und die Niederlegung eines Blumenstraußes am Denkmal Bachs vor der Thomaskirche. Alle dachten, das sei das Ende von Kellers verrückten Ideen. Horst Schumann war skeptisch, und erst als sein Gast ihm sagte, dass er unendlich glücklich sei, in Leipzig an der Wirkungsstätte von Johann Sebastian Bach gewesen zu sein, war er mit sich und mit mir zufrieden. Nun hatte ich einen Stein im Brett und trieb es noch weiter.

Geradezu ernüchternd und bedrückend waren die Festveranstaltungen des Bezirkes zu bedeutsamen revolutionären Anlässen und zu Festtagen: ein großes Haus, eine große, mit Fahnen und Losungen geschmückte Bühne, ein großes Präsidium, mindestens mit zwei Stuhlreihen und zumeist zwei lange Ansprachen. Ich hatte eine andere Idee. Schumann hörte mir zu und war angetan: auf der Bühne ein kleines und bescheidenes Rednerpult, einem Dirigentenpult ähnlich, kein Präsidium, eine kurze feierliche Ansprache und dann im Anschluss ein festliches, zum Ereignis passendes symphonisches Konzert oder eine Gegenwarts-Theateraufführung. Viele waren begeistert, meist ältere Parteimitglieder und vor allem Veteranen konnten mit dieser Art des Erinnerns jedoch leider wenig anfangen und beschwerten sich bei Horst Schumann, dem aber auch zu Ohren gekommen war, dass mit dieser Art, sich zu erinnern, ein neuer Wind in den alten Gemäuern wehte.

Und da ich mit neuen Ideen und Vorschlägen auf Zustimmung stieß, führte ich mit »belanglosen Begegnungen« noch etwas Neues ein. Ich wohnte inzwischen in der Mainzer Straße, direkt an der Hochschule für Körperkultur und Sport, und lud jeden Sonntagvormittag, wenn es mein Terminplan ermöglichte, auf einer kleinen Wiese direkt an der Schwimm- und Sprunghalle zum Fußballspielen ein. Wer traf sich da nicht alles, war es doch eine wunderbare Möglichkeit, Freunde, Bekannte und Unbekannte zu treffen, Informationen auszutauschen und nebenbei kleine Probleme und Sorgen zu erörtern. Zu meinen Gästen zählte der Olympiasieger in der Nordischen Kombination Ulrich Wehling, mitunter mit seiner wunderbaren Frau, der Rennschlittensportlerin Eva-Maria Wernicke, die beide eine Etage über uns in der Mainzer Straße wohnten, der Theaterprofessor Peter Förster, der Maler Arno Rink, der sich leider einmal die Hand brach, der Liedermacher Kurt Demmler, die Kunst- und Kulturwissenschaftler Peter Guth und Bernd Sikora, die Universitätswissenschaftler Klaus Rendgen und Walfried Hartinger, der Kabarettist Jürgen Hart, der Leiter des Universitätschors Max Pommer und der Leiter des Leipziger Synagogalchores Helmut Klotz, der Sekretär der SED-Stadtleitung Dieter Lehmann, hinzu kamen viele andere, natürlich nicht alle jedes Mal, aber jedes Mal so viele, dass ein Spiel zustande kam, und das bei jeder Wetterlage.

Nur die Ehefrauen beschwerten sich mitunter, in welch desolatem Zustand ihre Männer sonntags kurz vor dem Mittagessen nach Hause kamen. Schien die Sonne, gab es anschließend in unserem kleinen Garten, nicht einmal hundert Meter von der Spielfläche entfernt, gebratene Wurst, Wasser und Bier. Nur wenn es in Strömen goss, war die Sehnsucht nach der heimatlichen Dusche verständlicherweise größer. Aber eines gab es nie: politische Diskussionen oder Streit. Ich glaube, dass es mir damit gelang, eine Atmosphäre des Vertrauens und der gegenseitigen Offenheit und Ehrlichkeit aufzubauen, was sich schnell herumsprach und in der täglichen Arbeit auch auszahlte. Journalisten waren nie zugelassen, und so blieb die Öffentlichkeit ausgeschlossen, was jedem zugutekam.

Es gab in Leipzig den berühmten Künstlersalon beim Verleger Hans Marquardt mit ständig wechselnden Gästen, Schriftsteller, Künstler, Wissenschaftler aus dem In- und Ausland, es gab die Zusammenkünfte vor allem von Wissenschaftlern am 1. Mai und in der Weihnachtszeit mit dem berühmten Neunerlei-Essen bei dem Literaturwissenschaftler-Ehepaar Christel und Walfried Hartinger, es gab die Gartenfeste bei Katrin und Jürgen Hart, die Einladungen beim späteren Rektor der Leipziger Universität, Horst Hennig und seiner Frau, bei Peter Förster und seiner Partnerin, der Schauspielerin Doris

Schmude, beim Malerehepaar Bernhard Heisig und Gudrun Brüne, beim Maler Arno Rink und der Galeristin Christine Rink, beim Maler Sighard Gille und der Kunstwissenschaftlerin Ina Gille und vielen anderen. Leipzig hatte mit seinen Intellektuellen eine wirklich interessante Szene und die Bezirksleitung zumindest in meiner Person ihren Nimbus als graue ideologische Eminenz und Sitten- und Moralwächter weitestgehend verloren. Durch die vielen, fast täglichen persönlichen Begegnungen wurde ich auch in Fragen konsultiert, die komplizierterer Natur, mitunter persönlicher, privater oder gar rechtlicher Natur waren.

Im Frühsommer 1978 fand meine erste Begegnung mit den anderen Bezirkssekretären bei Kurt Hager statt, das war unsere jährliche Rotlichtbestrahlung beim obersten Chef, unserem Kulturpapst. Anwesend waren traditionell auch die zuständigen Abteilungsleiter des ZK, die Rektoren der der Partei direkt unterstellten Akademien und Hochschuleinrichtungen und weitere führende Funktionäre. Hager sprach wie immer lange, mitunter nachdenklich und selbstbewusst, manchmal mit sich rötendem Kopf über die wichtigsten politischen und ideologischen Fragen unserer Zeit. Vielfach war er auch überzeugend, er war belesen und gebildet und hinterließ bei mir mitunter einen nachhaltigen Eindruck. So ganz nebenbei erwähnte er in dieser Anleitung, dass Werner Heiduczeks Roman »Tod am Meer« nicht mehr ausgeliefert werden könne, die »Darstellung bestimmter Brutalitäten der Roten Armee« hätten zu Protesten und Einsprüchen auch auf sowjetischer Seite geführt.

Werner Heiduczek hatte eine Frau beschrieben, die von einer Gruppe sowjetischer Soldaten vergewaltigt worden war: »Ellen hatte den Gang, den Frauen nach so etwas haben: ein wenig plattfüßig, die Knie nach auswärts gebogen, den Körper aufgerichtet, ein Hohlkreuz. Sie gehen durch die Welt, die alle Farben verloren hat, eckig, wie schlecht geführte Marionetten.« Einen ehemaligen sowjetischen Offizier ließ der Autor auf die Frage des deutschen Ich-Erzählers »Habt ihr vergewaltigt?« antworten: »Ob Griechen oder Römer, Osmanen oder Chinesen, Amerikaner oder Russen, schick sie in den Krieg, und es wird Mord geben, Raub, Plünderung und Vergewaltigung. Ich finde es dumm, den Menschen in den Zustand des Tieres zu versetzen und dann über seine Unmoral zu meditieren... Wenn es in tausend Jahren noch Krieg geben sollte, wird es nicht anders sein. Das schwör ich dir.«

Einer aus meiner Mannschaft war in der Kritik, ich musste Stellung beziehen, meldete mich in der Diskussion und sprach über meine Sicht von historischer Wahrheit und künstlerischer Freiheit.

Ich hatte in meiner jugendlichen Naivität schon längst wieder vergessen, dass ich erst unlängst wegen meiner Fürsprache für die »historische Wahrheit« eine Parteistrafe erhalten hatte. Meine Mitstreiter an der langen Tafelrunde beim

Chefideologen wurden immer kleiner, duckten sich, und ich sah bei einigen ihr Entsetzen, wagte doch so ein blutjunger Neuling Widerspruch beim großen Meister; der fuhr mir barsch in die Rede und fragte, ob er nicht deutlich genug gewesen sei. O doch, selbstverständlich Genosse Hager, vernahm ich aus der Runde. In der Diskussion zu meinem Beitrag meldete sich als Erste die Rektorin der Parteihochschule, Hanna Wolf, und sprach mich direkt an. So klein sie war, so bissig war sie auch: Du solltest als junger Genosse sehr vorsichtig sein mit dem großen Wort von der »historischen Wahrheit«. Sie erzählte von ihren eigenen Erfahrungen von 1932 bis 1948 in der Sowjetunion, unter ihrer Brille mich wie ein unerzogenes Kind anfunkelnd, und diesmal wurde ich etwas kleiner auf meinem Stuhl.

Am Ende der Beratung bat Kurt Hager mich in sein Zimmer. Ich überlegte schon, welche Stelle in welchem Archiv freigeworden war. Ja, ich fürchtete eine klassische Belehrung und eine fürchterliche Abmahnung. Aber es kam ganz anders. Nach seinen Informationen habe Pjotr S. Abrassimow, sowjetischer Botschafter und roter Monarch Moskaus in Berlin, durch Literaturwissenschaftler des Landes vorsprechen lassen, natürlich nicht bei ihm, sondern gleich beim Generalsekretär. Er denke, wenn ich mich schon persönlich so für Heiduczek einsetze, wäre es doch nur gerecht, wenn ich ab sofort für dessen »persönliche Behandlung« verantwortlich sei. Da hatte ich den Salat. Ich wusste nicht, wie mir geschah.

Nach meiner Rückkehr traf ich mich am nächsten Tag mit Werner Heiduczek, einem ehemaligen Lehrer wie seine Frau Dorothea und Schulrat, und informierte ihn. Heiduczek, ein leiser und nachdenklicher Mann, war mit den Jahren zu einem Zweifler und einem immer ruhigeren und sachlicheren Kritiker an der sozialistischen Gegenwart und Utopie geworden. Er war außer sich, schrieb sofort einen Brief an Hager und später einen an Abrassimow. Nach einem Gespräch mit Klaus Höpcke und dem Leiter des Mitteldeutschen Verlages Eberhard Günther ließ er mich wissen, dass die ihm angebotene Alternative »Streichung der kritisierten Passagen« oder Verbot nach 25 000 Exemplaren, die sich bereits im Umlauf befanden, für einen Schriftsteller einem Todesurteil gleichkäme, der damit alle Achtung vor seinen Lesern verlieren würde.

Im Juli 1978 veröffentlichte der Literaturwissenschaftler Werner Neubert in der »Berliner Zeitung« eine Rezension, die er mit dem Satz beendete: »So bleibt der Eindruck von diesem Buch nicht zwiespältig, sondern eindeutig: negativ!« Aus einem Urlaub in Kallinchen schrieb mir Werner Heiduczek wenige Tage später einen Brief: »Das ist keine sachliche Auseinandersetzung mehr mit einem Roman. Sprache und Haltung erinnern mich an böse Zeiten. Ich beklage mich nicht, ich stelle es nur betroffen fest und frage mich, welchen Weg unsere Literatur künftig gehen soll und welche Chance offen bleibt für Fairness und Anstand unter Genossen. Hier bestimmen Gefühle, wo man doch dem Kopf mehr Raum geben sollte. Ich kann nicht mehr annehmen, dass Neubert lediglich seine persönliche Meinung äußert. Dafür ist die ›Berliner Zeitung‹ zu gewichtig. Dieser Artikel steht auch in einer Linie mit dem endgültigen Stopp des Romans. Der Leiter des Mitteldeutschen Verlages und die Cheflektorin waren gestern bei mir. Sie teilten mir mit, dass für eine nicht absehbare Zeit ›Tot am Meer‹ nicht mehr verlegt werden wird. Mir blieb nichts anderes übrig, als sämtliche Rechte für dieses Buch zurückzufordern.«

Ich wusste, dass sich damit die Situation für einen langen Zeitraum zugespitzt hatte. Heiduczek schrieb in seiner Verzweiflung und Ratlosigkeit auch an Hermann Kant, an Eberhard Günther, beriet sich mit seinen Leipziger Schriftstellerkollegen Hans Pfeiffer, Helmut Richter, Joachim Nowotny, Max Walter Schulz, kontaktierte auch Erich Loest. Der Verlag Hoffmann & Campe meldete sich mehrfach bei ihm, Journalisten westlicher Presseorgane bemühten sich um Gesprächstermine, die Bezirksverwaltung des Ministeriums für Staatssicherheit sammelte Material und streute über ihre Mitarbeiter verleumderische Informationen.

Heiduczek machte zu dieser Zeit nichts anderes, als ehrlich und fair um seine Rechte zu kämpfen, um sein wohl wichtigstes Buch und um seine schriftstellerische Ehre, um nichts mehr und weniger, als dass er als Mitglied der SED und als Schriftsteller ernstgenommen werden wollte.

Noch glaubte ich, etwas bewirken zu können, ich hoffte, meine Offenheit und Ehrlichkeit ihm gegenüber würde ein vertrauensvolles Verhältnis herstellen können. Aber er war, vielleicht zu Recht, misstrauisch geworden, wusste, dass er rund um die Uhr beobachtet wurde, legte bei jedem Gespräch in seiner Wohnung demonstrativ ein großes und dickes Kissen auf sein Telefon und sah in mir natürlich den Vertreter der politischen Macht, dem er vielleicht ein wenig trauen und vielleicht auch ein wenig benutzen konnte. In diesem Spiel war ich nur ein Hamster im Laufrad, eine Billardkugel, die beliebig von Bande zu Bande gespielt werden konnte. Letztlich begriff ich Ende der siebziger, Anfang der achtziger Jahre, dass ich machen konnte, was ich wollte, die Entscheidungen waren schon immer an anderen Schreibtischen gefallen. Wer die Macht in Berlin in Frage stellte, gehörte zu den Verlierern.

Und so wurde ich für Werner Heiduczek, ohne dass er es vielleicht wusste und wollte, aber ganz im Sinne des Wunsches von Kurt Hager, zum »Mädchen für alles«: Einladungen zum Kaffeetrinken, Lesungen in Leipzig organisieren, für Einladungen zu wichtigen kulturellen Veranstaltungen im Territorium sorgen, für die Wahrnehmung einer Reise für ihn und seine Frau, Oberstudienrätin Dorothea Heiduczek, zu einem Lehrerfortbildungskurs in Westberlin mich bemühen, eine mehrmonatige Reise mit einem Fischtrawler der Seereederei

Rostock in den Indischen Ozean bewerkstelligen usw. Er hatte sich so an mich gewöhnt, dass er einmal nach Mitternacht bei mir zu Hause anrief, weil seine Frau Dorle dem psychischen Druck auf die Familie nicht mehr aushalten konnte und die Gefahr bestand, dass sie nicht mehr rational handelt.

Obwohl ich Alkohol getrunken hatte, setzte ich mich ins Auto und fuhr mit Giesela Oechelhaeuser zu ihm, diskutierte mit beiden bis in die Morgenstunden. Einige Stunden später hatte ich für Dorothea einen Termin in der Medizinischen Fakultät der Leipziger Universität.

Hager hatte erreicht, was er wollte: Heiduczek so weit wie möglich »ruhigzustellen«, den Kontakt zu den westlichen Medien so weit wie möglich zu reduzieren und einen Ausreiseantrag oder einen Antrag auf ein mehrjähriges Reisevisum gar nicht erst zur Diskussion kommen zu lassen. Die inneren Qualen und Schmerzen eines Schriftstellers interessierten ihn weniger, er hatte im Ernst nie daran gedacht, bei Honecker oder Abrassimow vorstellig zu werden und um »Tot am Meer« selbst zu kämpfen.

Im Oktober 1991, also ein Jahrzehnt später, schrieb mir Werner Heiduczek in einem Brief: »Lieber Dietmar, ich weiß nicht, was für dich Freundschaft ist. Der Unterschied zwischen unser beider Auffassung scheint mir darin zu liegen, dass dir in deiner früheren Tätigkeit zwangsläufig Partei- und Staatsraison vor das ging, was du Freundschaft nennst. Mir ging zu allen Zeiten die Freundschaft vor eben eine solche Raison.« Ich hätte ihm eigentlich damals antworten müssen: Lieber Werner, wenn deine Freundschaft zu mir so aussieht, dass ich alles machen kann, soll und darf, was ausschließlich dir genehm ist, dann ist das leider auch keine Freundschaft. Ich verdiene mein Geld nicht mit Büchern, sondern indem ich versuche, ein anständiges Bindeglied zwischen Künstlerinnen und Künstlern und der herrschenden Politbürokratie zu sein. Dabei habe ich manchmal Glück, und manchmal muss ich auch für mich bittere Niederlagen einstecken. Und mein Gehalt bekomme ich von der Partei. Das weißt du natürlich alles, also muss ich das entsprechend der herrschenden staatlichen Normen vernünftigerweise berücksichtigen. Ich habe mich aus meiner Sicht zu dir immer offen und ehrlich verhalten, bin bis an die Grenze des mir Möglichen gegangen. Wenn es dir nicht genutzt hat, schmerzt es mich ebenso wie dich.

Parallel zu den Auseinandersetzungen mit Werner Heiduczek lief die mit Erich Loest. Die war natürlich haariger, denn dieser kämpfte mit allen Mitteln und mit Haken und Ösen. Ich hatte zu ihm keinerlei persönlichen Kontakt. Warum auch? Alles, was ich über ihn hörte, auch aus dem Kreis seiner eigenen Freunde, warnte mich, mich allzu sehr für ihn zu öffnen. Er bekam insbesondere mit seinem 1978 veröffentlichten Roman »Es geht seinen Gang oder Mühen in unserer Ebene« Öffentlichkeit. Das Buch verkaufte sich gut, und es kam das, was jedem Buch mit kritischem Umgang in der DDR geschah, die Mühlen der Kritik mahlten. Wieder einmal hatte Werner Neubert, diesmal in der Zeitung des Kulturbundes SONNTAG, die Axt der parteipolitischen Kritik über ein »etwas anderes Buch« geschwungen. Leserbriefe für Erich Loest von Günter Kunert und dem Leipziger Malerehepaar Ursula und Wolfgang Mattheuer wurden durch die Redaktion der Zeitung, wie in solchen Fällen üblich, nicht zur Kenntnis genommen. Man konnte zum Buch stehen, wie man wollte, ich selbst hatte es mit manchem Schmunzeln gelesen; noch ehe aber eine sachliche Diskussion überhaupt richtig möglich war, hatte sich Loest wegen der Verweigerung einer Nachauflage an westdeutsche Medien gewandt.

Schlag auf Schlag berichteten »Vorwärts«, »Deutschlandfunk«, »Deutschland-Archiv«, »Stern« und andere westdeutsche Publikationsorgane über die Probleme von Erich Loest mit seinem Buch in der DDR. Er war allerdings clever genug, zu wissen, dass damit am allerwenigsten Entscheidungen gegen ihn aufzuhalten waren. Parallele Briefe an Hermann Kant und Kulturminister Hans-Joachim Hoffmann führten nach vielen heftigen Diskussionen letztlich doch dazu, dass sich das Präsidium des Schriftstellerverbandes für eine Neuauflage aussprach, aber über die Art und Weise der geführten Kritik von beiden Seiten nicht beglückt war. Der fast schon beigelegte Streit eskalierte im Mai 1979 mit einem Brief der Schriftsteller Kurt Bartsch, Jurek Becker, Adolf Endler, Erich Loest, Klaus Poche, Klaus Schlesinger, Dieter Schubert und Martin Stade an den Staatsratsvorsitzenden gegen das völlig unberechtigte juristische Vorgehen gegen ihren Schriftstellerkollegen Stefan Heym. Erneut wurde die Westpresse eingeschaltet.

Während Erich Loest am 5. Juni im Leipziger Schriftstellerverband noch erklärte, dass es nicht seine Absicht war und nicht seinen Vorstellungen entsprach, den Brief an westliche Medien weiterzugeben und eine solche Absicht alle Unterzeichner des Briefes niemals gehabt hätten, tat Klaus Schlesinger schon zwei Tage später auf einer Tagung des Berliner Schriftstellerverbandes kund: »Wir waren uns einig, eine Presseerklärung auszuarbeiten... und sie dann sieben Tage später zur Veröffentlichung freizugeben.« Dieser Satz Schlesingers wirkte wie ein makabrer Scherz auf Loests Beteuerungen vor seinen Leipziger Kollegen, »sie wären doch nicht so unhöflich, Erich Honecker ein Ultimatum zu stellen«. Am gleichen Tag schickte er einen Brief an die Leipziger Volkszeitung (»Etwas Debatte im eigenen Haus«), in dem es hieß: »Am Abend des 22. Mai nannte die Tagesschau der ARD unsere acht Namen und meldete den ersten Punkt unseres Briefes; den Text kannte sie nicht, mir scheint, den kennt im Westen bis heute keiner.«

Die Mehrheit seiner Leipziger Kollegen war sauer, vielleicht glaubte Loest auch, nachdem er in den westlichen Medien große Aufmerksamkeit gefunden hatte, er sei nun der Biermann Leipzigs. In einer Positionsbestimmung des Vorstandes des Leipziger Schriftstellerverbandes hieß es deshalb voller Bitternis: »Wir haben ihm vielfach unsere Bereitschaft zur gemeinsamen Arbeit bekundet, er hat dies nicht wahrgenommen… Er hat sich von uns getrennt, deshalb trennen wir uns von ihm.« Nun war ein Punkt erreicht, wo ich eingreifen musste, hatte ich doch zu Beginn meiner Tätigkeit erklärt, Verbote, Zensur und Verbandsausschlüsse dürfen nicht zum Gegenstand unseres Denkens und Handelns in der Arbeit werden. Der Berliner Schriftstellerverband hatte bereits im Juni den Ausschluss der Berliner Unterzeichner des Briefes sowie von Stefan Heym, Rolf Schneider und Karl-Heinz Jakobs beschlossen. Nach sechs Wochen wurden der Druck und die gehässigen Bemerkungen aus Berlin, aber auch aus Potsdam, Halle und Dresden, gegen die opportunistische Haltung der Leipziger in der Bezirksleitung der SED und im Bezirksverband immer stärker.

Ich musste taktieren und formulierte eine Erklärung, die Horst Schumann im September 1979 an Kurt Hager schickte. Nachdem ich in einer Sitzung mit der Leitung der Grundorganisation der SED des Schriftstellerverbandes im Hause der Bezirksleitung sie gemeinsam mit Horst Schumann überzeugt hatte, die Lage nicht weiter zuzuspitzen und den Zeitpunkt der Auseinandersetzung mit Erich Loest zu verlegen, hieß es in einem folgenden Brief: »Den Mitgliedern der GO und den Mitgliedern des Bezirksverbandes wird mitgeteilt, dass sich die Verlegung notwendig macht, da eine Reihe von Genossen und Kollegen uns wissen ließen, dass sie aus persönlichen Gründen und im Zusammenhang mit einer Reihe anderer wichtiger Veranstaltungen verhindert sind, an den geplanten Veranstaltungen teilzunehmen. Damit alle Mitglieder und Kandidaten des Verbandes die Möglichkeit wahrnehmen können, sich an den Aussprachen und Diskussionen zu beteiligen, erweist sich diese Entscheidung als notwendig.«

Hager ließ mich durch die Abteilung Kultur des ZK wissen, dass man so verfahren könne. Wir hatten damit Zeit gewonnen. Am 12. November fand auf meine Bitte ein Gespräch von Max Walter Schulz mit Erich Loest statt. Darin erklärte dieser seine Absicht, aus dem Schriftstellerverband der DDR auszutreten und den Antrag zu stellen, eine Ausreise aus der DDR für drei Jahre zu erhalten. Einige Tage später erklärte Erich Loest in einem Gespräch mit seinen Leipziger Schriftstellerkollegen Joachim Nowotny, Hans Pfeiffer und Helmut Richter, dass er den Brief an Honecker gar nicht mit abgefasst habe und seinen Namen nur dafür hergegeben hätte, weil er befürchtete, für sein Buch »Pistole mit 16« gerichtlich wegen Devisenvergehen ebenso belangt zu werden wie Stefan Heym. Und wieder einige Tage später schrieb Erich Loest an den Minister für Kultur einen Brief, worin er den Antrag zur befristeten zeitweiligen Ausreise aus der DDR stellte. Bei Genehmigung des Antrages wolle er ohne Aufsehen und ohne öffentlichkeitswirksame Auseinandersetzung seinen Austritt aus dem Verband erklären.

Die Mühlen der DDR-Entscheidung mahlten nun ziemlich langsam, zumal bekannt wurde, dass Loest sich regelmäßig in einer Dienstwohnung der Ständigen Vertretung der Bundesrepublik in Berlin mit seiner Göttinger Lektorin traf. Im Januar 1981 erhielt er endlich sein gewünschtes Dreijahresvisum, seine Abwesenheit dauerte bedeutend länger. Die langjährige Konzentration meiner Arbeitszeit auf zwei Kollegen des Verbandes bewirkte allerdings, dass viele andere Parteimitglieder, Kolleginnen und Kollegen ihre freundschaftlichen Beziehungen zu mir in Frage stellten und lockerten, weil sie sich zu Recht vernachlässigt fühlten.

Die Zensur war in der DDR allgegenwärtig. Sie betraf Wissenschaftler und Künstler, Politiker und Journalisten gleichermaßen, ein Narr, wer das leugnet. Natürlich erreichte sie bei weitem nicht jeden. Wer treu und beflissen diente, wer seinen Sprach- und Schreibjargon dem der Politbürokratie angepasst hatte, konnte vor und nach der Wende leichten Herzens behaupten, dass es überhaupt keine Zensur gegeben hätte. Mich betraf sie als junger Assistent mit dem Eintritt in die Wissenschaft und endete in der Politik als Minister für Kultur mit der Wende. Auch ich beherrschte naturgemäß im Interesse der eigenen Sicherheit die Klaviatur der Selbstzensur. Wo ich sie verweigerte oder sie nicht ausreichte, brachten mich freundschaftliche Hinweise, kritische Beratung und parteierzieherische Auseinandersetzungen an die äußere Grenze der Staatsräson zurück. Das sei nur erwähnt für den Fall, dass wieder einmal blauäugig und leichtfertig, allzu oberflächlich über die Opfer unten und die Täter oben philosophiert wird. Wo die Zensur nicht ausreichte, und sie trat vielfältig in Verlagen, Lektoraten und Redaktionsstuben, Museen und Galerien und in den Büros von staatlichen und gesellschaftlichen Leitungen, natürlich nicht nur der der SED, auf, gab es Verbote mit und ohne Ausreden, Zerstörung von Ideen und Schöpferkraft, verdeckte und offene Einmischung in wissenschaftliche und künstlerische Schaffensprozesse, Entlassungen, Versetzungen und Beobachtungen durch die staatlichen Sicherheitsorgane.

Ich fühlte mich der Kabarettszene besonders eng verbunden, nicht erst seit meiner »Lehrzeit« an der Universität und wegen der Freundschaft zu Kati und Jürgen Hart, sondern schon seit meiner Jugend, später nicht zuletzt wegen meiner Liebe zu einer Kabarettistin. Seit 1978 lebte ich mit Gisela Oechelhaeuser zusammen. Ich hatte mich von Christa zuerst räumlich getrennt, was sie und auch mich sehr schmerzte, und war mit zwei Koffern in das Gästehaus der SED-Bezirksleitung Leipzig gezogen. Ich glaubte, dort zur Ruhe zu kommen. Aber weit gefehlt. Nichts ist für eine Bezirksleitung zur Betreuung von in- und ausländischen Gästen bequemer als ein im gleichen Haus wie sie wohnender Sekretär. Und so war ich, wenn nicht dienstlich oder zu Premieren und Konzerten unterwegs, im Restaurant des Hauses abends ein gern gesehener Mensch und Diskussionspartner. Man wurde zum Trinken aufgefordert und eingeladen, revanchierte sich und staunte, wenn am nächsten Morgen die Kondition nicht die beste war.

Dankbar war ich deshalb, als ich mit Gisela Oechelhaeuser in eine Etagenwohnung in ein kleines Zweifamilienhaus am Rande des Clara-Zetkin-Parkes und in unmittelbarer Nähe der Sporthochschule ziehen konnte. Das Kabarett schlief sozusagen in meinem Bett oder konkreter, ich schlief mit einer Kabarettistin in einem gemeinsamen Bett. Ich liebte sie, mochte das politische Kabarett und die Mehrheit seiner Repräsentanten und wurde natürlich davon in meinem Verhalten ihnen gegenüber geprägt. Wer schlägt sich schon selbst freiwillig und ohne Grund die Beine weg.

Leipzig hatte eine alte Kabarett-Tradition: Das bekannteste Kabarett bereits vor dem Ersten Weltkrieg war »Der Nachtfalter« in der Hainstraße, viele andere folgten. Ich mochte Traditionen und war vielfach selbst ein Traditionalist. Schon deshalb kam ich nach der Wende ins Grübeln, wer so alles mich getäuscht haben wollte. Mein Freund Jürgen Hart, der mir laufend seine Textbücher unterjubeln wollte und den ich immer auf die Diskussion nach der Hauptprobe oder der Generalprobe vertröstete – nach der Wende hieß dies »Abnahme« –, gehörte für mich völlig überraschend dazu.

Der liebe Jürgen, ein hochbegabter Künstler, auf der Bühne und im Leben ein Tausendsassa, kreativ, voller verrückter Ideen, niemals »Rampensau« und im privaten Leben sehr zurückhaltend, hatte durch meine Fürsprache mit seiner Frau das Haus neben uns in der Mainzer Straße erworben. Wir sahen uns fast täglich, er konnte zuhören, charmant plaudern und satirisch übertreiben, ohne dass man sich verletzt oder denunziert fühlte. Er war ein großartiger Kabarettist und, glaubte ich, auch ein guter Freund. Deshalb warf es mich fast vom Stuhl, als ich nach der Wende lesen musste: »Mit Bauernopfern musste man immer leben. Zum Glück versuchten viele verantwortliche Funktionäre, die eigene Angst vor Ärger weiter zu delegieren. Dadurch gab es Freiräume… Oft luden die Kabarettisten bei der Vorbereitung neuer Programme Funktionäre für die Beratung ein. Erfahren hat man nicht viel mehr, als man ohnehin wusste. Aber man konnte sich später auf den Betreffenden berufen.«

Und sein Freund und Mitautor Peter Ensikat setzte noch eins drauf: »Er (gemeint ist Jürgen Hart – D. K.) verstand es, den Funktionären auch die böseste Pointe als gut gemeint unterzujubeln.« Der Leipziger Kulturjournalist Bernd Locker, der vor und nach der Wende für die gleiche Zeitung schrieb, gab von sich: »Ich fand es ziemlich geschickt, wie sie versuchten, Hintergrundmaterial zu sammeln, indem sie damals gerne mal den entsprechenden Kultursekretär, z. B. der Bezirksleitung der SED, einluden, um ihn dazu auszufragen.« All das war offensichtlich nicht nur eine Charakterfrage, sondern nach der Wende auch eine Frage des Überlebens: das Heulen mit den neuen Wölfen. Ich wusste: So blöde kannst du doch damals gar nicht gewesen sein. Und es beruhigte mich, dass andere Urgesteine der Leipziger Kabarettszene später anderes von sich gaben. So Christian Becher: »Wir kriegten wahnsinnig viele Informationen. Das ging so weit, dass Programme im Prinzip genehmigt wurden, die nach oben verteidigt werden mussten… Also wir haben, so wie ich das einschätze, Null Nachteile, nur Vorteile … gehabt. Und je intelligenter diese Leute waren, desto leichter war das Miteinander.« Und Gunter Böhnke: »Gerade die Kabarettisten in Leipzig hatten ein kleines Stückchen Glück. Durch den SED-Bezirkssekretär für Kultur, Dietmar Keller, der von seinen Genossen gerügt wurde, weil er Jeans dem Präsent 20-Anzug vorzog, kam in die parteigesteuerte Kultur frischer Wind, der schon vorab einen Hauch von Gorbatschow verbreitete.«

Von mir wurde in meiner Amtszeit zwischen 1970 und 1990 kein einziges Programm verhindert oder verboten. Das verdankten die »academixer« auch meinen Nachfolgern in Leipzig, Roland Wötzel und Kurt Meyer, sowie dem kabarettverrückten Abteilungsleiter Kultur, Arnulf Eichhorn, den ich mir als damals erst 32 Jahre alten FDJ-Funktionär ins Haus geholt hatte.

Anders erging es dem Leipziger Berufskabarett »Die Pfeffermühle«, 1954 gegründet, geschmückt mit solchen bekannten Namen wie Ingeborg Krabbe, Ursula Schmitter, Ellen Tiedtke und Helga Hahnemann, Manfred Uhlig und Edgar Külow. In 45 Jahren seiner Existenz bis zur Wende wurden vier von sechzig Inszenierungen verboten, das letzte Mal 1979.

Zweimal im Jahr war in Leipzig Messe. Unter westdeutschen Journalisten und Handelsleuten hatte es sich schnell herumgesprochen, dass auf den Leipziger Kabarettbühnen auf vergnügliche Weise DDR-Realität in wunderbarer satirischer Zuspitzung zu entdecken war. Meine Empfehlung an die Kabaretts war deshalb, während der Messezeiten zu keinen Premieren einzuladen, und in diesen Tagen lieber einen Satz mehr zum Schenkelklopfen als einen zu viel zur aktuellen Politik zu sagen, war uns doch allen bekannt, dass vor allem aus den wirtschaftspolitischen Abteilungen des ZK im Vorfeld der Messen Programme begutachtet wurden. Nichts fürchtete Berlin mehr als hämische Kommentare in der Westpresse, die in der Regel frühmorgens noch vor dem »Neuen Deutschland« gelesen wurden. Und genau das geschah. Ich war aus Anlass der »Leipziger Tage der Kultur« in der ukrainischen Haupt- und Partnerstadt Kiew, die Leitung der »Pfeffermühle« fühlte sich klüger, hatte ihren Willen, meine Abwesenheit nutzend, durchgesetzt und präsentierte das »abgenommene« Programm »Wir können uns gratulieren« aus Anlass des 30. Jahrestages der DDR und zum 25. Jahrestag der Pfeffermühle, geschrieben von Rainer Otto und Siegfried Mahler – genau während der Frühjahrsmesse. Die Westpresse jubilierte, im »Großen Haus« herrschte wieder einmal Aufregung, manche sagen, es sei Honecker gewesen, andere meinen, Mittag, und wieder andere sagen, Hager, vielleicht ließen auch alle drei gemeinsam das Programm nach zehn Vorstellungen absetzen.

»Die Pfeffermühle« war gerade mit dem Orden »Banner der Arbeit« ausgezeichnet worden, auf Vorschlag von Funktionären der SED aus Leipzig. Ich kam aus Kiew zurück, erfuhr die Gründe des Aufruhrs, meldete mich bei Horst Schumann und erklärte mich für politisch verantwortlich, da ich nicht mit aller Konsequenz darauf bestanden hatte, dass das Programm nicht zur Frühjahrsmesse zur Premiere gelangt. Er sprach mir eine »Strenge Rüge« aus und bestand auf personelle Konsequenzen auf der Ebene der Kulturbürokratie der Stadt Leipzig, der das Kabarett direkt unterstand. In dieser Situation wurde ich mir wieder einmal untreu, anstatt auf meine Abwahl zu drängen, wurden der Stadtrat für Kultur, Rudolf Gehrke, und die Sekretärin der SED-Stadtleitung für Wissenschaft, Volksbildung und Kultur, Eva Barth, von ihren Funktionen entbunden. Letztere wurde stellvertretende Direktorin in der Bildungsstätte der SED-Bezirksleitung und Gehrke, der 14 Jahre im Amt gewesen war, ein Schöngeist, der die Kunst wie Künstlerinnen und Künstler gleichermaßen verehrte, ein ruhiger, fähiger, kluger und beliebter Mann, auf meinen Vorschlag hin Prorektor des Literaturinstituts »Johannes R. Becher« und kurze Zeit später durch den Hochschulminister zum Professor berufen. Er hat dort ein Jahrzehnt eine vielerorts anerkannte Arbeit geleistet.

Rainer Otto, der als Haupttexter und Dramaturg der Pfeffermühle im Hintergrund beim schwachen Direktor Horst Günther die Fäden gezogen hatte, wurde 1981 Direktor der Pfeffermühle. Berlin hatte in die Hände geklatscht, die dienstfertigen Elstern und Krähen kreischten, die Tauben waren kurz aufgeflattert und hatten bald durch Fürsprache gutmeinender Zeitgenossen wieder sicheren Boden unter den Füßen. Von Rainer Otto stammte übrigens der später vielzitierte »Zensur«-Satz: »Wegen eines Satzes wird doch kein ganzes Programm geändert. Der kommt zur Premiere raus und nach der Vorstellung wieder rein.« Auf Weisung von Ursula Ragwitz, Leiterin der Abteilung Kultur beim ZK, bildete ich eine Beratergruppe Kabarett, der die in Leipzig bekannten und anerkannten Wissenschaftler Peter Heldt, Walfried Hartinger und Peter Förster angehörten und die auf der Hauptprobe Ansprech- und Gesprächspartner, andere nannten es »Zensoren«, waren. Im Übrigen gastierte die Pfeffermühle 1983 mit dem Programm »Denn wofür lebt der Mensch?« in Salzburg, Linz, Wien und in Saarbrücken. Nachdem Werner Schneyder bereits 1982 mit dem Programm »Zwischentöne« Gast der Pfeffermühle gewesen war, kam er 1985 zusammen mit Dieter Hildebrandt mit dem Programm »Zugabe Leipzig« zu fünf ausverkauften Gastspielen nach Leipzig. So verrückt war unsere sozialistische Welt.

Leipzig war auch deshalb immer ein geistiges Zentrum des Landes, weil es ein Kristallisationspunkt des alternativen, kritischen und widerständigen Denkens war. Das begann in den fünfziger Jahren mit dem Philosophen Ernst Bloch sowie den Literaturwissenschaftlern Hans Mayer, Hermann August Korff und Werner Krauss. Zu ihren Studenten zählten Uwe Johnson, Klaus Baumgärtner, Manfred Bierwisch, Fritz Rudolf Fries, Christa Wolf, Helga M. Novak, Gerhard Zwerenz und Günter Zehm. In den frühen sechziger Jahren studierten Bernd Jentzsch, Christoph Hein, Volker Braun, Rainer Kirsch und Reiner Kunze in Leipzig an der Universität. Autoren wie Adolf Endler, Ralph Giordano, Erich Loest und Fred Wander gehörten zu den Hörern des ersten Kurses des Literaturinstitutes. Zu Studenten der ersten Jahre gehörten auch Helmut Baierl, Gerhard Holtz-Baumert, Horst Salomon, Martin Viertel, Max Walter Schulz, Günter Görlich, Fred Rodrian und Rudi Strahl. Eine stolze Armada bekannter Namen.

Auch wenn sich das in den siebziger und achtziger Jahren nicht so fortsetzte, weil sich die inneren und äußeren Bedingungen an der Universität und am Literaturinstitut verändert hatten, blieb Leipzig ein Zentrum rebellischer Literaten und Denker. Im Leipziger Zentrum und dem Umfeld wirkten Siegmar Faust und Odwin Quast, Wolfgang Hilbig, Gerd Neumann und Peter Brasch. Der »Leipziger Literaturkreis« und die Lesungen der »Sächsischen Dichterschule« erregten Aufsehen, Ärger, Auseinandersetzungen, Exmatrikulationen und manch engstirniges Verhalten von lokalen und regionalen Leitungen und ihren Repräsentanten. Gelesen wurde im »Salon« der Leipziger Literaturwissenschaftler Christel und Walfried Hartinger, im FDJ-Studentenclub »Moritzbastei«, den Jugendklubhäusern »Erich Zeigner«, »Jürgen Lange«, »Jörgen Schmidtchen« und »Arthur Hoffmann«, alles staatlich geförderte und subventionierte Einrichtungen.

Letzterer Jugendclub wurde zu einem der wichtigsten Veranstaltungsorte für Lesungen und Ausstellungen, Vorträge und Diskussionen zum Expressionismus und Surrealismus, Dadaismus und russischer Avantgarde, zu Bauhaus und moderner Musik. Ich erinnere mich, wie immer wieder irgendjemand, die Hände über den Kopf schlagend, auftauchte und nicht verstehen konnte oder wollte, dass solche Veranstaltungen zum kulturellen Alltag des Landes gehören sollten. In den Kulturverwaltungen der Stadt und des Bezirkes saßen allerdings überwiegend gebildete und vernünftige Leute, die mich hinter sich wussten und manchen Verbotsantrag klug umgingen, wenngleich wir auch bittere Niederlagen einstecken mussten.

In keiner anderen Stadt der DDR wurde das Kunstgeschehen so stark von einer Hochschule geprägt wie in Leipzig – von der Hochschule für Grafik und Buchkunst. Sie war ein Ort individueller Handschriften, künstlerischer und weitestgehend auch politischer Meinungsfreiheit. Dafür sorgten in erster Linie ihre Dozenten und Professoren mit ihrem »Übervater« und im doppelten Sinne auch »Übermaler« Bernhard Heisig an der Spitze. Die mehrtägigen Faschingsveranstaltungen waren weit über die Grenzen der Hochschule hinaus beliebt und von manchem Funktionär gefürchtet. Ich habe mich halb tot gelacht, als ein Vertreter der Sicherheitsbehörde bei mir vorstellig wurde und von mir verlangte, ich solle die Büttenreden genehmigen. Die Chemnitzer Produzentengalerie »Clara Mosch« und der »Leipziger Herbstsalon« hätten ohne die Absolventen Michael Morgner, Dagmar Ranft-Schinke, Thomas Ranft, Gregor Torsten Schade (Kozik), Lutz Dammbeck, Günter Firit, Hans-Hendrik Grimmling und Frieder Heinze niemals existiert und mit dem Rückenwind der Hochschule überlebt. Es war für mich ein persönliches Glück und ein großer Rückhalt, dass an der Kunsthochschule, im Übrigen auch an der Theater- und der Musikhochschule, die künstlerische Freiheit gegen alle bornierten Übergriffe und Angriffe weitestgehend verteidigt wurden.

Einer der wichtigsten Repräsentanten der Leipziger Boheme war der Theatermacher und Sprachakrobat Wolfgang Krause Zwieback, ein »Urenkel« des DADA. In seinem »Kabasurden Abrett« jubelten die Leute, wenn aus dem Wort »Staatsratsvorsitzender« ein »Staatsvorratsvorsitzender« wurde. In den achtziger Jahren erlebte der Expressionismus einen neuen Aufschwung, verkörpert vor allem durch Hartwig Ebersbach, aber auch durch Wolfgang Henne und Neo Rauch. Sie fanden in der staatlichen »Galerie am Sachsenplatz« bei Hans-Peter und Gisela Schulz sowie in den Galerien des Staatlichen Kunsthandels Nord in der Theaterpassage und am Thomaskirchhof engagierte Partner.

Nicht alle diese Aktivitäten hatten den Segen des Verbandes der Bildenden Künstler, mitunter wurde der Rat des Bezirkes zum Vollstrecker des Willens des Präsidiums und des Zentralvorstandes des Verbandes – wie zum Beispiel beim Versuch, »grenzüberschreitende« Ausstellungen zu unterstützen. Ärger gab es mitunter auch für die »Gruppe Neue Musik Hanns Eisler« im Verband der Komponisten und Musikwissenschaftler. Vor allem die Vertreter der traditionellen klassischen Musik hatten ihre Schwierigkeiten mit den »jungen Wilden« und Begründern Friedrich Schenker und Burkhard Glaetzner, mit deren Freunden Günter Neubert, Karl Ottomar Treibmann und anderen. Sie hatten allerdings im Dirigenten Herbert Kegel im Hintergrund einen wunderbaren Förderer. Sie wollten sich in die Diskussionen um zeitgenössische Musik einmischen.

Gegen das 1979 im Alten Rathaus uraufgeführte Musiktheater »Missa Nigra« von Friedrich Schenker mit einer Skizzenfolge von Hartwig Ebersbach, eine

»Revolution im geschlossenen Raum«, hatten bei Horst Schumann ältere Musikwissenschaftler und Komponisten interveniert. Er bestellte mich, und ich versuchte, für die jungen Leute eine Lanze zu brechen. Übernimmst du die persönliche Verantwortung? Mein Freund und 1. Sekretär der SED-Stadtleitung, Roland Wötzel, besuchte die Generalprobe, ich die Premiere. Alles lief gut. Das Publikum war begeistert, auch wenn es nicht jedermanns Geschmack war.

Später unterstützte ich die Einladung des italienischen Komponisten Luigi Nono, der während einer Gastspiel- und Studienreise auch Leipzig besuchte, empfing ihn zu einem längeren Gespräch, die Presse informierte darüber ausführlich, die Gruppe »Neue Musik« konnte ungestört weiterarbeiten, und manches Neue konnte das Licht der Welt erblicken. Damit wurde in der zuweilen verkrusteten Leipziger Musik- und Theatergeschichte eine neue Seite aufgeschlagen.

Zum Erbe der Leipziger Theater gehörten das Wirken von Johann Christoph Gottsched und Caroline Neuber, von Adam Hiller, Albert Lortzing, Richard Wagner und Max Burghardt. Der ungekrönte Kaiser der Leipziger Theaterkunst in der zweiten Hälfte des 20. Jahrhunderts hieß Karl Kayser, er war Prinzipal und General zugleich. Als Generalintendant wirkte er zuerst, von 1950 bis 1958, am Deutschen Nationaltheater Weimar, ab 1958 dann bis zum Ende der DDR an den Leipziger Theatern. An ihm kam keiner vorbei, und das nicht nur wegen seiner großen und fülligen Gestalt. Dieser Mann verkörperte nicht nur Macht, er strahlte auch Macht aus. Seine »Untertanen« nahmen es schweigend und demütig zur Kenntnis. Ich war meistens der Puffer zwischen dem Parteisekretär des Schauspielhauses, Dieter Bellmann, zwischen Astrid Bleß, Friedhelm Eberle, Günther Grabbert und Gert Gütschow, die mir in vielen Gesprächen ihr Leid geklagt hatten. Vieles, was sie vortrugen, war berechtigt, manches der übliche »Theater- und Besetzungsknatsch«. Kam ich dann zum großen Meister in die Generalintendanz, bekam ich einen wirklich guten Kaffee, aufmunternde Worte für meine schwere Arbeit in der Bezirksleitung und einmal den Satz: »Schauspieler sind alle dumm, ich weiß das genau, schließlich war ich selbst mal einer.«

Als Mitglied des Zentralkomitees der SED kannte der Kayser die Berliner Götter und die Welt, ließ mich mit einem entwaffnenden Lächeln meine Probleme vortragen, bis er mich unterbrach mit der Feststellung: »Und nun komm zur Sache!« Man konnte ihn lieben oder hassen, mögen oder verwünschen, er hatte sein Theater im Vergleich zu vielen anderen Häusern im Land immer in einem guten Zustand, viele Premieren waren Höhepunkte des Theaterlebens in der DDR. In Achtung wie Streit war er verbunden mit dem Gewandhauskapellmeister Kurt Masur und mit seinem musikalischen Chefregisseur Joachim Herz, einem Meisterschüler von Walter Felsenstein. Herz erinnerte sich

Gratulationscour bei Karl Kayser zum 65. Geburtstag, 1979

später: »Er konnte ein Ekel sein und ein Vater, ein sturer Parteiknüppel und ein souveräner Patriarch – und er ließ uns gewähren. Dass Musik nicht sein Hauptfach war, daraus hat er nie ein Hehl gemacht.«

Die Partituren, die Herz noch selbst zu spielen verstand, was heute zur Seltenheit verkommen ist, waren für ihn allein ausschlaggebend. Fast 130 Inszenierungen von siebzig verschiedenen Opern stehen in seinem Aufführungsverzeichnis. Unvergessen seine Inszenierung »Ring der Nibelungen«. Noch heute schwärmen Fachleute davon und bedauern, dass es davon keine Aufzeichnung gibt. Nach einem großen und fürchterlichen Krach mit Karl Kayser machte dieser Herz zu seinem Operndirektor. Auch das war Kayser. Er konnte seine Widersacher auch lieben.

Beide Seiten verkehrten meistens in Schriftform miteinander, das war nicht so laut. Kaysers größte Pamphlete pflegte Herz an seinen Spind zu heften, damit alle seine Gäste sie lesen konnten. Sie beide waren ein traumhaftes Gespann, von dem man heute in Leipzig nur träumen kann. So wenig K. K. vom Musiktheater verstand, so wenig duldete er Einspruch, Widerspruch oder gar Kritik an seinem Sprechtheater. Ich bekniete ihn geradezu inständig und monatelang, Volker Braun auf seiner Bühne eine Chance zu geben. Er wog ab, knurrte, wurde wankelmütig, schlug aus und schließlich ein. Nach der Uraufführung »Der große Frieden« 1979 am Berliner Ensemble, in einer Inszenierung von Wekwerth und Tenschert, brachte er dieses Stück noch im gleichen Jahr auf die Schauspielbühne. Der Erfolg gab ihm und natürlich auch mir recht. Sein Sohn, Karl-Georg Kayser, erwarb damit einen Freifahrtschein für Inszenierungen von Stücken von Heiner Müller und Volker Braun im Keller-Theater und danach in der »Neuen Szene«. Das Leipziger Theater hatte damit den Schritt zur modernen DDR-Dramatik vollzogen. Mit »Lenins Tod« hatte Braun die Fragen nach Sinn und Sinnlosigkeit von revolutionärer Gestalt gestellt, mit der Uraufführung der »Schmitten« im Januar 1982 durch Karl-Georg Kayser kam ein Werk auf die Bühne, das Braun schon vor zehn Jahren beendet hatte. Ich wusste um das Risiko und freute mich über den Erfolg vor allem für den Autor.

Umso mehr überraschte mich, dass der Kultursekretär des FDJ-Zentralrates, Hartmut König, für andere im Hintergrund in die Bresche springend und ohne das Stück selbst je gesehen zu haben, auf der FDJ-Kulturkonferenz vor tausend Teilnehmern – und das auch noch in Leipzig – erklärte: »Aber nicht alles, was sich da ›modern‹ oder ›avantgardistisch‹ gibt, kann sich unserer sozialistischen Ideenwelt zurechnen. Denken wir an Heiner Müllers ›Macbeth‹ – Peinlichkeit an der Volksbühne… Manchmal geraten Arbeiterporträts, die Anspruch auf Verallgemeinerung erheben, deshalb statisch und unwirklich, weil sie eine ignorante Position zum tatsächlichen Leben der Arbeiterklasse einnehmen. In der Theaterlandschaft liefert Volker Brauns Stück ›Schmitten‹ dafür ein trauriges Beispiel. Wenn man einem lesenden Arbeiter den Namen Schmitten zuruft, wetten, dass er sich an die ganz andere Schmitten, an die von Brecht erinnert, die bekanntlich gegen Dreck war. Möge Brechts Schmitten ihr Pendant ruhig in den Zuber stecken und ein bisschen Wäsche waschen…«

Beide Inszenierungen wurden trotz der Kritik aus Berlin nicht abgesetzt. Sie erfuhren nach der Parteikritik nun noch einen größeren Publikumszulauf. Königs Ausfälle waren nach dem Berliner Vorwurf des »opportunistischen« Verhaltens in der Auseinandersetzung mit Erich Loest der dritte Warnschuss, der mich traf. Bereits nach dem zweiten hatte mir ein Berliner Freund aus dem engeren Umfeld der Entscheidungsgremien in Berlin gesteckt, dass meine Tage in Leipzig gezählt seien und eine Berufung ins Ministerium für Kultur oder ein Parteischulbesuch vorbereitet würde. Was war passiert? Ich hatte an der Pädagogischen Hochschule in Leipzig die VI. Clara-Zetkin-Vorlesung des Jahres 1981 gehalten. Auf meinem Territorium sprach ich das meiste frei, hatte mir nur eine Reihe kleinerer Notizen gemacht, sprach so offen, unverblümt und direkt, wie es mir gerade an einer Pädagogischen Hochschule als unbedingt nötig erschien. Wenn ich die Veröffentlichung heute nach zwanzig Jahren lese, bin ich ein wenig stolz auf mich.

Manches an der Hochschule war verkrustet, sie war fest in der Hand des Volksbildungsministeriums, ihre Atmosphäre unterschied sich von der an den künstlerischen Hochschulen wie der Tag von der Nacht. In einem Gespräch unter vier Augen teilte mir wenig später der Rektor, Joachim Müller, ein nachdenklicher Wissenschaftler und Leiter, diskret mit, dass er in der Dienstberatung bei der Frau Minister Honecker heftig kritisiert worden sei, weil Berlin von der Einladung an mich nichts gewusst hatte. Die Hochschule solle gefälligst auf solche Eigenmächtigkeiten in Zukunft verzichten. Natürlich bedeutete das, dass das mein erster und zugleich letzter Vortrag an der Hochschule war. So charmant sprach das Ministerium für Volksbildung Hausverbote aus. Das war der zweite Warnschuss gewesen. Auf diese Weise funktionierten Zensur und Dirigismus von oben nach unten und der Informationsfluss von unten nach oben.

Natürlich sickerten in Berlin einige Informationen auch in andere Kanäle, erreichten Gleichgesinnte, manchmal aber auch andere. Ich war trotzdem unbeschwert und unbekümmert. Mit viel Überzeugungskraft, Mut zum Unkonventionellen und entgegen aller planerischen Prinzipien, vor allem aber mit Unterstützung des Rates der Stadt, hatten wir vier Wohn- und Atelierhäuser für Bernhard Heisig, Arno Rink, Sighard Gille und Frank Ruddigkeit gebaut. Werner Tübke hatte ein sehr schönes altes Einfamilienhaus erwerben können, Ursula und Wolfgang Mattheuer hatten eine große Wohnung direkt am Park im Zentrum der Stadt erhalten. In Leipzig konzentrierten sich nicht nur drei Künstler der berühmt-berüchtigten »Viererbande« des Verbandes Bildender Künstler, sondern auch mehr als ein Dutzend bereits ausgewiesener Schülerinnen und Schüler von Heisig, Mattheuer und Tübke mit eigener Handschrift und großer künstlerischer Meisterschaft. Dazu gehörten außer den bereits Genannten Gudrun Brüne, Volker Stelzmann, Ulrich Hachulla u. a. Das weckte in anderen Bezirken Begehrlichkeiten. Wir mussten handeln und den Leipziger Künstlern deutlich machen: Wir wollen euch hier haben und nicht in Berlin, Dresden, Halle oder irgendwo als Gäste besuchen müssen. Aus den Trümmern in den unterirdischen Gewölbegängen der im Zweiten Weltkrieg zerstörten Annenschule hatten wir, direkt am Neubau der Universität im Zentrum der Stadt, vor allem mit Hilfe der Studenten selbst, einen traumhaften Studentenclub, die Moritzbastei, bauen lassen, die Studenten leisteten zwischen 1974 und 1980 über 180 000 freiwillige und unbezahlte Aufbaustunden und entfernten 35 000 Kubikmeter Schutt.

Die »academixer« hatten eine eigene Spielstätte erhalten, unvergleichbar schöner und eindrucksvoller als jede andere Spielstätte eines politischen Kabaretts im deutschsprachigen Raum. Das alles hatte mehr als drei Millionen Mark an Bauleistungen gekostet, obwohl keines dieser Objekte im Plan stand. Und das alles zwischen der Mitte der siebziger und der achtziger Jahre, als an Bau-

Übergabe eines Gedenkreliefs auf dem Leipziger Markt durch Frank Ruddigkeit, Mitte: Horst Schumann, 1980

leistungen durch Leipzig in der Hauptstadt Berlin mehr als 500 Millionen Mark verbaut werden mussten.

Die traditionelle Gaststätte »Coffee Baum« wurde zum Leipziger Künstler-café. Dort waren früher Gellert, Lessing und Schumann, Gottsched, Mendelssohn Bartholdy und Wagner Stammgäste gewesen. Hier verkehrten in der ersten Hälfte des 20. Jahrhunderts Klinger und Heisenberg, Karajan und Rühmann. Außer in Berlin gab es in keiner anderen Stadt des Landes etwas Vergleichbares. Wollten die Leipziger Bürgerinnen und Bürger die Atmosphäre von Künstlerinnen und Künstlern hautnah spüren und mit ihnen plaudern, gingen sie ins Künstlercafé, dort trafen sie von Öffnung am frühen Morgen bis zum Ausschankschluss nach Mitternacht immer eine Handvoll ihrer Lieblinge, und das, obwohl es vordem bereits einen Kultur-Stammtisch Gogelmoosch in der Gaststätte »Boccaccio« und einen Maler-Stammtisch im Café »Corso« gegeben hatte.

Leipzig schönstes barockes Gebäude, das Romanushaus, wurde zum Sitz der Leipziger Künstlerverbände. Im Journalistenclub trafen sich manche vor Premieren, die danach immer einer Meinung waren. Ich ziehe heute noch den Hut vor all denen, die uneigennützig Verantwortung übernahmen und alle Trickkisten öffneten, um die sozialistische Planwirtschaft zu überlisten. Natürlich ging es manchem nicht schnell genug, andere drohten mit Protesten und Eingaben, denn die Baukapazität musste ja anderenorts abgezogen werden. Auf Initiative des Kabarettisten Bernd-Lutz Lange ging ich mehrere Male mit ihm und dem Oberbürgermeister Karl-Heinz Müller sowie dem Chefarchitekten der Stadt, Horst Siegel, durch die Innenstadt, um Bau- und Abrisssünden zu verhindern. Es ging um Konservierung, Restaurierung oder Vernichtung, es ging um Türen und Fenster alter Gebäude, um die Erhaltung von Stuck und Verzierungen an alten Bürgerhäusern. Wir hatten wenig Hoffnung, alles erreichen zu können, wovon wir träumten, wir wollten uns aber auch nicht schuldig machen. Wir waren hoffnungsvolle und zugleich hoffnungslose Idealisten. Bernd-Lutz Lange trieb uns durch alle Passagen, und es gab in Leipzig viele davon: die Theater-Passage, die Passage in Specks Hof, die Mädler-Passage, die Königshaus-Passage, die Messehof-Passage und viele andere – ein Labyrinth der Qualen für uns Funktionäre, ein Traum für Fußgänger und Liebhaber der Messestadt. Bernd-Lutz Lange schrieb sogar für die »academixer« einen Song: »Komm Stefanie, wir gehen durch die Passagen...«

Wenn ich heute durch die Leipziger Innenstadt, ihre Höfe und Durchgänge gehe, bekomme ich einen zufriedenen Gesichtsausdruck. Wenn ich daran denke, was trotzdem alles verlorengegangen ist, werde ich immer wieder aufs Neue traurig.

Als ich das erste Mal mit dem Oberbürgermeister über mein Vorhaben sprach, zeigte er mir seinen vollen Terminkalender und lehnte ab. Da ich nicht aufgab, schlug er den 7. Oktober vor, den heiligen Jahrestag der Gründung der DDR, der für viele ein Tag für die Familie war, und erschrak, dass ich voller Begeisterung über den Nutzen unseres Projektes diesem Vorschlag zustimmte. Später hat er alles als seine Idee verkauft.

Das Glanzstück an Neubauten aber war das Neue Gewandhaus an der Universität. Eigentlich war der Platz geplant für deren größten Hörsaal, man freute sich darauf, auf eigenem Territorium Immatrikulationen und Kongresse, Veteranenkollege, Universitäts- und Studentenkonzerte veranstalten zu können. Aber Leipzig war natürlich auch immer ein Zentrum der Musikkultur. Hier wirkten Bach und Telemann, Lortzing und Mendelssohn Bartholdy, Schumann und Wagner, Nikisch und Reger, Abendroth, Ramin, Eisler und Konwitschny. Die Gewandhausmusiker mussten nach dem Krieg in der Leipziger Kongresshalle musizieren, im Rücken Elefantentrompetenstöße und vor der Nase Essensgeruchsschwaden aus der Großküche des Zoos. Dem Gewandhausorchester war das ohne Zweifel unwürdig. Es gab nur eine Möglichkeit: Kurt Masur musste sich klagend und bittend direkt an Erich Honecker wenden, wissend um seine Bedeutung und zugleich untertänigst als einer der vielen Bittsteller. Der Brief hatte viele Autoren, darunter auch Horst Schumann, der aus täglicher Erfahrung wusste, wie solche Briefe zu schreiben waren. Natürlich hatte der Brief nur einen Absender: Kurt Masur.

Und es gelang, was viele nicht für möglich hielten: Aus dem Auditorium maximum der Universität wurde mit dem Signum auf dem Brief »Einverstanden E. H.« zunächst das »Auditorium maximum der Karl-Marx-Universität mit Sitz und Heimstatt des Gewandhausorchesters Leipzig« und schließlich das »Neue Gewandhaus«. Gewandhauskapellmeister Masur war für mich zu jeder Zeit ein fairer Gesprächspartner, er behandelte mich wie einen führenden Vertreter einer Künstleragentur, er wusste, was er wollte, war in seinen Forderungen unnachgiebig und konsequent, aber auch zu Kompromissen bereit. Er wusste, wo die Grenze des Möglichen war. Seine Briefe an mich waren mir manchmal peinlich, ich war schließlich zwanzig Jahre jünger. Für seinen Einsatz um das Leipziger Musikleben habe ich ihn uneingeschränkt bewundert, er kümmerte sich auch um die kleinsten Probleme seines Orchesters und gab erst Ruhe, wenn die Reisegenehmigung zu Gastspielen in die andere Welt auch für den letzten Musiker erteilt worden war. Es waren mitunter Balanceakte, wo ich meinen Namen und meine Bürgschaft für das Normalste in der Welt einsetzte. Nie war er in den Gesprächen und Verhandlungen der Chef, er war Partner, ehrlich und anständig. Umso mehr habe ich gestaunt, als er aus dem Kreis der sechs Unterzeichner des Aufrufs für Gewaltfreiheit bei den Leipziger Montagsdemonstrationen im Oktober 1989 als Einziger gefeiert, mit Auszeichnungen und Orden überhäuft wurde. Ein Wort von ihm hätte genügt, um der Wahrheit zum Recht zu verhelfen – wusste er doch genau, welchen Anteil er und welch weitaus größeren andere am Zustandekommen dieses Aufrufs hatten.

Was er allerdings im Prozess der Errichtung des Neues Gewandhauses geleistet hat, darf ihm nie vergessen werden. Er war der heimliche Bauherr, der sich um das Wohl der Erbauer, die Kunst und das Material gleichermaßen kümmerte, er war, wenn in Leipzig anwesend, eher auf der Baustelle als in seinem Heim zu finden.

Und trotzdem entstand ein Konflikt, dessen Lösung ich ihm so nie zugetraut hätte. Der Neubau des Gewandhauses zu Leipzig war eine Jahrhundertchance, und wir als Zeitgenossen und Verantwortliche wären Narren gewesen, dies zu verkennen und die Chance nicht zu nutzen. So forderte ich in Diskussionen mit Kurt Masur, Bernhard Heisig und dem Rat des Bezirkes, diese Möglichkeit zu einer Demonstration der Komplexität des künstlerischen Schaffens, der Einheit von Musik, Architektur, bildender und angewandter Kunst zu nutzen. Als einigendes Thema verständigten wir uns auf den Titel »Leipzig – ein Zentrum der Musik der DDR«. Erster Ansprechpartner für die bildkünstlerische Gestaltung war natürlich das Leipziger Malertriumphirat Heisig, Mattheuer und Tübke. Ich erinnere mich in diesem Zusammenhang an eine Anekdo-

Einweihung des Gewandhauses, am Mikrofon: Erich Honecker, links neben ihm die Politbüromitglieder Willi Stoph (Ministerpräsident), Kurt Hager und Hermann Axen, Kulturminister Hans-Joachim Hoffmann, Gewandthaus-Kapellmeister Kurt Masur, Ursula Ragwitz, Gerhard Trölitzsch, rechts: Horst Schumann, Politbüromitglied Günter Mittag, 1981

te, die kaum besser ausdrücken konnte, wie ihr Verhältnis untereinander war: Heisig und Mattheuer treffen sich im Eingangsbereich der Hochschule, natürlich flaxen sie wie immer. Heisig zu Mattheuer: Wolfgang, heute Nacht ist mir der liebe Gott erschienen, hat die Arme weit ausgebreitet und verkündet: Bernhard, du bist doch der größte unter den Leipziger Malern. Da tritt Tübke durch die Schwingtür der Hochschule zu den beiden und erklärt: Stimmt nicht, lieber Bernhard, ich war heute Nacht nicht bei dir.

Letztlich wollte Bernhard Heisig diesen einmaligen Großauftrag im Gewandhaus doch nicht und schlug seine Schüler Sighard Gille und Wolfgang Peuker vor. Beide waren jung, der Aufgabe geneigt und einigten sich, die Ausmalung der über 700 Quadratmeter großen Hangdecke auf vier Ebenen gemeinsam anzugehen. Im Oktober 1980 begannen sie mit ihrer Arbeit und wollten ihre Werke etwa mittig zusammenführen. Doch leider passten beider Konzeptionen und Malduktus zum Thema »Gesang vom Leben, ein großes Welttheater«, frei nach Gustav Mahler, nicht zusammen. Das sahen beide so, und das sahen auch die neutralen Betrachter so. Nach mehreren Diskussionsrunden fiel die Entscheidung für die Hangdecke für Gille, und Peuker bekam den Auftrag für den Wandfries auf ebener Erde unterhalb des Deckengemäldes im Eingangsbereich. Man kann sich heute streiten, ob der Vorschlag klug war, der erste Kulturdezernent Leipzigs nach der Wende, Georg Giradet, nannte ihn etwas überheblich eine »absurde Idee«, Peuker könne man nicht nahtlos auf Gille stoßen lassen. Aber hinterher sind sowieso immer alle klüger.

Beide Maler waren einverstanden, das beratende Künstlerkollektiv unter Leitung von Heisig, u. a. mit dem Leipziger Frank Ruddigkeit und dem Berliner Ronald Paris, sowie der Bauauftraggeber und die Bauherren erklärten ihr Einverständnis. Peuker begann, sich förmlich die Seele aus dem Leib zu malen, Goya und Hofer, Picasso, Dix und Michelangelo schienen ihn zu beflügeln. Auf über fünfzig Quadratmeter ließ er Adam und Eva, Liebe und Tod, alle unbekleidet, und die Erlösung in düsteren Farben aufmarschieren.

Gemalt werden konnte nur, wenn die Bauarbeiter nicht im Hause waren. Sie kamen am Morgen oder am Montag früh und sahen die Malergebnisse, natürlich noch im Entwurfs- und Rohzustand, die sie nur schwer verstehen konnten, die Führungen am Wochenende für das interessierte künftige Leipziger Publikum blieben auch nicht ohne Wirkung. Schnell war die Rede von einem »Anschlag auf die Werktätigen«, die Männer vom Bau rebellierten, »wir lassen uns unsere Arbeit nicht verunglimpfen«, der Gewandhaus-Architekt Rudolf Skoda erklärte, er sei von Anfang an gegen die Innenbemalung gewesen, und Kurt Masur schrieb mir im März 1981 einen Brief, er befürchte, dass durch Peukers Bild das »Erlebnis des Hauses von vornherein beeinträchtigt würde«.

Nun war guter Rat teuer, der schwarze Peter lag bei mir. »Res severa verum gaudium«, so prangte es an der Gewandhausorgel: »Wahre Freude ist eine ernste Sache«. Dafür hatten wir uns vor mehreren Monaten nach langen Diskussionen und manchem Widerspruch alle bekannt. Und ich erinnerte mich erneut meiner Grundposition, dass von mir während meiner Amtszeit kein Verbot von Kunst ausgehen wird, weder in der Literatur noch im Kabarett – und auch bei der bildkünstlerischen Gestaltung des Gewandhauses nicht. Wer anderes wollte, sollte vor der Geschichte auch die Verantwortung dafür übernehmen. Da der Verband Bildender Künstler sich auch sonst überall in Diskussionen einmischte, sollte er sich jetzt auch nicht raushalten dürfen.

Eine vom Rat des Bezirkes einberufene Tagung mit den Spitzen des Verbandes der Bildenden Künstler traf auf ausdrücklichen Wunsch von Kurt Masur die Entscheidung, die Rohfassung des Bildes mit löslicher Wasserfarbe zu überstreichen, mit einer Holztäfelung zu sichern und zu überdecken. Eine für Peuker, aber auch für mich sehr schmerzhafte Entscheidung, denn ich wusste, wer in einigen Jahren sich ohne Kenntnis der tatsächlichen Ereignisse darüber alles äußern würde. Aber das letzte Wort musste der Hausherr haben.

Andererseits wurde es nach der Entscheidung Masurs für mich einfacher, die heftige Kritik an den Bildern von Heidrun Hegewald und Nuria Quevedo für die Gemäldegalerie des Gewandhauses abzuwenden. So viel an Verbot wollte nun doch keiner verantworten, und so viel auch zur Richtigstellung für

Stephan Hermlin im Kunstsalon von Hans Marquardt (Mitte), 1981

die Nachwendekritiker. »Allgegenwärtiger Zynismus« und »Barbarei der Kulturbürokratie«, hieß es. So war es nicht, obwohl es so hätte sein können. Die Abnahme der bildkünstlerischen Gestaltung erfolgte vor der offiziellen Übergabe des Gewandhauses in Anwesenheit von Erich Honecker durch einen großen Kulturbahnhof und einen Rundgang mit Kurt Hager an der Spitze. Nur keinen Ärger mit meinem Chef, dem großen Generalsekretär, muss er wohl gedacht haben. Seine Erfahrung und sein Vertrauen in die Leipziger Kulturfunktionäre waren sowieso nicht besonders groß.

Und richtig. Er entdeckte im über 700 Quadratmeter großen Monumentalgemälde von Sighard Gille eine wunderbare, gut gebaute barbusige Konzertsängerin. Das konnte man dem Generalsekretär, der im Übrigen dank Schalk-Golodkowski, wie man später so hörte, eine beachtenswert große Sammlung von Pornovideos besaß, doch nicht antun. Also entschied Hager: Übermalen des nackten Busens noch vor der Eröffnung des Hauses. Und so, wie der Kabarettist Rainer Otto mit verbotenen Sätzen umging, entschied Gille für sich: Übermalen mit löslicher Wasserfarbe und nach der Übergabe des Hauses – in Anwesenheit des Generalsekretärs – Entfernung der löslichen Wasserfarbe – in Abwesenheit des Generalsekretärs. So erfreuen sich heute noch die Besucher des Gewandhauses an einem wunderbaren nackten Busen einer wunderbaren und fülligen Konzertsängerin.

In einer anderen Frage hatte ich unvorstellbares Glück. Leipzig besaß eine große Anzahl herausragender Verlage und gleichermaßen eine Anzahl von klu-

Martin Walser im Kunstsalon von Hans Marquardt, 1981

gen, cleveren und erfahrenen Verlegern, aber es besaß, »der Geschichte sei Dank«, keinen Verlag für DDR-Gegenwartsliteratur. Das ersparte mir viel Ärger, und die allgegenwärtigen Gefechte mussten andere in anderen Bezirken austragen. Ein Leipziger Verleger hatte meine besondere Achtung: Hans Marquardt, von 1961 bis 1987 Leiter des Reclam Verlages. Das Verlagsprogramm mit der Universalbibliothek, der Taschenbuchreihe zu Belletristik, Philosophie, Geschichte, Kulturgeschichte, Kunstwissenschaft und Biographien zum Preis von 50 Pfennigen, die großformatigen illustrierten Kunstbände und die Grafik-Editionen der Dürer Presse waren nicht nur von einer einmaligen Qualität, von einem einmaligen geradezu traumhaften sozialen Preis, sondern vor allem volksbildend im wahrsten Sinne des Wortes. Sein Kunstsalon, in dem ich als Leipziger Sekretär der Bezirksleitung Christa und Gerhard Wolf, HAP Grieshaber, Peter Härtling, Martin Walser, Stephan Hermlin, Hans Altenheim, Günter Kunert, Peter Beckmann und viele andere deutsche Geistesgrößen bei Spargel und Hering aus Holland, Wein aus Italien und Frankreich zum ersten Mal sah und kennenlernte, die er freimütig mit Leipziger Künstlerinnen und Künstler zusammenführte, war edel, offen und eine Oase des frischen Denkens und Streitens. Allein schon deshalb wird er mir in wunderbarer Erinnerung bleiben, auch wenn er manchmal ein Ekel sein konnte.

Ich erinnere mich, wie ich ihn einmal im Sommer 1981 beim Spaziergang an der Ostsee traf, wir uns gegenseitig fragten, was wir gerade lesen. Er schwärmte von der Bibel und unterstellte mir die Lektüre der gesammelten

Werke von Hager, natürlich mit einem ironischen Grinsen. Nicht weniger lächelnd antwortete ich ihm, dass auf meinem Nachtschrank eine alte Bibel lag. Wir waren uns schnell einig, dass wir nicht die Einzigen waren, die gerade in Zeiten der Ruhe und der Muse dieses bedeutende literarische Werk deutscher Geschichte lasen. Meine Konsequenz: Lieber Hans, dann verlege dieses wunderbare Buch doch in einer Volksausgabe. Das traust du dich niemals, mich dabei zu unterstützen, war seine Reaktion.

Gesagt, getan. Die Verlagsrechte erwarb er schnell, nur Hager protestierte. Das war das erste und einzige Mal in meiner Amtszeit, dass ich aus eigenem Willen, Marquardt heimlich verfluchend, nach Berlin fuhr, mich bei Hager anmeldete und versuchte, ihn davon zu überzeugen, dass es ein bedeutender Beitrag der DDR zum Luther-Jubiläum sei, die Bibel in einem weitestgehend staatlichen Verlag zu veröffentlichen. Hager gab nach langer Diskussion schließlich seine Zustimmung mit Einschränkungen, was zu den auch später umstrittenen Einführungsbeiträgen führte. Die Bibel erschien pünktlich als Faksimile-Druck der Wittenberger Ausgabe von 1534 zum Luther-Jubiläum und hat dem Verlag hohes nationales und internationales Ansehen gebracht.

Bereits 1963 war der unter DDR-Verfügung stehende Aufbau-Verlag Berlin und Weimar neben Heinrich Ernst und Rolf Hans Reclam zum dritten und geschäftsführenden Komplementär erklärt worden. Ab 1967 verblieben der Familie Reclam nur noch 21,4 Prozent der Anteile des Leipziger Reclam Verlages. Pro Jahr erschienen etwa 130 Titel, im Verlag arbeiteten etwa fünfzig Beschäftigte. Die erwirtschafteten Gewinne gingen anteilig für die Stuttgarter Minderheitsgesellschafter auf ein Treuhandkonto bei der Staatsbank der DDR. Wer weiß das jetzt schon von all denen, die heute alles wissend und ohne konkreten Kenntnisse Hans Marquardt verurteilen. Dass er IM des Ministerium für Staatssicherheit war, wusste ich nicht, hätte mich aber nicht gestört, wie anders sollte er denn seine vielfältigen Kontakte in alle Himmelsrichtungen pflegen?

Im Übrigen war auch Robert Havemann Nazigegner und zugleich Sicherheitsbeauftragter der Gestapo, Regimekritiker an der DDR, aber auch zeitweise Mitarbeiter des sowjetischen und des DDR-Nachrichtendienstes. Wie differenziert ist mit ihm in den letzten zwei Jahrzehnten umgegangen worden. Jeder wusste doch, dass die Staatssicherheit allgegenwärtig war, dafür war sie doch geschaffen worden. Jeder Staatsfunktionär musste mit ihr zusammenarbeiten, und all die, die auf Reisen gingen, schrieben Reiseberichte, für wen wohl? Als ich Ende der achtziger Jahre anlässlich einer Ausstellungseröffnung in Köln Gast bei einem Regierungspräsidenten von Nordrhein-Westfalen war, sagte mir sein Schwiegervater, ein gebildeter und sehr angenehmer Mensch, der beim Bundesnachrichtendienst eine leitende Stelle hatte, freimütig und offen: Natürlich muss auch bei uns jeder Beamte, der in die DDR reist, einen Bericht über die Personen schreiben, die er getroffen und mit denen er sich unterhalten hat, sowie darüber, was er an Wissenswertem erfahren hat. Ich fand das damals als überaus normal, so funktionierte nun einmal die deutsch-deutsche Zweistaatlichkeit.

Wenn ich heute »Günter Grass im Visier – die Stasiakte« lese, frage ich mich, wie man aus so vielen Trivialitäten und Banalitäten ein Buch machen kann, und ich muss mich fast für Günter Grass entschuldigen, dass er mit viel nichtssagenden Biertischinformationen, allerdings auch mit manchen nicht zu rechtfertigenden Verdächtigungen durch ehemalige Freunde und Partner, in die deutsche Geschichte eingreifen lässt.

Verwundert war ich auch deshalb, weil ich von westdeutschen Intellektuellen nie einen Vorwurf oder Entsetzen über die offene Einmischung westlicher Geheimdienste in ihr Leben gehört hatte. Dabei wussten sie alle um deren Praktiken und nahmen sie widerspruchslos zur Kenntnis. Wie oft hörte ich in Gesprächen mit westdeutschen Künstlerinnen und Künstlern den Satz: Der Verfassungsschutz ist in Sorge um unser Wohl immer dabei.

Als ich mich 1986 zu einem Gespräch mit dem SPD-Bundestagsabgeordneten Gert Weisskirchen im Bonner Abgeordnetensilo »Der lange Eugen« traf, eröffnete er das Gespräch lächelnd mit dem Satz: In diesem Haus hören entsprechend einer alliierten Vereinbarung die wichtigsten Geheimdienste der Welt alles mit. Das Protokollarische also hier, alles andere dann woanders. Ich muss ziemlich dumm geschaut haben, er ergänzte augenzwinkernd: Das kennen Sie doch auch aus Berlin.

Mit den Leipziger Verlegern und den Institutionen des Buches organisierten wir einmal im Jahr auf dem Markt vor dem alten Rathaus einen Büchermarkt, alle Institutionen hatten wichtige Bücher für dieses Ereignis über Monate zurückgehalten, damit war der Markt eine Attraktivität für die Leipziger Buchfans. Man bekam, zumindest bis zum Mittag, all das, was man sonst nicht mehr erwerben konnte. Und zweimal im Jahr erschienen die »Leipziger Blätter«, ein wunderbares künstlerisches und kulturpolitisches Journal, das heute beachtlichen Sammlerwert besitzt. Es war die Idee von Helmut Richter, der aber keine Ahnung hatte, was alles damit verbunden war. Ich brauchte nach einem ersten Gespräch mit ihm Zeit und bat ihn, um Zeit für meine eigenen Recherchen zu gewinnen, Kontakt mit dem Leipziger Stadtrat für Kultur aufzunehmen. In der Zwischenzeit redete ich mit meinen Freunden in den verschiedenen Abteilungen des Rates des Bezirkes. Das Hauptproblem waren acht Tonnen Kunstdruckpapier außerhalb des Planes und eine Planposition, um die ich lange kämpfen musste, denn auch dieses Projekt trug sich weder materiell noch finanziell und war nur durch alle staatlichen Kontrollen zu bringen, wenn es ein Vorzugsobjekt des Rates des Bezirkes werden würde.

Gerhard Altenbourg bei der Vernissage seiner Ausstellung im Lindenau-Musuem Altenburg, links: Gisela Oechelhaeuser, 1984

So wurde es zunächst vom Rat des Bezirkes getragen, der erster Herausgeber war, was natürlich Helmut Richter und seine Mitstreiter überhaupt nicht verstehen konnten. Immer alles bis ins Kleinste jedem zu erklären, war eine nicht zu bewältigende Aufgabe. Es lebe die ehrliche Notlüge. Obwohl die erste Nummer von manchem parteibeflissenen Kritiker zerrissen wurde, ging die Verantwortung für das Lektorat schon mit der zweiten Nummer wie geplant in die Hände der Künstlerverbände und der Organisationen der Kulturschaffenden über, erster Cheflektor wurde der Schriftsteller und eigentliche Ideengeber Helmut Richter. Noch heute erscheint das Journal in der Verantwortung des Passage-Verlages unter der Leitung des ehemaligen Absolventen der Leipziger Kunsthochschule Thomas Liebscher.

Ganz offensichtlich bewegte ich mich in Leipzig für viele in Berlin und anderswo in zu großer Freiheit. Bereits im November 1981 beschloss das Sekretariat des Zentralkomitees, dass ich ab September 1982 einen einjährigen Kurs an der Akademie für Gesellschaftswissenschaften beim ZK der KPdSU in Moskau zu absolvieren habe, mitgeteilt wurde mir das allerdings erst im Frühjahr des folgenden Jahres. Ich war der einzige habilitierte Sekretär einer Bezirksleitung der SED, hatte Bücher geschrieben und eine ansehnliche Publikationsliste, ich bildete mir ein, mein Amt souverän zu führen, anerkannt und beliebt zu sein. Warum sollte ich nach Moskau?

Ich erinnerte mich an die Warnschüsse der letzten Jahre, an die Vorhersagen, dass ich in Leipzig nicht alt werden würde. Natürlich hatte ich private Probleme, die manchem nicht schmeckten. Nachdem ich zwei Jahre in wilder Ehe mit Gisela Oechelhaeuser gelebt hatte, wurde mir deutlich gemacht, dass das so nicht weitergehen könne. Um weiteren Ärger aus dem Weg zu gehen, heirateten wir, obwohl wir eigentlich das beide nicht wollten, ohne Trauzeugen und Gäste auf dem Standesamt der kleinen Gemeinde Taucha bei Leipzig. Meine beiden Töchter Antje und Claudia, denen ich zur Wahrheit verpflichtet war, wandten sich von mir ab, obwohl wir bis zu diesem Moment gute Beziehungen hatten.

Außer meiner Wäsche und ein paar Büchern hatte ich bei der Trennung von Christa nichts mitgenommen, ich hatte ihnen eine Neubauwohnung am Rande des Clara-Zetkin-Parks verschafft und bezahlte freiwillig einen sehr hohen Unterhaltsbeitrag. Die Entscheidung meiner Kinder konnte ich nicht verstehen, musste sie aber akzeptieren. Und jetzt auch noch ein Jahr Moskau. Missmutig, schlecht gelaunt und unmotiviert fuhr ich im Juni 1982 zu einem dreimonatigen Russisch-Intensivkurs nach Plau am See. Dort lernte ich vieles, nur nicht richtig russisch sprechen. Die »herrschende Freiheit« unseres unfreiheitlichen Systems schuf für viele einen Zustand unablässiger Unsicherheit, ausgeliefert einem misstrauischen System und einer misstrauischen Führung. Wo war die Grenze, die ich überschreiten durfte? Ich wusste es Anfang der achtziger Jahre noch nicht.

Moskau – meine zweite Universität

Was sollte ich nur in Moskau? Ich fühlte mich für meine Funktion, die ich in Leipzig ausübte, ausreichend qualifiziert. Mein Freund Helmut Richter sagte mir, in Anspielung auf einen seiner inzwischen berühmten Texte, jetzt musst du lernen, »über sieben Brücken zu gehen«, bis du angekommen bist. Und der mit mir befreundete Berliner Schriftsteller Günther Rücker erzählte mir, meinen Widerwillen und meine innere Auflehnung spürend, eine Anekdote, die sicher der Wahrheit sehr nahekam: Neujahrsnacht zum 1. Januar 1946 in Kleinmachnow. Ein 18-jähriger Rotarmist, der vor wenigen Monaten noch von einem Versteck in der elterlichen Scheune in der Ukraine mit ansehen musste, wie Deutsche seine ganze Familie erschossen, war zum Streifendienst abkommandiert worden. Mit dem Schmerz des Verlustes seiner Lieben hatte er den langen und bitteren Weg verbrannter Erde nach Berlin angetreten und erlebte nun, wie die Deutschen voller Freude das erste Friedensneujahr seit 1939 feierten, vielleicht waren sie etwas angeheitert, vielleicht auch etwas zu laut. Der Rotarmist verlor seine Beherrschung und schoss in die feiernde Menschengruppe. Darauf stand nach Befehl des Berliner Stadtkommandanten die Todesstrafe. Der russische Richter des Berliner Armeekorps lehnte in diesem Fall das Todesurteil ab, wurde deshalb degradiert und abgelöst, sein Nachfolger wegen Befehlsverweigerung erschossen, erst ein aus Moskau eingeflogener Richter fällte das schon vordem beschlossene Urteil. Der junge Rotarmist wurde noch in Berlin erschossen. Günther Rücker zu mir: Wenn du das immer im Kopf hast, wird das Moskauer Jahr dir nicht schaden, ganz im Gegenteil, du wirst reifer, lebenserfahrener und klüger nach Berlin und Leipzig zurückkehren. Danke, lieber Günther Rücker.

Ich flog Ende August 1982 nach Moskau, war während meines Aufenthaltes in der Sowjetunion auch in Kiew und Leningrad, in Kaliningrad und Riga, in Tallin und Cherson und schrieb in zehn Monaten etwa 200 mehrseitige Briefe nach Hause. Ich sah und erlebte Breshnew und Gorbatschow, traf mich zu mehreren Gesprächen mit dem Rektor der Akademie, Medwedjew, dem späteren Sekretär für Ideologie unter Gorbatschow, erlebte die göttliche Primaballerina Maja Plissezkaja auf der Bühne und im Gespräch mit ihrem Ehemann, dem Komponisten Rodion Schtschedrin, war Gast des Bolschoi-Theaters und habe dort in einer Spielzeit alle laufenden Inszenierungen gesehen, lernte alle Moskauer Theater kennen, Moskauer Frauen lieben, die Moskauer Kirchen und Klöster achten und endlich die russische Sprache sprechen. Zurück kam ich im Wissen, ein Stückchen von der Welt gesehen zu haben, ein wenig von dem Begriff »Weltanschauung« mehr verstanden zu haben. Dieses Land habe ich mit Liebe und in Trauer, mit Freude und Ärger, mit Wohlwollen und Bitternis erlebt. Moskau wurde zur zweiten Universität meines Lebens. Nichts ist authentischer als Briefe. Hier einige Auszüge:

»September 1982: Moskau ist eine Weltstadt, ein paar Nummern größer als meine bisherigen Vorstellungen. Natürlich lässt sich die Stadt nicht mit der Schönheit von Prag oder Budapest, Leningrad oder Kiew vergleichen. Die Stadt prägt ein eigenartiges Gemisch von zaristischer und stalinistischer Architektur. In den Hauptmagistralen und in der U-Bahn geht der Ausländer im Menschenmeer fast unter. Warten muss man lernen. Die U-Bahn hat ein Netz von fast 300 Kilometern und bietet mit seinen palastartigen Stationen architektonische Wunderwerke. Täglich schieben sich bis zu neun Millionen Fahrgäste durch die Tunnel, mehr als in London und New York zusammen. Im Hauptbetrieb stehen in den Wagen bis zu acht Personen auf einem Quadratmeter. Ist dein Gegenüber mit dem Gesicht dir zugewandt und hat Knoblauch gegessen, das essen hier alle, wird dir zwar übel, aber du kannst wenigstens nicht umfallen. Ich lerne langsam, was es heißt, mannhaft Gerüche zu ertragen, jeder Zentimeter stinkt anders. Die stärkste Waffe der Moskauerinnen dagegen ist ihr mehr als starkes Parfüm. Mein ›Appartement‹ in der Akademie ist zwei mal zweieinhalb Meter, die durchschnittliche Wohnfläche für einen Moskauer mit Kind. Der Geruch von verschmutzter und verschwitzter Wäsche, getragenen Schuhen, vom Kochen und Waschen ist kaum zu ertragen. Heute war ich auf den Leninbergen, wo eine wunderbare Sicht auf Moskau ist. Etwa fünfzig Hochzeitspaare tummelten sich mit ihrem Anhang an den Balustraden, die Bräute alle in Weiß und mit Schleier, die Bräutigame in allen kostümischen Ausführungen mit Sektflaschen und Gläsern in den Hosentaschen und auf den Lippen schwermütige russische Lieder. Auf dem Rückweg entdeckte ich die Nikolaikirche, vergoldete Zwiebeltürme, 17. Jahrhundert. Dort war gerade Gottesdienst mit einem Chorgesang, ich glaubte an einen Chor von fünfzig Sängerinnen und Sängern, in einer Nische entdeckte ich dann einen Vorsänger und zehn Frauen. Stimmen wie ein Traum.

Die Sowjetunion ist das größte Land der Welt, ein unerhörter Machtfaktor, vom Bewusstsein der Stärke wird mit stoischer Ruhe und Gelassenheit Weltpolitik gemacht, aber auch im Alltagsleben stoische Ruhe und Gelassenheit, keine Hektik, unerhört viel Improvisation, diese Mentalität muss man begreifen, um sich im öffentlichen Leben zurechtzufinden. Beim Einkaufen stehen fünf Leute vor dir, die Verkäuferin schwatzt mit jedem, nach einer halben Stunde stehen zwanzig Leute vor dir, jeder stellt sich nach Belieben in die Reihe, sie hatten ihren Platz reservieren lassen und waren erst noch ein anderes

Geschäft erledigen. Unwichtiges geht überhaupt nicht, aber Wichtiges geht: Neunzig U-Bahnhöfe, in jedem etwa zwanzig Geldwechselautomaten, ich habe noch keinen einzigen gesehen, der nicht geht, Rolltreppen, 150 Meter lang, laufen Tag und Nacht ohne Reparaturen, ohne Pause, unvorstellbar. Busse, sie klappern, als würden sie gleich zusammenfallen, rattern wie die Panzer, aber sie laufen bei 35 Grad Hitze und bei 35 Grad Kälte. Ich sah gestern Abend das Ballett ›Die Möwe‹ mit der großen Maja Plissezkaja im Bolschoi, große Ballettkunst, dreißig Minuten Standing Ovation, ein Blumenmeer, in dem sie fast verschwand. Heute in der Musikalischen Komödie eine russischen Operette, ich hätte es lieber sein lassen sollen, bieder, keusch, amateurhaft und das berühmte Singen an der Rampe. Das war nichts. Gehe morgen zum Alexandrow-Ensemble und übermorgen wieder ins Bolschoi zu ›Turandot‹.

Blumen sind im Land sehr teuer, trotzdem kaufen die jungen Burschen und die Männer ihren Liebsten sehr viele Blumen, die sie dann mit Grazie, wie die Bräute einen Hochzeitsstrauß, auf dem Heimweg tragen. Die russische Frau ist im Schnitt keine Schönheit, sie ist durch die Vorherrschaft der Männer und das Klima geprägt, meistens derb, kräftig und kurzstämmig. Die Ballettrussin, mit einem Gesicht so zart wie eine junge Birke, ist im täglichen Leben kaum zu sehen. Gefährlich attraktiv sind die Asiatinnen, ausgesprochene Schönheiten.

Ich sehe viele Männerfreundschaften, sie gehen Hand in Hand, das Brudergefühl scheint sehr stark ausgeprägt zu sein. Wahrscheinlich haben im Großen Vaterländischen Krieg viele Männer für ihre Freunde und Brüder bedenkenlos ihr Leben geopfert, so dass es offensichtlich auch ein Gefühl von Zärtlichkeit und Liebe zwischen Männern fern der Homosexualität gibt.

Eine Karte für das Bolschoi zu bekommen ist ein fast unerfüllbarer Traum für einen Moskauer. Heute sah ich zwei Damen, die in der Pause ihren Männern ihre Karten gaben, so dass jeder zumindest einen Akt erleben konnte. Ich glaube, die Moskauer machen für eine Karte für das Bolschoi-Theater alles Mögliche und Unmögliche. Gestern Besuch der olympischen Stätten: das große Stadion 80 000 Plätze, die große Sporthalle 45 000, die Schwimmhalle 8 000, die Sprunghalle 5 000 Plätze, die Radrennbahn 10 000 Plätze. Anschließend beim Eishockey, ZSKA gegen Dynamo Moskau, 20 000 Fans im Eisstadion, wer jubelnd aufspringt, wird von der Miliz verwarnt und beim zweiten Mal aus der Halle transportiert. Nach dem Spiel an allen Ausgängen berittene Polizei, die ein Spalier bildet, du läufst etwa fünfzig Meter durch eine Pferdestaffel, das kühlt alle Emotionen ab, ist aber selbst für Tierliebhaber gewöhnungsbedürftig. Heute früh im Mausoleum, wenn es geöffnet ist, wird der gesamte Rote Platz, außer dem Boulevard am GUM, gesperrt. Die Schlange bis zum Eingang des Mausoleums war etwa 400 Meter lang bis zum Marx-Prospekt. Kurz nach zehn Uhr setzte sich der Zug in Bewegung. Alle Taschen und Fotoapparate mussten abgegeben werden. Mit dem Glockenschlag zehn Uhr vom berühmten Spasski-Turm öffneten sich die Tag und Nacht angelehnten Tore des Mausoleums. Tschekisten machten darauf aufmerksam, den Mantel, auch den letzten Jackenknopf zu schließen. Ehe man den Augenblick so richtig erfasst hatte, alles sehr dunkel, dezent, geschmackvoll und feierlich, ist man schon wieder aus dem Mausoleum heraus, aber man hat für einen Augenblick Lenins Kopf gesehen.

Anschließend fuhren wir nach Gorki-Leninskije, wo Lenin zwischen 1918 und 1924 nach dem Attentat auf ihn gelebt hatte. Der Landsitz gehörte einst dem Moskauer Polizeipräsidenten, architektonisch ein Glanzstück, egal aus welchem Fenster du schaust, immer wieder siehst du unendlich lange Alleen, Blumen, Wiesen und Wald. Hervorragend eingerichtet, im Stile reicher russischer Adliger, die Schönheit und Wert, Ästhetik und Gebrauchtsein zusammenführten. Da wohnte nicht mehr der Lenin, der auf dem Holzstuhl sitzt und mit den Bauern in Bastschuhen spricht, sondern das war der russische Europäer, der die materiellen und geistigen Werte der Menschheitsgeschichte vereinen wollte. Heute einen großen Spaziergang unternommen, drei Stunden: Armeetheater, Militärakademie, Tier-Theater für Kinder, Puppenbühne ›Obraszow‹, Majakowski-Denkmal und Puschkin-Denkmal, viel Sehenswertes und voller Traditionen.

Ob es einige der anderen deutschen Hörerinnen und Hörer an der Akademie wahrhaben wollen oder nicht, sie finden sich hier nur schwer zurecht: das Leben zu organisieren, zu kochen, Wäsche zu waschen, Theaterkarten zu organisieren, Einkaufen zu gehen, das alles fällt ihnen nicht leicht. Die Umstellung auf ein anderes Land, das Minimum an Luxus und Komfort, die vollständige Abhängigkeit von sich selbst, das hohe Maß an Selbstständigkeit fordert sie bis aufs Äußerste und scheint ihren Charakter zu verändern. Sie haben bei uns verlernt, mit jeder Situation selbst fertig zu werden, sich selbst zu dienen – deshalb haben sie jetzt für ihr weiteres Leben erst einmal Moskau verdient. Ich bin jeden Tag von dieser Stadt begeistert und fange an, sie zu lieben, umso schmerzlicher ist manches andere. Vielleicht ist es doch etwas Gutes, längere Zeit in einem anderen Land zu leben, man verliert als Erstes den verdammten DDR-Zentrismus und lernt die Welt, ihre Zusammenhänge und ihr Gefüge, aber auch die Mentalität und das Nationale eines anderen Landes aus einer völlig anderen Sicht kennen.

Ich fühle schon jetzt, ich werde reifer und ausgewogener, überlegter und wissender zurückkommen. Der Altweibersommer ist fast über Nacht verschwunden, es wird kalt, regnerisch, und die nasse Kälte zieht bis unter die Haut. Regnet es, stehen die Fußwege unter Wasser, denn es gibt kaum unterirdische Kanalisationen für das Regenwasser, es läuft über Dachrinnen und

Abflussrohre direkt auf die Fußwege. In der Metro ist es durch die vielen Menschen auf engsten Raum unerhört warm, der Schweiß läuft in Strömen, verlässt man die U-Bahn weht ein eisiger Wind. Da hilft nur Sauna und regelmäßig eine eiskalte Dusche. Kurz nach 7 Uhr bin ich aus dem Haus, das ist für Moskau noch sehr früh, die Stadt erwacht gerade, die Straßen und Gehwege werden geputzt, die ersten Omas sammeln sich vor den Geschäften, für sie ist anzustehen offenbar gesellschaftliche Kommunikation. Wo gestern noch ein Gerüst stand, ist heute schon die Fassade neu gestrichen und das Gerüst weggeräumt. Die Fassaden werden fast ausschließlich von jungen Frauen gestrichen. Fast an jedem Haus eine Gedenktafel: hier wohnte der Schriftsteller, der Poet, der Regisseur, der Volkskünstler, der Wissenschaftler usw. Das sind die Momente, wo ich ganz Moskau umarmen könnte. Überall liegen frische Blumen an den Denkmalen, Gedenksteinen und Gedenktafeln. Heute bekam ich einen Brief von meinen Kindern, den ersten seit vielen, vielen Monaten. Ein Allerweltsbrief, der mir weh tut. Ich möchte sie mir aus dem Herzen reißen und kann es doch nicht. Was habe ich nur falsch gemacht, dass ich sie über alles liebe und sie mich nicht, dass ich unendliche Sehnsucht nach ihnen habe und sie keinerlei Sehnsucht nach ihrem Vater haben. Es ist zum Verrücktwerden, Kinder zu haben und doch keine zu haben. Ich war meine Bankscheine umtauschen und machte dabei eine großartige Entdeckung. Es gibt nur ein Land der Welt, wo die Mark der DDR mehr wert ist als die Mark der Bundesrepublik. Für 100 DM der DDR gibt es 32 Rubel, für 100 der BRD nur 29.

Oktober 1982: Gestern war ich im Stanislawski-Theater, das schon vom Äußeren vom Geist dieses Mannes kündet. Schmucklos, einfach und alles auf die Funktion ›des Hauses‹ zielend. Die Inszenierung von ›Porgy and Bess‹ ist das Beste, was ich bisher auf einer sowjetischen Opernbühne gesehen habe. Felsenstein-Theater im besten Sinne des Wortes. Schauspielerisch traumhaft, musikalisch allerdings eine Katastrophe, das war nicht die Musik Gershwins, das war eher Tschaikowski. Der Verantwortliche auf der Beleuchterbrücke muss offensichtlich besoffen gewesen sein, der Einsatz der Scheinwerfer kam regelmäßig zu spät. Heute war ich im Bolschoi zu ›Macbeth‹, traumhaftes, modernes Balletttheater, moderner Bühnentanz mit dramatischen Lösungen, ein Bühnenbild, das den Machtrausch der blutigen Lady zu einem eindrucksvollen Erlebnis werden lässt. Allein die Ballettabende sind es wert, dass ich trotz Widerwillen nach Moskau gefahren bin.

Habe heute vor den sowjetischen Aspiranten der Akademie einen Vortrag zum 33. Jahrestag der Gründung der DDR gehalten und bin danach mit unserem Botschafter Egon Winkelmann, der nach seinem Amtsantritt zum ersten Mal an der Akademie war, vom Rektor Prof. Medwedjew empfangen worden. Ich scheine bei ihm einen Stein im Brett zu haben. Als Leiter der deutschen Delegation habe ich eine Einladung zur Militärparade aus Anlass des Jahrestages der Oktoberrevolution erhalten. Ich stand neben dem Rektor der Akademie und musste etwas Fürchterliches erleben. Breshnew fuhr hinter der Tribüne mit einem übergroßen ›Tschaika‹ vor, zwei Sicherheitsleute hoben ihn aus dem Auto, zogen ihm seinen Mantel an, knöpften ihn zu und setzten ihm seinen Hut auf, dann griffen sie unter seine Achseln und trugen ihn fast die Stufen zur Tribüne hoch, dort an seinem Platz saß unterhalb des Tribünenrandes ein Sicherheitsbeamter auf einem Stuhl und hielt ihn immer – für die Massen auf dem Platz unsichtbar – beidhändig am Rücken fest, dass er nicht ins Wanken geriet. Wenn die Sowjetunion so geleitet wird, wird mir schwarz vor Augen.

November 1982: Gestern rief mich mein Abteilungsleiter Kurt Meyer an, der mich über eine Beratung bei Kurt Hager informierte. Er glaubte fast nicht, was er hören musste: Bei uns hat natürlich jeder das Recht, zu sagen, was ihm an der Kultur gefällt oder nicht gefällt, Kultur ist öffentlich und bedarf der Zustimmung und zuweilen aber auch der Ablehnung, aber die Kulturpolitik wird einzig und allein durch die Partei gemacht, da gibt es Beschlüsse, die fassen wir, und daran haben sich alle zu halten. Ich brauchte nur meine Augen zu schließen und sah unseren Kulturpapst mit seinen weisen Sprüchen vor mir. Beim Mittagessen sagte Hager zu Meyer, er solle die vielen Gespräche, die Aufmerksamkeit und die Feinfühligkeit von Keller fortsetzen, diese Politik würde sich sichtbar auszahlen und wirken. Das hatte er mir nie gesagt.

Heute war die feierliche Beisetzung Breshnews und zugleich der letzte Trauertag im Land. Die letzten Tage waren wie Mühlen, die dir den letzten Zentimeter deiner Seele zermahlen. Nachmittags war ich im Museum ›Kolomenskaja‹, das alte Zarenschloss Peter des I., vollständig aus Holz errichtet, das Katharina wegen dessen Umzugs nach Leningrad zerstören ließ. Geblieben sind so nur wenige Steinbauten, eine alte Klosterkirche des 18./19. Jahrhunderts, darin in jeder Ecke Gruppen von Menschen vor Heiligenbildern, Gesänge und Chöre, verschiedene gleichzeitige Gottesdienste, zwei offene Särge, in denen zwei alte Mütterchen lagen, Klagelieder der anwesenden Familienangehörigen, weinende und schluchzende Menschen, alles wie in alten russischen Filmen.

Der Rektor der Akademie bat mich, in seinem Lehrstuhl für ideologische Fragen eine Vorlesung zu aktuellen Fragen der SED und der DDR zu halten. Anfangs spürte ich die große Distanz der alten Herren Professoren, was da für ein junger DDR-Funktionär kommt und ihnen Neues erzählen will. Aber schnell brach das Eis, zwei Stunden wurde ich nach meinem Vortrag noch ausgefragt und mit viel Beifall verabschiedet. Medwedjew meinte anschließend zu mir, so offen habe an seinem Lehrstuhl noch keiner über die DDR gesprochen.

Delegation der DDR an der Akademie für Gesellschaftswissenschaften beim ZK der KPdSU in der Kunstausstellung in der Moskauer Manege, 1982

Auf dem Programm stand bei mir heute der Besuch der Manege, früher riesiger Pferdestall am Kreml und heute Ausstellungsgebäude. Dort findet eine Ausstellung der bildenden Künstlerinnen und Künstler der Sowjetunion aus Anlass des 60. Jahrestages der Gründung der Union statt. Ich korrigiere alle meine Vorurteile, mit denen ich hierherkam. Neben trivialem, primitivem sozialistischen Realismus sieht man auch großartige Werke aller Genres und das in so großer Auswahl, Vielfalt und mit so vielen unterschiedlichen Handschriften, dass es mir fast die Sprache verschlagen hat.

Dezember 1982: Gestern wollte ich eigentlich zum ›Jungfrauen-Kloster‹ und landete durch mehrere Zufälle am Eingang eines Friedhofes. Das große gusseiserne Tor war geschlossen, ich versuchte mein Glück, die Tür öffnete sich, und ich wollte gerade losmarschieren, als drei Milizionäre auf mich zustürzten. Ich zückte vor Schreck und ohne Kommentar meinen vom ZK der KPdSU ausgestellten Ausweis, sie salutierten und ließen mich passieren.

Da war ich nun dort, wo ich schon lange hin wollte: an den Gräbern von Majakowski und Ostrowski, Oistrach und der Furzewa, der berühmt und berüchtigten Kulturministerin, der Frau von Stalin und der Mutter von Breshnew, an den Gräbern von Bulganin, Mikojan, Soja Kosmodemjanskaja und Chruschtschow und vielen anderen, Wissenschaftlern, Akademikern, Politikern, Künstlern, Generale und Minister, man spürte den historischen Atem, der über den Friedhof wehte. Die Gräber fast alle künstlerisch gestaltet, mit Plastiken, Skulpturen und Monumenten. Leider fand ich nicht die Gräber von Tschechow, Gogol, Tschaikowski und Gorki, da muss ich mich kundig machen. Vorlesungen und Seminare reißen mich nicht vom Stuhl, und ohne überheblich zu sein, muss ich feststellen, dass ihre Qualität nicht besonders ist. Ich bereite mich kaum auf die Seminare vor, lese nur einen Bruchteil der Pflichtliteratur, und keiner merkt es. Damit habe ich den Freifahrtschein für alle meine kulturellen Wünsche, ich weiß jetzt schon, dass die vielen Erlebnisse mich für lange Zeit prägen werden. Vielleicht wird Moskau meine zweite Universität. Gestern war ich in Sagorsk. Die ganze Welt würde nach Sagorsk fahren, wenn es ihnen möglich wäre. Eine Mauer mit Türmen, vergleichbar dem Kreml, umschließt mehrere Kirchen aus vielen Jahrhunderten, die erste wurde 1422/ 23 errichtet. Ich hatte das Glück, mit Fürsprache der Akademie und der Genehmigung des stellvertretenden Staatssekretärs für Kirchenfragen alles das zu besuchen, selbst das, wo sonst kaum ausländische Besucher den Boden betreten dürfen. Solch einen Reichtum an Kunst und Kultur der Menschheitsgeschichte, so viele unterschiedliche Kirchen, eine Unzahl von Ikonen, Holzschnitzerei, wunderbare architektonische Leistungen und Zeugnisse der Religionsgeschichte habe ich in meinem Leben noch nicht gesehen, und ich werde es auch nie mehr sehen können. Die Sammlung von Ikonen seit dem 9. Jahrhundert würde jeden Maler erblassen lassen. Sie der Öffentlichkeit zu erschließen, wäre eine historische Leistung, würde aber unvorstellbare Sicherheitsmaßnahmen erfordern. Die letzte Eintragung im Gästebuch war vom Dezember 1981. Iwan der Schreckliche hat auf dem Gelände zur Erinnerung an seinen erschlagenen Sohn im 17. Jahrhundert eine Kirche erbauen lassen, die Innenausmalung, von der Decke bis zu den Zwiebeltürmen, von 35 Mönchen in drei Monaten geschaffen, sie ist nicht beheizbar und wurde noch kein einziges Mal renoviert.

Heute wieder sechs Stunden Vorlesung, drei Stunden Staat und Recht und drei Stunden Geschichte der KPdSU, ohne starken Kaffee nicht zu überleben. Dann bin ich 3000 Meter gelaufen, habe eine reichliche Stunde Volleyball gespielt, dann unter die Dusche, schnell Abendbrot gegessen und ins Konzert: Beethoven-Abend des Staatlichen Moskauer Philharmonischen Orchesters. Am Pult eine sehr energische und gestrenge Dirigentin. Ein schöner Abend, aber wir kennen unseren Beethoven besser.

Januar 1983: Zum ersten Mal seit langer Zeit eine wirklich interessante Vorlesung zur Geschichte der sowjetisch-amerikanischen Beziehungen, anschließend lief ich 5000 Meter, duschte und ging ins Bolschoi-Theater, ›Anna Karenina‹ mit Maja Plissezkaja in der Hauptrolle, vertont von ihrem Ehemann Schtschedrin. Natürlich kann diese Frau nicht mehr so springen wie eine 20-Jährige, aber was sie an Körpersprache beherrscht, ist faszinierend. Neulich saß sie mit ihrem Ehemann im Bolschoi eine Reihe vor mir. Man hält es nicht für möglich, dass diese Frau schon fast 60 Jahre sein soll. Die Bewegung wie ein Engel, der Hals wie ein Schwan, die Ausstrahlung wie eine Göttin. Ich danke meinem Schicksal, solche Theaterabende erleben zu können. Ich sprach sie an, bekundete meine grenzenlose Bewunderung, sie hörte mir zu und bedankte sich für meine Komplimente mit einem leichten Augenaufschlag.

Am nächsten Morgen: dreistündige Vorlesung des Rektors der Universität Prof. Medwedjew zu aktuellen Fragen der entwickelten sozialistischen Gesellschaft, klug, ausgewogen und kühn, alles frei vorgetragen, nicht einmal einen kleinen Zettel hatte er bei sich. Nach mehr als einem Vierteljahr endlich mal eine Vorlesung, die mich fast vom Stuhl gerissen hat. Ich halte es nicht mehr aus, im Augenblick höre ich eine Vorlesung über die Wissenschaft als Gegenstand des gesellschaftlichen Bewusstseins. Wenn man selbst zu diesem Gegenstand gearbeitet hat, wird man blass vor Staunen und rot vor Wut, wie man den Mut hat, ohne Zettel vor einem Auditorium gebildeter Menschen zu stehen, zu reden und nichts zu sagen. Vielleicht bin ich arrogant, überheblich, aber ich verliere langsam die Nerven, wenn ich mir stundenlang nur Banalitäten anhören muss.

Geliebtes Weib: Wie kann man nur jahrelang getrennt leben, das lässt doch alles absterben. Es bleibt nur eine leise Erinnerung an Aussehen, an Geruch, an die Hände, an die Art zu sprechen und sich zu bewegen, es bleibt nur Erinnerung. Und diese wird fast heilig gesprochen, wie ein Gott angebetet und im Inneren ist fast nichts mehr. Wenn man nicht wirklich gebraucht wird, keine Aufgabe hat und der einzige Gegner die langsam verrinnende Zeit ist, dann ist Trennung eine Höllenqual. Heute rief mich eine junge Frau von der Akademie an, ob ich eine Karte für das Bolschoi wolle. Natürlich konnte ich nicht widerstehen. Auf dem Programm die »Carmen-Suite«, natürlich mit der Plissezkaja in der Hauptrolle, Musik von Bizet und Schtschedrin und die Choreographie vom Ehepartner der kubanischen Primaballerina Alonso. Lateinamerikanisches Feuerwerk von der ersten bis zur letzten Sekunde. Neben mir saß die Schwester der medizinischen Abteilung der Akademie, die mir die Karte angeboten hatte. (PS: Ich schrieb natürlich nicht, dass das Feuer auch nach der Vorstellung noch anhielt.)

Februar 1983: Ich hörte, dass Karl Kayser hier in Moskau war und Verhandlungen geführt hat. Er hat nicht einmal versucht, Kontakt aufzunehmen. Ich muss mich bestimmt sehr beherrschen, dass ich das einmal alles vergesse. Auf meinem Tisch lag heute ein Brief von Arnulf Eichhorn, meinem Abteilungsleiter Kultur. Der Junge weiß leider noch nicht, wann und wo er bellen und beißen und wann und wo er den Schweif einzuziehen und nur treu zu gucken hat. Jede Schwäche wird doch gleich ausgenutzt. Aber dieses Lehrgeld musste ich in diesem Alter auch zahlen, er hat mein Vertrauen, ich werde Geduld haben und ihm helfen müssen. Gut ist, dass er mir wenigstens geschrieben hat, wer sich wieder einmal in kulturelle Prozesse eingemischt hat. Ich weiß damit, woher der Wind weht.

Gestern haben wir die Lenin-Bibliothek besucht. Sie hat viermal so viel Bücher im Bestand wie die Deutsche Bücherei. Im alphabetischen Katalog fand ich auch zwei Bücher von einem gewissen Dietmar Keller. Ich war stolz wie ein Spanier. Zum ersten Mal in meinem Leben war ich zu einem Konzert der ›Puhdys‹. 10 000 Besucher im Lushniki-Sportpalast, die relativ schnell ›angemacht‹ wurden, unerhörte Lautstärke, Show-Einlagen und Lichteffekte, aber natürlich gute Musik. Vielleicht bin ich schon ein paar Jahre zu alt dafür, manches kommt mir vor wie das sozialistische ›Abladen‹ von gestauten Aggressionen und psychonervalen Verhaltensstörungen, wenn ich das Publikum beobachte, was sie im Eisstadion nicht dürfen, entlädt sich in der Musikshow. Gut, ich weiß, dass ich ungerecht bin und falschen und vorschnellen Urteilen unterliege.

Soeben habe ich einen Brief an die Ehefrau von Karl Krug geschrieben, es ist kein Beileidsbrief, sondern eher ein Brief großer Verehrung. Uns trennten in den siebziger Jahren nur 14 Stufen in der Leipziger Ferdinand-Rhode-Straße 14, ich wohnte genau eine Etage über ihm. Uns trennten auch vierzig Lebensjahre, als ich ihn zum ersten Mal in unserem Haus begegnete, ein grummelnder, schöner alter Herr, mit dem ich zunächst nichts anzufangen wusste. Erst später begriff ich, dass uns vieles trennte und doch auch einte. Er war einer der großen Leipziger Maler und Grafiker seiner Zeit, ich ein neugieriger, manchmal ungestümer, aber lernfähiger junger Mann. Erst als mich später berufliche Pflicht in die Hochschule führte, begriff ich ein wenig von seiner herben Art und genoss sein verschmitztes Lächeln, seine mir entgegengebrachte Achtung, für die ich mich reichlich revanchierte. Ich habe ihn gemocht, obwohl er manchmal ein skurriler Typ war, unberechenbar, launisch und glückselig wie ein Kind, wenn die Aufmerksamkeit nur ihm galt. Ich möchte nicht 80 Jahre alt werden, sollte ich es trotzdem werden, dann wünsche ich mir die Wachheit seiner Augen und seiner Person.

Ich weiß, liebe Gisela, Du bist ein motorischer Typ, und ich habe mehr als zwei Jahre gebraucht, um Dich etwas zu zügeln, aber lass Dir einfach sagen, unsere Körner werden nicht mehr, sondern weniger, und wir sollten sie behandeln wie goldene Körner, damit sie reichen, solange wir sie gemeinsam brauchen. Es ist nicht Besserwisserei, das mich zwingt, Dir das zum wiederholten Male zu sagen. Es ist die Angst, dass Deine Kraft nicht reicht, um all das zu machen, was noch zu machen ist.

Wir fahren seit Mitternacht mit dem ›Roten Pfeil‹, der traditionell zwischen Moskau und Leningrad verkehrt. Wir tranken Wodka mit und ohne Tee, schliefen ein wenig und blickten auf weites, unbewohntes Land, Felder und Wälder, ab und zu kleine ältere Holzbauten, das alles lässt uns russische Schwermut und Traurigkeit, Einsamkeit und Armut des dörflichen Lebens, wie es Schukschin beschreibt, besser verstehen. Je weiter wir nach Leningrad kommen, desto mehr lässt die Schneedecke nach, die Zivilisation hat ihre Spuren hinterlassen, riesige Betonbauten und im Umfeld ein Übermaß an Sekundärrohstoffen, Müll, Gebautes und Liegengelassenes, es macht mich traurig, und am liebsten würde ich aussteigen, Leute organisieren, die auf dem Weg in die Weltstadt Leningrad Ordnung schaffen.

Traditionell wird der ›Rote Pfeil‹ aus Moskau kommend auf dem Bahnhof mit dem ersten Satz der Leningrader Sinfonie von Schostakowitsch begrüßt, ich denke an die Leiden dieser Stadt im Krieg. Die mit dem Winterpalast architektonisch verbundene Eremitage ist das größte Museum des Landes, zweieinhalb Millionen Kunstwerke, würde man jedes nur eine Minute betrachten wollen, brauchte man dafür sieben Jahre ohne Unterbrechung. Wir haben nicht einmal zwei Stunden Zeit, gehen in sieben Minuten an 25 Bildern von Rembrandt vorbei, barbarisch. Leningrad ist das Florenz und Venedig Osteuropas.

Der Rektor der Leningrader Parteihochschule empfängt uns. Ein Mann in den späteren mittleren Jahren, das Feuerzeug nie aus der Hand legend, ein Kettenraucher, er erzählt uns einen Witz über Hanna Wolf, seiner Berliner Partnerin, sprach dreimal so viel über Peter I. als über Lenin, schoss als Provinzler alle möglichen Pfeile gegen die Hauptstadt, ›Wiege‹ gegen ›Herz‹ der Revolution. Die Schüler seiner Parteihochschule hören über zwanzig Stunden Rhetorik und noch einmal zwanzig Stunden über Psychologie in der Parteiarbeit. Das muss noch nichts besagen, aber von Interesse sind die Themen.

Der Sitz des Rektors ist der Taurische Palast, ehemalige Residenz des Fürsten Potjomkin, des Favoriten von Katharina der II. Und jedes Mal muss ich denken, was bleibt von uns einmal übrig, wo sind die Bauten des Sozialismus, die in zwei Jahrhunderten noch Bestand haben werden. Abfahrt nach Pawlowsk. Hier befindet sich das Winterpalais des Großfürsten Paul I., des einzigen Sohnes von Katharina II., der dumm, aber herrschsüchtig und deshalb besonders gefährlich war. Seine Offiziere rächten sich auf einfache Weise: Sie erdrosselten ihn. Das Winterpalais ist eine erlesene Sammlung von europäischen Kunstwerken, Malerei und Plastik, Möbel aus Frankreich, England und Russland, Geschenke der europäischen Königsfamilien an den Zarenhof. Beeindruckend, was Menschen schaffen können. Vor der Belagerung Leningrads wurden fast alle Kunstschätze gesichert, so blieben sie der Menschheit erhalten. Das eigentliche Erlebnis aber war, als wir sehen mussten, wie das Winterpalais nach der Belagerung durch die Deutschen aussah. Es war im Prinzip nur eine Ruine übriggeblieben. Das Berliner Schloss war im Vergleich dazu in einem beglückenden Zustand. Noch aus den Wunden des Krieges blutend, selbst die primitivsten Bedürfnisse der Bevölkerung noch nicht befriedigend, erhielten die besten Restauratoren, Maler und Architekten des Landes den Auftrag, das Winterpalais wieder im Originalzustand herzurichten. Eine unvorstellbare Leistung. Nichts erinnert heute mehr daran, dass vor 40 Jahren die deutschen Faschisten aus diesem Schloss eine Ruine gemacht hatten.

Wir haben immer so laut gesagt: Von der Sowjetunion lernen, heißt siegen lernen. Hätten wir es nur gründlich gemacht, wir hätten der Menschheit vieles erhalten können. Die Isaak-Kathedrale, die ehemalige Hauptkirche von Sankt-Petersburg, ist der viertgrößte Kuppelbau Europas. 14000 Menschen haben in ihr Platz, die bemalte Kuppel umfasst 800 Quadratmeter, unterhalb der Kuppel noch einmal vier 250 Quadratmeter große Wandgemälde. Das ist aber erst ein Drittel der Höhe der Kathedrale, Malerei, Holzschnitzereien, Altare, Mosaikarbeiten, Skulpturen, Marmor und Ikonen, meine Sprache und mein Verstand reichen nicht aus, es zu beschreiben, es ist wie aus einer anderen Welt. In der Peter-und-Paul-Festung, wo sich die eigentliche Stadtgründung vollzog, befinden sich die Sarkophage aller bedeutenden Zaren, also auch der von Peter I., immer mit einem Meer frischer Blumen geschmückt. (Dass ansonsten in der Sowjetunion viele Kirchen geschändet und missbraucht worden waren, wusste ich zu diesem Zeitpunkt noch nicht. Kurze Zeit später erfuhr ich, dass in der Kathedrale von Tallinn große Teile der nationalen Intelligenz erschossen worden waren.)

März 1983: Heute drei Vorlesungen zu Karl Marx, ein Glück, dass der große Meister das selbst nicht miterleben musste. Ich bekam vom Bezirksvorstand der Schriftsteller zum Geburtstag ein Telegramm mit den besten Grüßen und dem Schlusssatz: Wir erwarten mit Ungeduld deine Rückkehr. Natürlich habe ich mich darüber sehr gefreut.

April 1983: Heute habe ich im Bolschoi Verdis ›Maskenball‹ gesehen, wieder eine beeindruckende Inszenierung, mit guten Stimmen und viel Schauwert. Zum ersten Mal erlebte ich in Moskau, dass das Orchester Ovationen erhielt, die Musik Verdis mit ihrem Schmerz und ihrer Sehnsucht scheint den Russen auf den Leib geschneidert zu sein. Die Roman-Trilogie von Ilja Ehrenburg, die ich fast nur nachts gelesen habe, hat mich tief betroffen gemacht. Welcher Schmerz, ertragene Beleidigungen und wie viele Demütigungen, welche Sehnsucht spricht aus seinen Zeilen. Warum ist es nur so schwer, eine ›vernünftige Revolution‹ zu machen.

Du fragst mich, warum der Leipziger Historiker Klaus Kinner schon so jung zum Ordentlichen Professor berufen worden ist. Ja, er ist hochintelligent, und es scheint manchmal, dass er das andere spüren lässt. Er war Karl-Marx-Stipendiat und glaubte, ihm stehe sofort die Welt offen. Ich überzeugte ihn, dass er erst einmal hauptamtlicher FDJ-Sekretär der Kreisleitung an der Universität werden sollte. Dann wollte er sofort an die Sektion Geschichte, ich sorgte dafür, dass er erst einmal an der Sektion Grundlagenstudium lehrt, lernt, mühevolle Alltagsarbeit zu leisten. Er schrieb eine Promotion A, die ein Gutachter sofort als Promotion B anerkennen wollte. Ich gab der Promotionskommission zu bedenken, dass er dafür vielleicht noch zu jung sei, half ihm aber, dass er eine Teilaspirantur an der Akademie für Gesellschaftswissenschaften in Berlin bekam. Dort schrieb er seine Promotion B, die sofort im Akademieverlag veröffentlicht wurde. Er hat sich seine Berufung also redlich verdient und die kleinen Umwege haben ihn charakterlich stärker gemacht. Ich freue mich, dass er seinen Weg gehen wird.

Natürlich frage ich mich heute, woher ich eigentlich mir das Recht nahm, so in sein Leben einzugreifen.

Gestern war eine Arbeitsgruppe vom Zentralkomitee der SED aus Berlin zur Überprüfung unserer Arbeit hier in Moskau. Sie haben uns eine glänzende Beurteilung gegeben. Ich bin froh darüber, weil es meine Arbeit bestätigt. Für mich erwächst daraus die Schlussfolgerung, niemals auf den eigenen Standpunkt, die eigene Meinung zu verzichten, in jede Auseinandersetzung mit erhobenem Haupt zu gehen. Natürlich ist die Gefahr eines Kopfschusses sehr groß, aber es ist besser, stehend zu fallen, als kriechend zu verenden. Meine Mitstreiter haben sich bei mir bedankt, dass ich in den Auseinandersetzungen immer hart und konsequent, aber auch sehr verständnisvoll gewesen bin.

Ein Wermutstropfen blieb: Ein Mitarbeiter der Arbeitsgruppe sagte fast im Vorbeigehen: Wir freuen uns, dich bald in Berlin begrüßen zu können. Können sie mich nicht endlich in Ruhe lassen? Die kommende Woche wird eine wunderbare Theaterwoche: ›Maria Stuart‹ im Moskauer Künstlerischen Theater, im Theater an der Tanganka Bulgakows ›Der Meister und Margarita‹, im Musikalischen Theater ›Stanislawski‹ das Ballett ›Stepan Rasin‹ und im Bolschoi das Ballett ›Romeo und Julia‹.

Mai 1983: Heute habe ich an der Lomonossow-Universität eine zweistündige Vorlesung zu aktuellen Fragen der Entwicklung in der DDR gehalten, ich habe wie immer frei gesprochen, und sie haben mir anschließend zwei Stunden Löcher in den Bauch gefragt. Die russischen Germanististudenten und die deutschen Studenten an der Universität sind geradezu schimmerlos davon, was in unserem Land wirklich passiert, vielen merkt man an, dass sie seit Jahren das Moskauer Studentenleben genossen haben, was ich ihnen auch von Herzen gönne, aber ab und zu eine deutsche Zeitschrift, ein Blick ins Leben und in einen Gegenwartsroman würde ihnen ganz guttun.

Ein Tag liegt hinter mir, den ich mein Leben nicht vergessen werde und der an meine innere Substanz gegangen ist. Am Tag der Befreiung, nach langer

Busfahrt an herrlichen Feldern, Wiesen und Wäldern vorbei, nahmen wir an einem Meeting auf freiem Feld teil, wo einst 3000 sowjetische Unteroffiziers-schüler gegen 10 000 Deutsche gekämpft hatten. Nur 250 Unteroffiziersschü-ler überlebten. Es war bedrückend, aber die herzliche Gastfreundschaft ließ uns das leider etwas zu schnell vergessen. Wir wurden zu einem wunderbaren Bankett eingeladen und tranken nach russischer Sitte. Das Glas erheben kann nur, wer einen Trinkspruch ausspricht. Zwei haben sich mir besonders einge-prägt: Ein Mann geht in einem fremden Ort über den Friedhof und sieht auf den Grabsteinen das wahrscheinliche Alter der Verstorbenen: zwei Jahre, drei Jahre, das höchste Lebensalter schien zehn Jahre zu sein. Er fragt einen Ein-heimischen, warum sterben bei euch viele so jung oder begrabt ihr die Alten nicht? Der Einheimische sagte ihm, dass bei ihnen nicht das Lebensalter, son-dern die Summe der glücklichen Jahre auf dem Grabstein steht. Lasst uns also darauf trinken, das auf unseren Grabsteinen… Zwei Freunde treiben einen Schafsbock in die nächste Stadt. Sie werden von Stürmen und wolkenbruchar-tigem Regen überrascht, verirren sich, hungern und dürsten, und entscheiden sich, ihren Bock zu schlachten. Es ist schon dunkel, der eine hält den Bock bei den Hörnern, der andere nimmt einen Steinbrocken und schlägt zu – der Bock steht. Das wiederholt sich. Sagt der eine, wenn du jetzt wieder nicht den Kopf des Bocks, sondern meinen triffst, kann ich die Hörner des Bocks nicht länger halten. Trinken wir darauf, dass unsere Freundschaft… Ich weiß nicht, ob die-se Trinksprüche reiner Zufall waren oder ob die Gastgeber sich dabei etwas gedacht hatten. Wir gingen etwas laut zu unserem Bus zurück. Am Bus stand ein altes Mütterchen, ganz in Schwarz gekleidet, und weinte: Was seid ihr Deutschen nur für komische Menschen, ich habe im Krieg meine sechs Söh-ne verloren und ihr, ihr feiert hier. Das hatte gesessen.

Auf der Rückfahrt im Bus im Radio Moskau zwischen 18 und 19:30 Uhr neunzig Minuten die Glockenklänge der größten Kirchen aller großen sowje-tischen Städte und dann nur die Zahl der Toten dieser Städte. Nach zehn Mi-nuten kommen dir die Tränen, am Ende der Sendung hast du fast den Ver-stand verloren. Wir verstehen, warum man uns am Tag der Befreiung weit von Moskau weggefahren hat, die Emotionen dieser Stadt sind an diesem Tag zum Überkochen.

Bin heute zum Moskauer Tiermarkt. Kurz vor diesem war eine kleine Bier-bar. Eine Seltenheit in Moskau. Das Bier ohne Schaum und grauenvoll, aber dazu heiße Krevetten und zarter Hering, du musst alles ohne Besteck essen, das Fett läuft dir bis zu den Knöcheln, natürlich keine Servietten, du löst das Problem mit russischem Brot. Der Tiermarkt verzaubert dich und du vergisst dabei, dass Tiere zu züchten und zu verkaufen in Moskau ein hartes Geschäft des Überlebens ist. Auf dem Rückweg eine alte Kirche, eine riesige Schlange davor, etwa 200 Meter in Dreier- und Viererreihe, vor allem ältere Frauen, die Osterbrot gebacken hatten, dass sie in weißes Leinen hüllten, dazu etwas Obst und eine Kerze, die sie in der Kirche segnen lassen wollten. Sie schritten durch die Kirche, bekreuzigten sich ein Dutzend Mal, küssten die heiligen Sakramente und spendeten Geld. Ich bekam an diesem Tag etwas von der wirklichen Religiösität des russischen Volkes mit.

Zwei Stunden Flug von Moskau in die Hafenstadt Cherson im Süden der Ukraine. Die Stadt hat unverkennbare südeuropäische Einflüsse, ist eine grüne Oase. Auf jeden Stadtbewohner kommen 60 Quadratmeter Wald und Grünfläche. Vor Beginn des Zweiten Weltkrieges wohnten hier 200 000 Einwohner, am Ende waren es nur noch 200, alle anderen ermordet, gefallen oder vertrieben, Soldaten wie Zivilisten, Frauen wie Kinder. In solchen Situationen laufe ich Gefahr, meinen Verstand zu verlieren. Die Stadt atmet einen Hauch von Hafenstadt, hier entladen Schiffe aus etwas fünfzig Ländern, man sieht es der Stadt, aber leider auch den Frauen ein wenig an. Im größten Baumwollkombinat der Sowjetunion arbeiten 18 000 Menschen, davon fast zwei Drittel Frauen. Zum Kombinat gehören eine Poliklinik für medizinische Betreuung, eine im Bau befindliche Kinderklinik, ein Entbindungsheim, eine Pension für 500 schwangere Frauen bzw. Mütter mit Kleinkindern, ein Prophylaktorium, Kulturpalast, Club junger Techniker, vier Abendschulen, eine Industriehochschule, zwei Berufsschulen, ein Pionierkinderferienlager mit 600 Plätzen, ein Sport- und Schwimmstadion. Das Resultat: kaum Fluktuation der Arbeitskräfte, niedriger Krankenstand und hohe Planerfüllung. Natürlich ein Vorzeigeobjekt, aber schön, wenn man solche hat.

Am gleichen Tag Gast der Schiffbauvereinigung: 16 000 Beschäftigte. Die Produktionsskala reicht vom Containerschiff bis zum Handelsschiff, vom Eisbrecher bis zum Forschungsschiff. Noch nie war ich in solch einem Betrieb, wo ich so viel Roheisen im Lager gesehen habe. Der Direktor, ein Recke an Erfahrung und Selbstsicherheit, der jeden Minister in die Tasche stecken würde, empfängt uns mit liebenswerter Freundlichkeit. 14 Kinderkombinationen, zwei Oberschulen, Lehrlingsberufsschule, Basisfachschule für Schiffsbauer, eigenes Wohnviertel, ein Sportstadion mit großer freitragender Halle, die meinen Idealvorstellungen einer Mehrzweckhalle entspricht, Kindergärten, wo alle Kinder auch musisch gebildet werden. Das ist ein Stück Zukunft, für das ich nur in poetischen Worten Erklärungen finden kann. Hinzu kommt ein Erholungsheim am Schwarzen Meer mit einer Kapazität für tausend Betriebsangehörige.

Nachmittags ein Kolchos wie aus einem utopischen Film: Kulturpalast, Schwimmstadion, Pionier- und Freizeitpark, drei Turnhallen. Es ist wie ein Vorgriff in ein neues Jahrtausend, ein Vorgriff in eine Zeit, die bei mir nur in den Träumen existiert. Dieser Kolchos besitzt eine eigene Musikschule, ich wünschte mir, jeder Kreis unseres Bezirkes hätte etwas Vergleichbares aufzuweisen. Kinder und Jugendliche spielten Werke von Bach bis Schostakowitsch, einfach hervorragend. Natürlich sehen wir nur das Beste vom Besten, aber wenn das unser erklärtes Ziel für alle Menschen ist, wenn das ein Stück realer Sozialismus ist, dann mein ganzes Herz und mein Verstand für solch einen Sozialismus. Abends sind wir Gast in der größten Cognac- und Weinsowchose in der Sowjetunion. Hier lagern Eichenfässer mit Cognac zehn Jahre, sie verlieren 38 Prozent ihres Inhaltes durch Verdunstung. Das heißt doch nichts anderes, zehn Minuten Aufenthalt in diesem Keller mit über 500 Riesenfässern, und du denkst, du hättest den ganzen Tag in Cognac gebadet. Solch einen Cognac habe ich in meinem Leben noch nicht getrunken. Ich brauchte alle Überredungskünste, meine Delegation wieder aus dem Keller zu bringen, aber kaum sind wir am Bus, kommen die Gastgeber mit Flaschen und Gläsern, es wäre bei ihnen halt so Sitte. Und das alles ohne Abendbrot.

Die ukrainische Gastfreundschaft ist nicht zu überbieten, heute Picknick in einem Wald. Picknick ist eigentlich der falsche Begriff, es war ein Bankett. Und je mehr die Gastgeber tranken, desto lustiger wurden sie. Wir hatten inzwischen gelernt, die Gläser über die Schulter auszuleeren. Und trotzdem konnten wir kaum noch stehen. Sie fuhren mit uns ins Hotel, im Kofferraum der ›Wolga‹ alles das, was zwanzig Menschen zum Feiern brauchen. Es wird Zeit, nach Moskau zurückzukehren.

Langsam gewöhne ich mich wieder an die Tristesse von Moskau. Wenn man aus dem herrlichen ukrainischen Süden kommt, wo es keine Hektik und Betriebsamkeit, kein lautes Wort und Schimpfen, kein Drängeln und keine Gleichgültigkeit gibt, ist das Eingewöhnen gar nicht so einfach. Ich hatte heute einen großen Auftritt vor 180 Ersten Sekretären von Rayon- und Gebietsleitungen der KPdSU, die zu einem 14-tägigen Lehrgang an der Akademie weilten. Natürlich war ich etwas aufgeregt, aber wieder bekam ich viel Beifall, und ich weiß gar nicht mehr, wer mir alles auf die Schulter geklopft hat. Es ist schön zu wissen, dass man nicht verblödet.

Das war wieder ein Tag, wie er im Buche steht. Mit dem Bus an ein Strandbad im Westen Moskaus, ganz in der Nähe der olympischen Regattastrecke. Der bleiche Körper sehnte sich nach Sonne, die es heute bei strahlend blauem Himmel besonders gut meinte. Jetzt sehe ich aus wie eine überbrühte Krevette. Nichts beschreibt die Atmosphäre besser als die Altberliner Badebilder von Heinrich Zille. Ich schämte mich fast, schlank zu sein, die Frauen trugen hemmungslos und unabhängig vom Gewicht oder Alter Bikini, oder, wenn nicht vorhanden, Büstenhalter und Schlüpfer. Selbst ältere Herren spazierten stolz mit Unterhose und offenem Schlitz sowie Sonnenhut zwischen den lagernden Massen umher.

Und wieder eine wunderbare Reise ins Land, unsere letzte. Sie beginnt, wie sie eigentlich enden müsste: Abfahrt aus Moskau im Estonia-Express, herrliche Landschaft bis nach Kalinin, unverbrauchte und unberührte Natur im Maienschmuck, die Endlosigkeit der Wiesen kaum zu beschreiben, auf einer tollte sogar ein junger Elch. Mir war so, als müsste ich eigentlich die Notbremse ziehen, aussteigen und den Rest zu Fuß zurücklegen. Später gingen wir in den Speisewagen, und uns überkam eine unwahrscheinliche Lust nach Cognac. 100 Gramm grusinischer Cognac, Sonnenuntergang, dämmernde Natur – man glaubt es kaum, wie viele Gläser man trinken kann.

Frühmorgens Ankunft in Tallinn. Eine Mischung aus Greifswald, Rostock und Wismar, also typisch alte Hansestadt, und Weimar, Wernigerode und Quedlinburg, eine Altstadt, die im Umfeld der Olympischen Spiele komplex restauriert wurde. Tallinn ist eigentlich gar keine richtige russische Stadt, vieles verweist auf die unmittelbare finnische Nachbarschaft. Interessante architektonische Lösungen deuten darauf hin, dass hier den Architekten offensichtlich keine Fesseln angelegt werden.

Am nächsten Morgen mit dem Autobus in die Universitätsstadt Tartu, hin und zurück nur knapp 500 Kilometer. Die Universität ist der Stolz der Esten, es ist ihre einzige Universität, 351 Jahre alt. Hier studierten Georg Dehio, Nicolai Hartmann und nicht zuletzt Wilhelm Ostwald sowie Jakob Johann von Uexküll, der Wegbereiter der Ökologie. So schloss sich für mich nach einem dreiviertel Jahr der Bogen nach Leipzig. Die Reise nach Tallinn endete so, wie sie begann. Der grusinische Cognac schmeckte auch in Richtung Moskau.

Jetzt beginnen die endlosen Tage von Abschlussveranstaltungen an allen Lehrstühlen, Verabschiedung von den anderen Länderdelegationen, Besuche an der Universität und anderen Akademien, Kisten packen und Schriftkram. Wir brauchten für diesen ganzen Unsinn vier Wochen.«

PS: Um der Wahrheit die Ehre zu geben, muss ich noch über zwei Sachen sprechen, die mir damals aus moralischen und aus politischen Gründen nicht berichtenswert waren. Ich hatte in der Grundschule vier Jahre, in der Oberschule vier Jahre und an der Universität zwei Jahre Russisch. Hinzu kam vor der Abreise nach Moskau ein dreimonatiger Intensivkurs – aber russisch sprechen konnte ich nicht. Ich lernte es auf die schönste Art. Die jungen Damen der medizinischen Abteilung der Akademie hatten alle unsere Daten. Und so kam es, dass mitunter jemand anrief, den man nicht kannte, deren Stimme aber Verlockung war. Sie kannten mich aus den Unterlagen, ich hatte die Damen noch nie gesehen. Am Telefon helfen keine Augen und keine Hände, da muss man so lange nachfragen, bis man verstanden hat, um was es geht. Und dann kam der nächste Schritt. Man traf sich, um die Konversation fortzusetzen. Immer waren es verheiratete Frauen, ihre Ehemänner waren Offiziere oder Diplomaten, die monatelang nicht zu Hause waren. Die Frauen wussten, was sie wollten, und mitunter war ich ein freudvoller Gast. In diesen Gesprächen habe ich mehr Russisch gelernt als in all den Jahren mühsamer Paukerei vorher.

Ich gestehe heute auch ein zweites Geheimnis, obwohl ich mich verpflichtet hatte, darüber nie zu sprechen. Nach meinem Vortrag vor den Sekretären der Rayonkomitees der KPdSU nahm mich der Rektor der Akademie Wadim Medwedjew mit in sein Arbeitszimmer. Er hatte scheinbar hundert Fragen, doch kaum hatte er mit der zweiten begonnen, wurde er in den Kreml gerufen. Er nahm mich mit, wir könnten uns doch auch im Auto weiter unterhalten. So geschah es, und so landete ich mit ihm im Kreml, wir durchschritten unendliche Korridore, passierten Dutzende Tschekisten und landeten in einem Zimmer, wo ein Mitarbeiter auf ihn wartete und ihm ein halbes Dutzend Unterschriftsmappen vorlegte. Ich saß da, diszipliniert, wartete und schaute über die goldenen Kuppel des Kreml. Plötzlich ging die Tür auf, zwei Tschekisten betraten den Raum und das Mitglied des Politbüros, Gorbatschow, folgte ihnen nach kurzer Zeit, umarmte Medwedjew, und sie begannen ein leises Gespräch. So gut wie ich erzogen war, stand ich auf und zog mich ans andere Ende des Raumes diskret zurück. Das war er also, der sowjetische Messias, von dem an der Akademie alle schwärmten. Die Hoffnung der Sowjetunion und der ganzen sozialistischen Welt, von dem so viel Licht und Erwartung ausgestrahlt werden sollte. Was ich mir damals natürlich noch nicht im Traum vorstellen konnte, war, dass dieser russische Bauernsohn einmal den Sozialismus abschaffen würde, von dem wir irrtümlicherweise noch glaubten, dass er einer ist, dass er die sozialistische Diktatur aufbrach, wo wir glaubten, sie reformieren zu können, dass er eine Weltmacht gewaltlos demontierte, wo wir noch glaubten, sie besser machen zu können.

Nach etwa 15 Minuten kamen beide auf mich zu, Medwedjew erzählte Gorbatschow, dass ich gerade einen wunderbaren Vortrag vor sowjetischen Parteisekretären über die Lage in der DDR gehalten hatte. Gorbatschow drehte sich zur Tür, erbat einen Dolmetscher, der sofort erschien, als hätte er vor der Tür gewartet und begann mit einem Stakkato von Fragen: Was denken die alten Kommunisten, wo stehen die bewährten Antifaschisten, wie ist die Lage in der Intelligenz, wie seht ihr die Deutschlandpolitik der KPdSU? Ist Honecker anerkannt und beliebt, der richtige Mann am richtigen Platz? Ich hatte einen trockenen Mund und rote Ohren über die Direktheit der Fragen, beantwortete sie, so gut ich konnte und wollte. Ich weiß nicht, ob es zehn, 20 oder 30 Minuten waren, die Tür wurde geöffnet und eine Reihe von älteren Herren sprach auf Gorbatschow ein, dass er einen dringenden Termin habe. Gorbatschow verabschiedete sich schnell mit Handschlag, mit einem bewundernswert freundlichen und entspanntem Gesicht und verschwand inmitten des

Pulkes. Medwedjew zu mir: Lieber Freund und Genosse Keller, dieses Gespräch hat nie stattgefunden, verstehen Sie mich richtig: Dieses Gespräch hat nie stattgefunden. Jawohl, Genosse Rektor, ich weiß nicht, wovon Sie reden, ich hatte gar kein Gespräch, als ich auf Sie wartete. Wir beide mussten herzlich lachen.

In Berlin läuft die Uhr anders

Zurück in Leipzig – es war schön, wieder zu Hause zu sein, obwohl ich Moskau nie mehr aus meinem Herzen verlieren werde. Der Berliner Kelch war an mir zunächst vorbeigegangen. Horst Schumann hatte zweimal in Berlin interveniert und durchgesetzt, dass ich in meine alte Funktion zurückkehren konnte. Doch ich ahnte es, es war nur ein Aufenthalt auf Zeit. Kaum hatte ich mich wieder eingelebt, Hunderte Seiten von Beschlüssen, Dokumenten und Materialien, unzählige persönliche Briefe der letzten Wochen studiert, Dutzende persönliche Gespräche mit den wichtigsten Vertretern des Leipziger Geisteslebens geführt, fiel die Entscheidung. Das Sekretariat des ZK der SED hatte zwar noch im Dezember 1983 meine erneute Kandidatur als Sekretär der Bezirksleitung beschlossen, aber nicht einmal drei Monate später entschied es meinen Einsatz als Stellvertreter des Ministers für Kultur in Berlin mit Wirkung vom 1. April 1984. Kein bitterböser Aprilscherz, sondern harte Realität.

In Vorbereitung auf meinen zukünftigen Arbeitsplatz fuhr ich zu einem Gespräch mit dem Minister für Kultur Hans-Joachim Hoffmann nach Berlin. Auf ihn freute ich mich, ich mochte ihn und glaubte, er mich auch. Aber er machte im Gespräch einen sehr trockenen und nicht gerade interessierten, geschweige denn freudigen Eindruck. Seinen Missmut wollte und konnte er nicht verbergen, die Augen flackerten, und die Mundwinkel hingen nach unten. Nach einigen wortreichen Belanglosigkeiten ließ er mich wissen, dass der zu erwartende letzliche Einsatzbeschluss ohne seine Kenntnis vorbereitet und damit auch ohne seine Zustimmung erfolgen würde. Das passte ihm alles nicht, und ich hatte auch ein wenig Verständnis für ihn. Er hatte offensichtlich mit Wilfried Maaß, den ich beerben sollte und der 18 Jahre Stellvertreter des Kulturministers war, davon 13 Jahre bei ihm, gut zusammengearbeitet. Nach seiner Verabschiedung wurde Maaß Bundessekretär des Kulturbundes und war mit seinen vielfältigen Erfahrungen der kulturellen Arbeit in einem wichtigen Bereich weiter politisch verpflichtet.

Erst am Ende des Gesprächs wurde mir klar, warum Hoffmann mauerte, er hielt mich in Leipzig für wichtiger als in Berlin und wusste, dass man als selbstständiger Kopf in der Zentrale schnell verheizt wurde. Drei Hinweise gab er mir mit auf meinen Weg. Erstens: In Leipzig konntest du im Prinzip fast alles entscheiden, was du für richtig hieltest, und du musstest zum Schluss kaum dafür die Verantwortung übernehmen, in Berlin kannst du nichts mehr entscheiden, bist aber für alles verantwortlich. Zweitens: In Berlin wird scharf geschossen, die Kugeln treffen dich in der Regel im Rücken, wenn du noch Zeit hast, dich umzudrehen, lächeln dich alle unschuldig und freundlich und bedauernd an. Drittens: Das Telefon in deinem Arbeitszimmer dient deiner Sekretärin, oder, wenn du deiner Frau mitteilen musst, dass es wie üblich später wird. Die persönlichen Gespräche mit Künstlerinnen und Künstlern solltest du in der Regel beim Spazierengehen führen, die frische Luft tut allen Beteiligten gut. Und vergiss nie: Ich kann dir nur helfen, wenn du mir blind vertraust und mich über alles Wichtige beizeiten informierst.

So begann ich in Berlin meine Arbeit, die mir trotz der vielen Vorwarnungen zunächst viel Spaß bereiten sollte, mich aber zugleich nach und nach verdammt dünnhäutig machte. Den Mitarbeiterstab meines Vorgängers übernahm ich komplett, gegenseitiges Vertrauen und vorurteilsfreies Kennenlernen in der Arbeit waren mir wichtig. Allerdings wurde meine Sekretärin bald ausgetauscht. Die schöne, schwarzhaarige und blutjunge Claudia kam durch Entscheidung des Kaderleiters des Ministeriums zu mir ins Vorzimmer, ihr Bruder hatte gerade illegal das Land verlassen – natürlich wusste ich sofort, was das für sie und für mich bedeutete.

Dann machte ich jedoch eine Dummheit. Ich holte mir einen persönlichen Mitarbeiter, den ich in Budapest kennengelernt hatte und der dort als Kulturattaché in der Botschaft der DDR tätig gewesen war; während eines Arbeitsbesuchs in Budapest hatte er bei mir einen guten Eindruck hinterlassen. Er arbeitete, was ich nicht ahnen konnte, für die gleiche Firma wie meine Sekretärin. Alle meine künftigen Besuche in der Ständigen Vertretung der Bundesrepublik in Berlin, meine Gespräche mit Botschaftern, vor allem Frankreichs und Österreichs, meine Gespräche mit westdeutschen Journalisten und Künstlern sowie aus dem westlichen Ausland und Teile des Post- und Briefeingangs, nicht nur im Ministerium, wurden zu einem großen Teil in meiner Kartei des mich »schützenden« Ministeriums sorgfältig notiert und registriert.

Zu meinem Verantwortungsbereich gehörten in erster Linie die künstlerischen Hoch- und Fachschulen des Landes: die Hochschulen für Musik in Berlin, Leipzig, Dresden und Weimar, die Theater-Hochschulen in Berlin und Leipzig, die Hochschule für Film und Fernsehen in Potsdam-Babelsberg, die Hochschulen für bildende und angewandte Kunst in Berlin, Leipzig, Dresden und Halle, das Literaturinstitut in Leipzig, die Ballettschulen in Dresden, Leipzig und Berlin, die Fachschulen für Bibliothekswesen, für Buchhandel, für Museumskunde und für Archivwesen mit insgesamt 7 500 Direktstudenten.

Wir waren insgesamt sehr gut aufgestellt. So studierten an den vier Hochschulen für bildende und angewandte Kunst 720 Studenten, die von 225 künstlerischen Lehrkräften und 150 Gesellschaftswissenschaftlern ausgebildet wurden. Auf zwei Studenten kam also eine Lehrkraft mit Hochschulausbildung.

Dieser Aufgabenbereich hat mich gefesselt, gefordert und fasziniert, denn hier wurde über die künstlerische und kulturelle Landschaft der künftigen Jahre entschieden. In einer ersten Beratung mit den Rektoren und Direktoren dieser Bildungseinrichtungen stellte ich in der ersten Maiwoche meine Arbeitsprinzipien vor. Auch hier zuerst neugieriges Abwarten und Begutachten durch die Eingeladenen, was will der junge Ex-Parteisekretär denn uns alten und erfahrenen Hasen schon beibringen, dann Staunen und zum Schluss Anerkennung, denn so etwas hatten sie, wie sie mir bekundeten, in einer Dienstberatung im Ministerium noch nie gehört. Das waren meine Eckpunkte : 1. Die richtigen Personen gehören an den richtigen Platz, wenn wir gute Absolventen wollen, dann gehören die besten Künstlerinnen und Künstler des Landes als Professoren, Dozenten oder ständige Lehrbeauftragte an die Einrichtungen. Qualität zum Abschluss des Studiums ist nur durch Forderungen und die höchstmögliche Qualität während der Ausbildung erreichbar. Für unsere Stärken und Schwächen tragen allein wir die Verantwortung. 2. Nicht das Ministerium entscheidet über Rektoren und Prorektoren, Berufungsvorschläge und über die Immatrikulation und Exmatrikulation von Studenten, sondern einzig und allein die künstlerischen und wissenschaftlichen Räte der Einrichtungen, ich bin gegen jede Form der Einmischung des Ministeriums, gegen Bürokratie und Bevormundung, ich lehne es aber auch ab, dass Verantwortung vor Ort ohne triftige Gründe einfach nach oben delegiert wird. Wenn verantwortungsbewusst vor Ort entschieden wird, stelle ich mich bei allen Anfechtungen vor sie. 3. Aufhebung der bisher geltenden prozentualen Vorgaben der Sozialstruktur der Studenten bei der Immatrikulation. Nicht die soziale Herkunft, sondern das künstlerische Talent entscheidet über die Immatrikulation.

Dabei ließ ich mich von meinen Erfahrungen in Leipzig leiten. Über sechzig Prozent der Studenten der dortigen Musik-Hochschule waren religiös gebunden – das Musizieren in einem Neubaublock ist unglaublich schwieriger als das ständige Musizieren und Üben im Kirchenchor oder in kirchlichen orchestralen Gruppierungen. Das Niveau und das Klangbild im Gewandhausorchester in den Traditionen von Johann Sebastian Bach und Felix Mendelssohn Bartholdy zu bewahren, war nur möglich, wenn man sich bedingungslos allen Traditionen und Gepflogenheiten des Orchesters stellte. Ich musste während meiner Leipziger Zeit in Berlin nicht darüber laut reden, denn in Leipzig hinderte mich keiner daran, dies so zu praktizieren. Kinder aus Musikerfamilien sind gegenüber anderen Kindern von Geburt aus bevorzugt, sie dürfen deshalb aber nicht benachteiligt werden.

Und dann verkündete ich ein Vorhaben, das mich fast schon unmittelbar nach Amtsantritt den Kopf gekostet hätte: Bildung einer Arbeitsgruppe aus den kreativsten Köpfen der Gesellschaftswissenschaftler mit dem Ziel, das marxistisch-leninistische Grundlagenstudium an den künstlerischen Hoch- und Fachschulen zu ergänzen durch Geistes- und Religionsgeschichte, durch Kunst- und Kulturgeschichte, durch Ethik, Moral und Ästhetik. Das Zusammenzucken einiger erfahrener Leiter aus meinem eigenen Apparat, aber auch aus dem Apparat des ZK hätte mich warnen sollen, aber ich wollte etwas bewegen und nicht etwas konservieren. So einfach, wie ich mir das gedacht hatte, war es natürlich nicht. Die Abteilung Wissenschaften beim ZK ließ mich schon einen Tag später wissen, dass ich in erster Linie für die künstlerische Ausbildung und nicht für die weltanschauliche Bildung berufen worden sei, dafür gäbe es eine Reihe anderer kompetenter Verantwortungsträger. Das hatte ich allerdings bisher nicht so gesehen und wollte es auch in Zukunft nicht so gehandhabt sehen.

Nicht nur das Ministerium für Staatssicherheit, auch die verschiedenen ZK-Abteilungen hatten ihre Zuträger. Ihren wichtigsten Informanten über meine weitergehenden Überlegungen hatte die Abteilung Wissenschaften im Übrigen in unserem eigenen Haus, mit der Wende Ende der achtziger Jahre häutete er sich wie eine Eidechse und fühlte sich über Nacht zum Wortführer der neuen Zeit berufen. Die von mir geplante Arbeitsgruppe habe ich später trotzdem ohne viel Aufsehen gebildet, ohne darüber noch einmal laut nachzudenken. Es entstand ein brauchbares Dokument, das leider durch die Herbststürme des Jahres 1989 verweht wurde.

Die personellen Veränderungen an der Spitze der Hochschulen verliefen mitunter zäh und gegen viel Widerstand, denn ohne Unterstützung der Bezirksleitungen, bei denen die Rektoren als Nomenklaturkader geführt wurden, war vieles nur durch dauerhafte Auseinandersetzung und Hartnäckigkeit erreichbar.

Im Juni 1986 sah nach schweren Auseinandersetzungen der Direktor des Institutes für Kultur- und Kunstwissenschaften an der Akademie für Gesellschaftswissenschaften beim ZK der SED, Hans Koch, keinen Ausweg mehr und ging in den Freitod. Auch der Medienwissenschaftler Lothar Bisky geriet unter Druck und suchte nach beruflicher Veränderung. Mit beiden Händen griff ich zu. Bisky hatte in meiner Studienzeit in Leipzig Kulturwissenschaften studiert, danach viele Jahre am Zentralinstitut für Jugendforschung gearbeitet und war 1978 mit meiner Zustimmung an die Akademie für Gesellschaftswissenschaften nach Berlin gewechselt. Ich wusste um seine Fähigkeiten, seine große Toleranz und hatte mit ihm einen respektablen Nachfolger für den langjährigen und verdienstvollen Konrad Schwalbe als Rektor der Hochschule für Film und Fernsehen Potsdam-Babelsberg gefunden. Die Abteilungsleiterin Kultur beim Zentralkomitee, Ursula Ragwitz, schlug die Hände über dem Kopf zusammen, als ich sie um Zustimmung zu meinem Vorschlag bat.

Ganz die Fassung verlor sie, als sie mich mit Gisela Oechelhaeuser nach einem Krankenbesuch bei Helmut Hanke, dem Ehepartner der Oberbürgermeisterin von Potsdam und Mitglied des Staatsrates der DDR, Brunhilde Hanke, im Regierungskrankenhaus Berlin-Buch traf. Auch er war an der Akademie für Gesellschaftswissenschaften Professor gewesen, frech, aufmüpfig und verdammt klug und nach einem Parteiverfahren 1986 wegen parteischädigenden Verhaltens zum Abschuss freigegeben worden. Er sollte nach meinen Vorstellungen an der Filmhochschule Prorektor für Gesellschaftswissenschaften werden. Bisky und Hanke – für mich ein wunderbares Gespann. Beim Verlassen des Fahrstuhles sagte Ursula Ragwitz mit hochrotem Kopf: Haltet ihr es für euch karrierefördernd, diesen Kollegen zu besuchen? Hanke war aus der Akademie entlassen und mit Rede- und Schreibverbot belegt worden.

Letztlich aber waren die meisten zufrieden, dass ich mich für ihn verwandt hatte. Sie hatten zunächst eine Sorge weniger. Zurückblickend waren dies meine richtigsten Personalentscheidungen, sie führten diese komplizierte Hochschule mit vielen streitbaren und mitunter unberechenbaren Studenten und dem immer kontrollierenden Blick des »Großen Hauses« mit lockerer und liberaler Hand und stellten sich schützend vor ihre Studenten, woher die Angriffe auch kamen.

Ohne Komplikationen verliefen die von den Hochschulen und ihrem Umfeld gewünschten Wechsel von Hans-Peter Minetti zu Kurt Veth an der Schauspielhochschule in Berlin und von Bernhard Heisig auf seinen Schüler Arno Rink an der Kunsthochschule in Leipzig. Auch der Wechsel von Altmagnifizenz Walter Womacka, der zwei Jahrzehnte die Kunsthochschule in Berlin-Weißensee verdienstvoll geführt hatte, auf Rudolf Grüttner verlief planmäßig und entsprach meinen Vorstellungen, jüngere Hochschullehrer in Verantwortung zu bringen.

Meine Hoffnungen und Wünsche erlitten beim Wechsel von Jochen Ziska zu Paul Jung an der Hochschule für industrielle Formgestaltung in Halle einen herben Rückschlag. Ähnliches geschah beim Wechsel vom Komponisten Peter Hermann zum Violinisten Gustav Schmahl an der Musikhochschule in Leipzig. In beiden Fällen musste schnell wieder verändert werden. In Halle kehrte Paul Jung wieder in sein Amt zurück. In Leipzig hatte ich mich falsch beraten lassen und falsch entschieden, ich bettelte und bekniete Werner Felix, der schon viele Jahre Rektor an der Musikhochschule in Weimar gewesen war, mir zu helfen, um das schlingernde Schiff der Leipziger Hochschule wieder in ruhiges Gewässer führen zu können. Ich bin ihm für immer zu Dank verpflichtet, dass er aus persönlicher Verbundenheit zu mir sich noch einmal das Amt des Rektors aufbürdete. Noch heute bedrückt mich, dass ein Unfall auf dem Weg zu seiner Beerdigung verhinderte, an seinem Grab mich von ihm zu verabschieden.

An der Berliner Hochschule für Musik erklärten mir die Mitglieder des Künstlerischen Rates unisono, dass sie für den dringenden Wechsel des Rektors keinen Vorschlag hätten. Meine Gespräche mit der Pianistin Annerose Schmidt verliefen erfolglos. So wurde der Komponist Erhard Ragwitz, Ehemann der Abteilungsleiterin Kultur des ZK der SED, mit schneller und wohlwollender Zustimmung der Berliner Bezirksleitung schließlich Rektor. Ich hatte ihn nicht vorgeschlagen, und später wollte es kein Mitglied des Künstlerischen Rates gewesen sein, der bereit war, die Verantwortung für die Entscheidung mitzutragen. Im Übrigen hatte ich eine geheime Abstimmung durch den Rat angewiesen, was geradezu gönnerhaft abgelehnt worden war.

An der Weimarer Hochschule für Musik gab es im Lehrkörper und im Umfeld ernsthafte Kritik an der Arbeit des Rektors Müller-Nilsson. Er hatte zwar verdienstvoll gearbeitet, aber mitunter stimmt unter den Beteiligten die Chemie nicht mehr. Die Erfurter Bezirksleitung der SED drängte auf einen schnellen Wechsel. Ich hatte keine Idee, zu wenig kannte ich die Schule aus eigener Erfahrung. Einmütiger Vorschlag für seine Nachfolge aus dem eigenen Haus war der Leiter des Hochschulchors Gert Frischmuth. Die Wende war schneller, und im November 1990 heftete der weiter amtierende Rektor Müller-Nilsson einen offenen Brief an das Mitteilungsbrett der Hochschule, dass er sein Amt niederlegen möchte. Ich hätte seine Ablösung aus politischen Gründen schon seit November 1987 betrieben. Ich fand dies peinlich für ihn und unter seiner Würde. Aber Wendezeiten produzieren manch Ungewöhnliches. Andere wurden dadurch dickhäutiger, mich traf so etwas schon nach kurzer Zeit meiner Tätigkeit im Kulturministerium bis ins Mark. Mit Lügen, Verleumdungen, mit Unwahrheiten und Unterstellungen hatte ich mühsam, aber rechtzeitig zu leben gelernt. Es schmerzte nur jedes Mal neu. Von Anfang an achtete ich darauf, nicht auf ein solches Niveau abzurutschen, sondern mit Vernunft und Verstand zu handeln, meine Macht und später mein Ansehen nicht zu missbrauchen.

Viele Künstlerinnen und Künstler unseres Landes waren belesen und gebildet, sie wussten vieles, von dem ich keine Ahnung hatte, sie hatten gelesen, was ich nie gelesen, sie hatten gehört, was ich nie gehört, sie hatten erlebt, was ich nie erlebt hatte. Sie dachten und reagierten auf vieles anders als ich. In einer Frage war ich aber vielen von ihnen weit überlegen: Ich konnte schnell und mit ziemlich kaltem Herzen analysieren, die Lage einschätzen und Wichtiges von Unwichtigem trennen, ich war zu Entscheidungen nach gründlichem Überlegen auch kurzfristig bereit, wenn Entscheidungen getroffen werden mussten, ich konnte wegstecken und war nicht nachtragend, ich hatte einen ziemlich sicheren Blick und ein untrügbares Gefühl für künftige Entwicklungen, ich interessierte mich für die Künstlerinnen und Künstler nicht aus Berechnung, sondern aus ehrlichem Interesse, unschuldiger Neugierde und um der Sache willen, sie mussten mich nicht erst von ihrer Kunst überzeugen. Ich war überzeugt von meiner ehrlichen Haltung, ihnen in guten und schlechten Zeiten Freund und Helfer zu sein, unabhängig, ob es mir nutzte oder schadete, ich war offen und bereit, mit ihnen auf die Suche nach gangbaren Wegen zur Lösung ihrer Probleme zu gehen.

Ich lernte mühsam zu erkennen, wer die Bergpredigt und das Kommunistische Manifest wirklich gelesen und verstanden hatte, wer lachend weinen und weinend lachen konnte, wer die Welt anders sah als ich, wer den »Oscar« für sich beanspruchte und doch schon mit einer freundlichen Kritik oder gar einem Lob zufrieden oder niemals zufriedenzustellen war. Diese Haltung habe ich immer versucht, meinen Mitarbeitern zu vermitteln, manchmal mit Erfolg, manchmal von einem bemitleidenswerten Lächeln begleitet, weil man mich für einen Träumer hielt.

Mir unterstanden im Ministerium drei weitere zentrale Einrichtungen: das Institut für Weiterbildung unter Leitung von Jochen Schäfers, das Institut für Kulturforschung unter Leitung von Jürgen Marten und das Institut für kulturelle Auslandsarbeit mit dem Ausstellungszentrum unter der Leitung von Wolfgang Polak. Alle drei waren erfahrene und liberale Kulturpolitiker mit Verstand, auf die ich mich in jeder Situation verlassen konnte.

Und ich fand Künstlerinnen und Künstler, die mich an die Hand nahmen und behutsam führten. Da war der Rostocker Bildhauer Jo Jastram, der mir nicht nur die ersten Schläge auf und in den Stein beibrachte, sondern auch über ein Jahrzehnt ein Berater und Freund im besten Sinne des Wortes war. Wie er zuhören und verstehen konnte, offen war für alle Probleme und Sorgen dieser Welt, wie er selbst beim Sprechen und Formulieren sich selbst prüfte, wie er feinfühlig die Worte suchte und argumentierte, niemals dozierte, wie er selbst analysierte und sich ohne Scheu korrigierte, das alles machte ihn mir als Mensch, Freund und Berater wertvoll.

Eine liebenswerte und sehr verehrte Freundin war seine Frau Inge Jastram für mich, eine wunderbare, aber leider in seinem Schatten stehende Grafikerin und Buchgestalterin. Wenn ich polterte, sensibilisierte sie mich, wenn ich aufbrauste, beruhigte sie mich, wenn ich es nötig hatte, nahm sie mich an die Hand und führte mich über die Weite der Mecklenburger Wiesen.

Wenn es mir in Berlin schlecht ging und ich Sehnsucht nach geistiger Nähe hatte, fuhr ich zu der Berliner Malerin Heidrun Hegewald ins Atelier, sie war als Philosophin genauso anstrengend wie als Künstlerin beruhigend, sie war aufregend und faszinierend. Mit ihr konnte ich stundenlang sprechen und verließ sie mit gewonnener Stärke, Kraft und Sehnsucht nach weiteren Gesprächen. Da war Fritz Cremer, der Altmeister der Bildhauerkunst des Landes, als

Erste Versuche in Stein, im Garten des Ateliers des Bildhauers Jo Jastram, 1988

Künstler unangefochten und als politisch denkender Mensch für mich faszinierend. Er brachte mir in vielen Diskussionen bei, dass Christen und Sozialisten eigentlich Zwillingsbrüder seien, dies allerdings leider immer noch nicht begriffen hätten. Die Doktrin der heiligen Väter und der Bibel sei es doch, dass das gemeinschaftliche Eigentum heiliger sei als das Privateigentum, Gott hätte schließlich den Reichtum für alle Menschen geschaffen und uns als Sozialisten beauftragt, Gerechtigkeit zu schaffen. Ähnliches hörte ich später auch von Ernesto Cardenal, Priester und Kulturminister in Nicaragua. Der Jammer der DDR bestünde nur darin, dass die führenden Sozialisten der DDR das nicht begriffen, es verleumdet und verraten hätten. Eine für mich damals völlig neue Gedankenkette, die zu begreifen ich ihm unvorstellbar dankbar bin. Zu einem Freund, zu dem ich aufschaute, wurde auch der Schriftsteller Günther Rücker. Er war überaus klug und mit einer mich immer wieder überraschenden Logik begabt. Als ich einmal in einem Vortrag über die komplizierten finanziellen Bedingungen für das kulturelle Leben sprach und das mit einem Bild darstellte: »Unser Hemd reicht nicht einmal bis zum Bauchnabel, geschweige denn, unsere Scham zu verbergen«, entgegnete er mir vor großem Publikum mit seinem wunderbaren Lächeln: »Kein Problem. Wenn man eine betrachtenswerte Scham hat, kann man sie auch zeigen.«

Oft suchte ich auch das Gespräch mit dem Bildhauer Werner Stötzer, dem Hrdlicka der DDR. Er wohnte mit seiner ehemaligen Meisterschülerin und nunmehrigen Lebenspartnerin, der Bildhauerin Sylvia Hagen, in einem Bauernhaus in Langenow bei Seelow. Ich kann mich nicht erinnern, je mit ihm ein Gespräch ohne Zigarre und ein Glas Rotwein geführt zu haben. Er philosophierte über das Leben wie über einen unbehauenen Stein. Sein Sehen war sein Denken, noch bevor er den ersten Schlag mit dem Meißel ansetzte. Sein Credo verglich er mit meiner Arbeit: Ich muss nur herausschlagen, was im Stein schon als Form vorhanden ist, ihr müsst nur den Reichtum des Menschen begreifen, um ihn für unsere Sache zu begeistern.

Nicht zuletzt aus vielen solcher Begegnungen und Gesprächen erwuchs meine Verantwortung und Kraft als Ansprechpartner, als Partner von Künstlerinnen und Künstlern in schwierigen Situationen. Und die gab es jeden Tag. Da bekniete mich der Dresdner Maler und Grafiker Karl-Heinz Adler, der in den fünfziger Jahren Student bei Carl Hofer, Wilhelm Rudolph und Hans Grundig, später der Kunst von Hermann Glöckner verpflichtet war, in der zweiten Hälfte der achtziger Jahre einer Berufung als Professor an eine Hochschule in Nordrhein-Westfalen nachkommen zu dürfen. Ohne Ausreise war das bisher überhaupt nicht denkbar. Und trotzdem wurde er 1988 der erste Professor unseres Landes, der offiziell und mit staatlicher Zustimmung als Staatsbürger der DDR an die Staatliche Kunstakademie in Düsseldorf berufen wurde, nachdrücklich unterstützt von Ministerpräsident Johannes Rau. Die Initiative war von seinem langjährigen vogtländischen Jugendfreund Gotthard Graubner, der 1954 die DDR verlassen hatte und in Düsseldorf lehrte, ausgegangen. Ich habe mich für Adler im »Großen Haus« gegen alle Widerstände immer wieder stark gemacht.

Da musste die Reiseblockade für den Karl-Marx-Städter Grafiker Michael Morgner, Mitglied der Künstlergruppe »Clara Mosch«, und den Leipziger Expressionisten Hartwig Ebersbach mit Lebensgefährtin bzw. Ehepartnerin durchbrochen werden. Da besuchte ich ohne Rücksprache und Erlaubnis wäh-

Ehrenpräsident Arno Mohr bei der Vernissage der »Intergraphik«, Mitte: Rudolf Grüttner, 1987

rend eines kurzen Aufenthalts zur Eröffnung einer Ausstellung in Westberlin den Leipziger Maler Volker Stelzmann, der die DDR 1986 wegen einer Liebe zu einer Zahnärztin verlassen hatte, um mich mit ihm über die Modalitäten der Sicherung seiner Kunst und seines Archivs in seiner Exwohnung in Leipzig zu verständigen.

Ich empfing in Berlin und Leipzig den Chefredakteur des »Haaretz«, einer der großen israelischen Tageszeitungen, Gershom Schocken, Sohn des Warenhausbesitzers und Verlegers Salman Schocken – nach dessen Tod Besitzer der Schocken-Gruppe und fünfzig Jahre lang Herausgeber des »Haaretz«, der sich auf einer europäischen Dienstreise befand. Natürlich geschah das ohne Erlaubnis und Rücksprache mit ganz oben, die glücklich waren, dass ich nicht offiziell angefragt hatte, aber bewacht war ich immer bestens. Die Protokolle schrieben andere.

Ich bemühte mich um die Einreise von Ralf Winkler, bekannt als A. R. Penck, und seiner Lebensgefährtin Daniela Schnabel, zu mehrfachem Besuch seiner und ihrer Verwandten, die ich ihm nach mehrmaliger Rücksprache mit Kurt Hager auch ermöglichen konnte. Diese Liste ließ sich beliebig fortsetzen, der dazu notwendige Briefverkehr füllt mehrere Ordner meines Privatarchivs. Nach dem Rücktritt von Markus Wolf als Stellvertreter des Ministers für Staatssicherheit 1986 bemühte sich der Sicherheits- und Finanzapparat um

Gershom Schocken, rechts daneben: Roland Links, 1987

Schalck-Golodkowski, in den Besitz der größten privaten Kunstsammlung eines Bürgers der DDR, des Karl-Marx-Städter Sammlers Reinhard Brühl, zu kommen. Ein Besuch in seiner damaligen zweigeschossigen Wohnung in einem Altbau im Karl-Marx-Städter Brühl-Viertel und ein Gespräch von Minister Hoffmann mit Schalck-Golodkowski unter aktiver Unterstützung des 1. Sekretärs der SED-Bezirksleitung Siegfried Lorenz, konnte dies verhindern.

Wie seltsam manches in der DDR funktionierte, belegt der Fall des autodidaktisch gebildeten Kunstfreundes und Galeristen Gerd Harry (Judy) Lübke. 1983 gründete der damals 22-Jährige in seiner Dachwohnung am Leipziger Körnerplatz mit einem gewissen Größenwahn die Galerie »Eigen+Art«. Die freischaffenden Kunsthistoriker Klaus Werner und Christoph Tannert wurden zu begehrten Partnern und Mitgestaltern. Natürlich wurde die Wohnung alsbald zu klein. In einem Hinterhof in der Fritz-Austel-Straße 31 stieß der nun schon fast professionell arbeitende Galerist auf eine ehemalige Werkstatt der Firma Rohmer & Klinger. Für 30 Mark Monatsmiete wurde man sich schnell handelseinig. Die heruntergekommenen Räume wurden als Ausstellungsräume unter Insidern, alternativen Künstlern und westdeutschen Künstlern schnell bekannt, gut besucht und galten während der Leipziger Messe neben den Berufskabaretts als Geheimtipp. Die Staatssicherheit war von Anfang an dabei und eröffnete gegen Lübke den operativen Vorgang »Atelier«.

Die Galerie war nicht durch die Staatsorgane genehmigt worden, da gar kein Antrag gestellt worden war. Schlitzohr Lübke und seine Freunde fanden mit ihren Beratern eine Lücke: Die Galerie wurde zur Werkstatt umdeklariert und die Besucher wurden zu »eingeladenen Privatbesuchern« der dort arbeitenden Künstlerinnen und Künstler erklärt. Das Problem bestand nur darin, dass Lübke nicht Mitglied des Verbandes Bildender Künstler war und deshalb auch kein Atelier anmieten durfte. Für den offiziellen Mietvertrag gab deshalb der Maler Akos Novaky seinen Namen. Voraussetzung für den Besuch der Galerie und der Werkstatt war, dass sich der Künstler in der Zeit seiner Ausstellung als Untermieter bei Lübke einschrieb und die regelmäßigen Öffnungszeiten lediglich dem Privatbesuch der Künstler dienten.

Im Hintergrund förderten westdeutsche Mäzene wie Arend Oetker und Bernhard Freiherr von Loeffelholz die Szene. Westdeutsche Journalisten standen parat, bei jeglicher Form von Repression eine Kampagne zu starten. Die verantwortlichen Mitarbeiter der Leipziger Bezirksverwaltung des MfS interessierte das weniger, und sie drängten auf die schnelle Schließung der Galerie. Ich fuhr deshalb nach Leipzig und traf mich unter vier Augen mit »Judy« Lübke. Wir beide begegneten uns im gegenseitigen Interesse, die Lage nicht zuzuspitzen. Ich signalisierte ihm, dafür Sorge zu tragen, dass es kein Verbot und keine Schließung der Galerie geben werde, er war clever genug, mir zu versprechen, dass es seinerseits keine Zuspitzung der Interessenkonflikte geben würde. Ich sprach mit Sitte und Heisig, und Lübke wurde schließlich Mitglied des Verbandes der Bildenden Künstler der DDR und damit seine Galerie offiziell. Nach der Wende wurde er der erste ostdeutsche Galerist von weltweiter Bedeutung.

All das musste ich im Hinterkopf haben, wenn ich mich den offiziellen Problemen des Verbandes stellte, für die ich in meiner Funktion im Ministerium die Verantwortung trug. Der Verband war 1950 als Vermittlungsinstanz zwischen den Künstlerinnen und Künstlern und der offiziellen Kulturbürokratie gegründet worden. Ihm gehörten in den achtziger Jahren etwa 6000 Mitglieder an. Der Präsident Willi Sitte übte die Funktion seit 1974 aus, war darüber hinaus Mitglied der Volkskammer und später des Zentralkomitees der SED. Kaum ein Künstler hatte mehr politische Macht als er, mit Horst Kolodziey hatte er einen ihm treu ergebenen und erfahrenen Sekretär an seiner Seite.

Der Maler Sitte gehörte zu Recht zur künstlerisch führenden »Viererbande« des Verbandes und war international trotz seiner politischen Funktionen angesehen. So war es kein Zufall, dass auch er im Schraubstock zwischen politischer Macht und künstlerischer Arbeit zerrieben wurde, auch wenn er sich sehr stark darum bemühte, die Interessen vieler seiner Verbandsmitglieder zu vertreten. Sein Name steht für die Erhöhung des Einflusses des Verbandes auf kulturpolitische Entscheidungen der Parteiführung, für soziale Förderung der

Mitglieder des Verbandes und für Verbesserung der Ausstellungsmöglichkeiten im In- und Ausland. Aber auch er musste dem Fakt Tribut zollen, dass man nicht zur gleichen Zeit mehreren Herren dienen kann. Mit seinen manchmal sehr eigenwilligen Meinungen stieß er nicht nur auf Widerspruch, sondern schuf sich durch seine Machtfülle auch Neider und Feinde.

Die Vermittlung staatlicher Aufträge, die Befürwortung von Projekten, die Genehmigung von Ausstellungen und Verkaufsausstellungen in der Bundesrepublik Deutschland wurden fast ausschließlich über den Verband abgewickelt, der damit in der künstlerischen Szene eine kaum vergleichbare Monopolstellung hatte und sich dieser auch bewusst war. Ich hätte nicht in Sittes Haut stecken wollen, war zum Glück auch nicht für ihn zuständig. Meine Aufgabe war die des Vermittlers, des Puffers, des Ausgleichs und des Kontrolleurs zwischen den allgemeinen Verbandsinteressen, den Interessen der staatlichen Kulturbürokratie und den vielfältigen und sehr differenzierten Interessen von Künstlerinnen und Künstlern innerhalb und außerhalb des Verbandes.

Mit dem Amt für industrielle Formgestaltung unter Leitung des Staatssekretärs Martin Kelm, dessen Ehepartnerin Sekretärin im Büro von Erich Honecker war, musste ich, ob ich wollte oder nicht, freundschaftlich kooperieren. Der mir unterstellte Staatliche Kunsthandel der DDR, unter der Leitung von Horst Weiß und später Rüdiger Küttner, war dem Kommerz des Außenhandels genauso verpflichtet wie dem Kulturministerium und dem Verband. Hier konnte ich nur für eine vertrauensvolle Zusammenarbeit und Kontrolle sorgen. Und genau das war es auch, was meine Haltung zum Verband prägte. Sittes Weg zu den Türen der Macht waren allemal kürzer als die meinigen. Und wenn er sie nicht öffnen wollte, gab es auch noch andere Türöffner. So wurde ich auch zum Interessenvertreter derer, die sich im Verband unterdrückt, ausgegrenzt, kaum beachtet oder sogar überhaupt nicht beachtet fühlten.

Das versuchte ich konsequent auf den Tagungen des Zentralvorstandes des VBK zu thematisieren: »Wir müssen mehr Demokratie wagen... Kunst hatte schon immer mit Können zu tun, mit Wissen und Gewissen. Das Wesen der künstlerischen Hochschulen besteht darin, dass sie diese Dreieinigkeit im Blickfeld haben müssen... Ich sehe keinen Generationskonflikt zwischen Jüngeren und Älteren. Ich sehe nur, dass Fragen anders gestellt und anders beantwortet werden... Es kann in einer hohen Schule, wo wir die künstlerische Intelligenz des nächsten Jahrzehnts ausbilden, keine Friedhofsruhe geben, und es muss normal sein, dass in solchen Streitgesprächen auch die junge Generation Wesentliches einzubringen hat... Und dabei bleibt es! Studenten gibt es nicht, weil es einen Lehrkörper gibt, sondern den Lehrkörper gibt es, weil wir Studenten gut auszubilden haben.« (April 1985) »Was macht ihr falsch, ...dass wir uns nicht mehr offen ... streiten.« (Juli 1985) »Wie ist bei euch die demokrati-

Werner Tübke und Ehefrau im Gespräch mit Hans-Joachim Hoffmann, 1988

sche Einbeziehung der Künstler in die Findung von Entscheidungen?« (Mai 1986) »Es geht immer um eine Verbandspolitik und um eine Diskussion, die die Ansichten, die Vorstellungen der Mehrheiten repräsentiert... Warum kommen Künstler unseres Landes zu der Auffassung, dass sie ihre Probleme nicht in der DDR klären können... Warum sagen sie: Uns fehlt die nötige künstlerische Freiheit... Meinen sie eine andere künstlerische Freiheit, als wir meinen? Oder ist unsere Auffassung von der künstlerischen Freiheit vielleicht verengt? ... Es ist doch auf Dauer keine Lösung, dass vieles, was offiziell in unserem Land nicht diskutiert wird, in Wohnungen oder Kirchen diskutiert wird.« (November 1987) »Gegenwärtig unterbreiten Künstler, vor allem jüngere, verstärkt Kunstangebote, die Grenzen sprengen..., und nicht selten eine Reihe von sehr ernstzunehmenden Problem- und Bildangeboten. Wir sind im Recht, wenn wir uns diesen Bildangeboten nähern.« (November 1988)

Aber wie es mit Reden ist, sie sind Schall und Rauch, entschieden wird vor Ort durch die Macht ausübenden Persönlichkeiten. Es hat bei mir sehr lange gedauert, bis ich begriffen hatte, dass eine kluge Bemerkung nur dann etwas wert ist, wenn sie von einem kommt, der das Sagen hat. Und als Stellvertreter des Ministers hatte ich in vielen Fragen nicht das Sagen, sondern nur die Verantwortung zu tragen.

Ich rieb mich an den Alltagsfragen des Verbandes wund. Das lässt sich gut an der Entstehung des Bauernkriegspanoramas in Bad Frankenhausen zeigen. Mein alter Leipziger Mitstreiter, der Maler Werner Tübke, hatte den ersten Auftrag in der Geschichte des Ministeriums für Kultur mit einem Honorar von einer siebenstelligen Zahl erhalten. Er benötigte ein Großatelier in unmittelbarer Nähe seines Leipziger Hauses, er benötigte Farben, Leinwände, Hilfskräfte, Urlaubsreisen, ärztliche Betreuung, Kuren, eine Villa in Bad Frankenhausen für seinen Aufenthalt an diesem Ort und eine Neubauwohnung für seine Gäste, einen »Mercedes« oder »Volvo« mit Fahrer in der Größenordnung des Autos des Generalsekretärs und noch manch anderes. Er bekam alles. Wir bildeten extra für das Projekt und für Tübkes Betreuung eine Arbeitsgruppe unter Leitung des ehemaligen Abteilungsleiters des Ministeriums für Kultur Fritz Donner. Werner Tübke war immer ein Einzelgänger gewesen, ein Mann, der unter den verschiedensten Masken auftrat, der 1987 stöhnte: »Elf Jahre Elend« seien jetzt bald zu Ende. Der Abgrund der Geschichte wurde bei ihm zur Attraktion, er war ein Künstler der Renaissance, den es zufällig in die DDR verschlagen hatte. Der Harlekin war seine Schlüsselfigur. Und nur er selbst wusste, wer und wo der Harlekin wirklich ist. Wir Funktionäre des Apparats waren für ihn im höchsten Falle, wenn er uns mochte, diensteifrige Diener.

Wolfgang Mattheuer bombardierte mich mit Briefen, weil er den Valuta-Anteil, der ihm beim Verkauf seiner Bilder in die westliche Welt auf sein Konto gutgeschrieben wurde, viel zu gering befand, weil er keinen Grund sah, einen Solidaritätsbeitrag für junge Künstlerinnen und Künstler seines Verbandes, die sonst ohne Valuta nie in die westliche Kunstwelt hätten fahren können, zu leisten. Und das, obwohl sein jährliches Valuta-Einkommen im hohen fünfstelligen und manchmal sogar im sechsstelligen Bereich lag. Wolfgang Mattheuer war ein wunderbarer Maler, ein Maler mit traumhaften Bildideen, aber im Umgang mitunter unausstehlich. Ich konnte für ihn machen, was ich wollte, nie war es ihm recht. Offenbar brauchte er die Reibung mit der »Macht« für seine künstlerische Kreativität.

Mein Freund Bernhard Heisig, der den Auftrag erhalten hatte, Ex-Kanzler Helmut Schmidt für das Bundeskanzleramt zu porträtieren, bestand darauf, dass ich beim Besuch von Schmidt im Atelier anwesend sei. Er fühle sich dadurch sicherer, und keiner auf beiden Seiten könne ihm später etwas unterstellen. Nie wäre ich auf die Idee gekommen, um eine Einladung zu bitten, wie er später behauptete. Er hatte einfach nur das Bedürfnis, Freunde und Partner in der Begegnung mit dem Ex-Bundeskanzler an seiner Seite zu haben. Ich konnte das nachvollziehen und war im Übrigen nicht der einzige von ihm Eingeladene – der Leipziger Hochschullehrer und Violinist Gustav Schmahl war ebenso geladen wie andere. Ich verstand seine Bitte, ich dachte, es ist die Bit-

Loki und Helmut Schmidt, Ewald Moldt bei der Ausstellungseröffnung in Köln, 1986

te eines Freundes, informierte meinen Chef und fuhr mit Gisela nach Leipzig. Es war geradezu aberwitzig. Zwei Geheimdienste zweier deutscher Staaten bildeten einträchtig über das gesamte Gelände des Ateliers von Heisig einen Kordon, keine Maus hätte durchkommen können, beide Dienste hatten in »freundschaftlicher« Abstimmung ihre Abhörgeräte positioniert, ihre unmittelbaren Vorgesetzten hatten das mit »Würde« und »gegenseitiger Achtung« sich gegenseitig genehmigt. Auch Heisig war ein Künstler, den ich achtete, vielleicht sogar bewunderte und dem ich diente. Es gab wenige von seiner Qualität. Wir besuchten uns auch privat, und einmal, so erinnere ich mich, hatten wir uns auf eine gemeinsame Faust-Lesung bei mir zu Hause geeinigt: natürlich Heisig als Mephisto, sein Schüler Arno Rink als Faust, Gisela als Gretchen und ich in einer Nebenrolle. Wir waren also auf atemnaher Distanz.

Noch im Auto auf der mitternächtlichen Rückfahrt von Leipzig nach Berlin beriet ich mich mit meiner Frau und notierte einen kurzen Informationsbrief an Erich Honecker, denn Schmidt hatte nichts Unwesentliches von sich gegeben, im Wissen, dass ein anwesender Stellvertreter des Ministers für Kultur ein verlässlicher Informationsüberbringer ist. Natürlich wusste die Staatssicherheit auch über jedes gesprochene Wort, ihr Bericht an Mielke, so erfuhr ich später von meinem Chef, war bedeutend länger als meiner.

Ich schrieb an Honecker: »1. Schmidt übermittelt Dir herzliche Grüße und brachte sein Verständnis zum Ausdruck, dass die Vielzahl der terminlichen Verpflichtungen Deinerseits eine Begegnung nicht ermöglicht hätten. 2. Schmidt begrüßte die vielfältigen Abrüstungsinitiativen des Genossen Gorbatschow und wertete sie in ihrer Gesamtheit als eine große historische Chance für die Menschheit. Er befürchte allerdings, dass Reagan und seine Mannschaft in der laufenden Amtsperiode darauf kaum sachlich reagieren würden, ein Nachfolger mit politischem Profil noch nicht abzusehen sei, und deshalb vor Ende der achtziger Jahre kaum eine konstruktive Reaktion aus Washington zu erwarten sei. Deshalb sähe er die Gefahr, dass Gorbatschow, um nicht außenpolitisch das Gesicht zu verlieren, wieder zu einer Politik der Stärke, auch aus innenpolitischen Gründen, zurückkehren müsse. Das wäre für die Menschheit tragisch. 3. Auf die bevorstehenden Bundestagswahlen angesprochen, räumte er der SPD aus personal-politischen und konzeptionellen Gründen keine Chance ein. Der Wähleranteil der CDU/CSU würde wahrscheinlich auf 45 Prozent zurückgehen, der Anteil der SPD etwa auf 41 Prozent steigen, die Stimmenmehrheit der CDU/CSU/FDP-Koalition aber erhalten bleiben. 4. Schmidt brachte mehrfach zum Ausdruck, dass er sich immer mehr aus der großen Politik zurückziehen, journalistisch betätigen und parteipolitisch durch niemand in der SPD mehr missbrauchen lassen wolle.«

Das, was ich tat, war staatspolitisch notwendig und in jedem Land der Welt normal und korrekt, in keiner Form irgendeinen Beteiligten diskriminierend, ein Akt, der dem Stand der deutsch-deutschen Beziehungen entsprach. Als Mitte der neunziger Jahre die Auseinandersetzung um die Beteiligung von Bernhard Heisig an der bildkünstlerischen Gestaltung des Reichstages auf den Höhepunkt gelangte, einige westdeutsche Medien nichts unversucht ließen, ihn und andere ostdeutsche Maler zu diskreditieren und auszugrenzen, schrieb die »Super Illu« im Dezember 1997 einen Beitrag, der nicht nur unverschämt, sondern auch mehr als dumm war und Heisig und mich belasteten, Stasi-Informanten gewesen zu sein. Da das noch nicht ausreichte, wurden Verdächtigungen über Heisigs Jugend während der Nazidiktatur nachgereicht. Der Leipziger Maler-Gott verlor die Fassung, was ihm eigentlich kaum passierte. Er beschuldigte mich, dass ich mich selbst eingeladen habe und dass er bitter über mich enttäuscht sei, dass ich über das gemeinsame Gespräch bei ihm mit Schmidt einen Brief an Honecker geschrieben hätte, ohne ihn darüber zu informieren. Es gab einen Briefwechsel zwischen uns beiden, einen zwischen mir und seiner Frau Gudrun Brüne, unsere langjährige Freundschaft zerbrach. Das schmerzte mich sehr. Der Leipziger Malerfürst, der in allen Auseinandersetzungen zu Zeiten der DDR glänzend pariert hatte, verlor die Fassung in einer Medienkampagne westlicher Illustrierten und Tageszeitungen, die eigentlich nur Kulisse in den Auseinandersetzungen um deutsche Malkunst in der zweiten Hälfte des 20. Jahrhunderts war. Ich war darüber mehr als traurig, hatte ich mich für ihn über Jahre in allen möglichen und unmöglichen Fragen eingesetzt. Ich sah mich von ihm auf dem Altar der Medienverleumdung geopfert.

Es war nicht die einzige bittere Enttäuschung, die ich durch einen befreundeten Künstler einstecken musste, diese aber traf mich besonders hart. Er selbst muss zutiefst verletzt gewesen sein: Ost- und Westkünstler, Bürgerrechtler und Teile der Kunstjournaille waren wie z. B. auch Ralph Giordano strikt dagegen, dass Heisig in und für den Reichstag malte. Der »Staatsmaler« hatte schließlich für die DDR im Palast der Republik den »Ikarus« gemalt, für die Bundesrepublik den Sozialdemokraten Helmut Schmidt. Da trafen sich in ihrer Ablehnung und in ihrem Hass welche, die sonst keinen Tee miteinander trinken würden. Ein Staatskünstler, ein ehemaliges SED-Mitglied, ein Vizepräsident des Verbandes, ein ehemaliger Rektor einer Kunsthochschule und dann noch, welch ein wunderbarer historisch gefälschter Zufall, soll er auch noch freiwillig in der Waffen-SS gewesen sein.

Die »Bild«-Zeitung konnte sich, wie immer zu solchen Gelegenheiten, gar nicht mehr einkriegen, war das doch wieder einmal ein gefundenes Fressen für die Erhöhung der Auflage und die Diskriminierung all dessen, was die DDR betraf. Später durfte Heisig für das gleiche Blatt, als sei nichts gewesen, die Nachrufe für Mattheuer und Tübke schreiben. Ich wunderte mich natürlich darüber, dass er dies tat. Ex-Kanzler Gerhard Schröder schrieb 2005 eine sehr treffende Bemerkung: »Für die einen war und bleibt er bis heute der wichtigste Repräsentant der DDR-Kunst, für die anderen ist er einer der bedeutendsten deutschen Künstler des 20. Jahrhunderts. Ich bekenne mich zu letzterem.« Brücken wieder aufzubauen, ist schwer. Sind sie erst einmal zerstört, bedarf es größter Mühe. Mir fehlte nach der Wende dafür manchmal die Kraft.

Ohne Zweifel: Reisen bildet, die Welt anzuschauen, hilft, die Welt besser verstehen zu können, prägt und korrigiert die eigene Anschauung von der Welt. Meine erste wichtige Reiseerfahrung als Funktionär der SED hatte ich bereits 1978 gesammelt. Ich weiß nicht, wie mir geschah, ich wurde durch die Abteilung Kultur beim ZK der SED für eine Reise einer Kulturdelegation als Gast der Kommunistischen Partei der Koreanischen Volksdemokratischen Republik nominiert. Als Mitglied der Delegation musste ich nicht reden und hatte auch keine besondere Aufgabe, musste nur interessiert in die Welt schauen. Manches erstaunte mich schon: Die Türen zu den Privatwohnungen in der Hauptstadt Pjöngjang durften nicht verschlossen werden, damit der Hauswart zu jedem Zeitpunkt freien Zugang zur Wohnung hatte, die Koreaner am Straßenrand verneigten sich tief, fast bis zum Boden, wenn eine Staatskarosse — andere Autos waren kaum zu sehen — in der Stadt oder auf den Landstraßen auftauchte, im Theater gab es entweder Frauen- oder Männervorstellungen. Gebratener oder gekochter Hund und Schlangen in Alkoholflaschen waren zumindest gewöhnungsbedürftig. Aber man ist als Gast diszipliniert.

Meine Disziplin und Selbstbeherrschung verlor ich allerdings bei einem Ausflug zum Indischen Ozean. So weit das Auge reichte, azur- und türkisblaues Wasser, strahlend blauer Himmel, ein unvorstellbar breiter Strand mit gelbem Sand – und außer uns weit und breit keine Menschenseele. Eine traumhafte Verführung, der ich erlag. Ich entledigte mich, ohne viel zu fragen, meiner Kleidung und rannte splitternackt ins Wasser, war doch wirklich weit und breit kein Mensch zu sehen. Ein Glücksgefühl ohne Ende. Nie wieder in meinem Leben hatte ich solch eine Freude mit dem Meer. Ich konnte einfach nicht anders. Bald sah ich allerdings das Entsetzen in den Augen der Gastgeber und der anderen Delegationsmitglieder. Mein für das kommunistische Korea geradezu ungebührliche Benehmen wurde mit stillem Erschrecken und mit Ablehnung zur Kenntnis genommen. Glücklich dem Wasser entstiegen, erklärte mir der Dolmetscher, meinen Körper mit den Augen meidend und in den Himmel schauend, dass ich nun wegen des hohen Salzgehalts des Wassers abgeduscht werden müsste. Das nächste Bauernhaus sei allerdings fünfhundert Meter entfernt, jemand sei schon unterwegs, um die Bewohner auf mich vorzubereiten.

Und so lief ich in Begleitung der Delegation halbnackt zum nächsten Bauernhaus in einen Schuppen und musste mich eiskalt abduschen, was mich wieder ernüchterte. Natürlich hatte ich kein Handtuch, zog meine Sachen auf die nasse Haut und bückte mich, um die Schuhe anzuziehen und erschrak über das Geräusch des Risses meiner Hose im Schritt. Also Hose wieder aus, mit dem Gastgeber in ein nächstes dreihundert Meter entferntes Haus, wo eine Koreanerin die Hose provisorisch nähte. Fast eine Stunde später, als im Protokoll vorgesehen, kamen wir zur Betriebsbesichtigung. Das war mir eine bittere Lehre für alle meine künftigen Delegationsreisen. Und ist das Verlangen auch noch so groß, berücksichtige die nationalen Gewohnheiten und Sitten und bemühe dich, dich so zu benehmen, wie ein Gast sich zu benehmen hat.

Auf Einladung der Staatssekretärin im Außenministerium der Republik Italien, Susanna Agnelli, war ich 1986 mit einer kleinen Delegation zur Ausstellungseröffnung von Werken italienischer Renaissance-Maler, insbesondere der Werke von Bernardo Bellotto, aus dem Besitz der Staatlichen Kunstsammlung Dresden nach Venedig gefahren. Alles war vom Feinsten. Frau Agnelli war eine hochgebildete und gesprächsbegierige Diplomatin. Die Kunst wurde in einem Kloster auf der Insel San Giorgio Maggioni traumhaft präsentiert, die Staatssekretärin gab im riesigen Kirchenschiff für dreihundert geladene Gäste einen festlichen Empfang mit sechs Gängen.

Untergebracht waren wir im Hotel Monaco, direkt am Canal Grande und dem Markusplatz. Ich hatte schon manches gesehen, aber die Exklusivität dieses Hauses verschlug mir die Sprache. Beim ersten Mittagessen glaubten wir uns in einem falschen Film. Die Preise waren so enorm, geradezu schwindelerregend hoch, dass wir uns nicht nur aus Bescheidenheit entschieden, nur Suppe und Nachspeise zu uns zu nehmen. Auf einen Schoppen italienischen Weines wollten wir allerdings nicht verzichten.

Nach dem Essen kam der Leiter des Hauses an unseren Tisch, begrüßte mich und die mich begleitenden Personen mit vollendeter Höflichkeit und sprach in vorzüglichem Deutsch: Ihre Bescheidenheit in Ehren, aber sie sollten wissen, dass sie nicht nur Gast der italienischen Regierung, sondern zugleich persönlicher Gast der reichsten Frau Italiens, der Mitbesitzerin einer der größten Autokonzerne der Welt, unserer verehrten Frau Staatssekretärin sind. Sie können also in Ruhe die Speisekarte von oben nach unten und umgekehrt durch bestellen. Ich bedankte mich freundlichst für seine Aufmerksamkeit und konnte meine kleine Delegation am nächsten Tag wenigstens überzeugen, die billigste und kleinste Seniorenportion zu essen. Wir hatten trotzdem ein schlechtes Gewissen.

Das Kontrastprogramm erlebte ich noch im gleichen Jahr. Das sowjetische Außenministerium monierte, dass seit Jahren keine Regierungsdelegation der DDR in Afghanistan gewesen war, man könne das auch als eine Form der Ablehnung des sowjetischen Einmarsches betrachten. Im Prinzip war das nicht falsch, denn hinter der Hand hörte man beim Mittagessen im Gästehaus des Ministerrates und anderswo manchen Zweifel. Aber wenn Moskau einen Wunsch hatte, wurde dieser natürlich in Berlin sofort erfüllt. Die einfachste und billigste Lösung im wahrsten Sinne des Wortes war der Abschluss eines Kulturvertrages, nicht wie beim Kulturabkommen mit der Bundesrepublik unter der Hoheit des Außenministeriums, sondern diesmal in Verantwortung des Kulturministeriums. Minister Hoffmann fragte entsprechend der Rangordnung und des Dienstalters seine Stellvertreter, die aus irgendwelchen dringenden Gründen die Reise ablehnten. Sie wussten, warum. Der jüngste Stellvertreter war ich. Um nicht eine Absage erleiden zu müssen, beauftragte er mich ohne Diskussion zu dieser Dienstreise. Also flog ich mit einem meiner persönlichen Mitarbeiter in das besetzte Land.

Die Landung im Kessel von Kabul wurde nicht etwa von einem Feuerwerk, sondern von Abwehrraketen von den Hügeln um Kabul begleitet und war mehr als abenteuerlich. Das folgende Mittagessen im Gästehaus der Regierung schlug mir noch mehr auf den Magen: ein nicht gerade überzeugendes dickes Kartoffelpüree mit Ziegenwurst. Bedient wurden wir von zwei bemitleidenswert aussehenden jungen Männern in schwarzen Anzügen aus den Müllabfällen der westlichen diplomatischen Vertretungen. Sie standen beim Essen vor und hinter mir und kauten im Prinzip jeden Bissen heimlich mit. Mir blieb alles fast im Halse stecken. Sie waren sichtlich dankbar, dass ich mehr als die Hälfte auf dem Teller ließ. Es hatte mir die Speiseröhre geradezu zugeschnürt, dieses Elend sehen zu müssen.

Beim Vertragsabschluss im Kulturministerium saß der gastgebende Minister wie eine Marionette zwischen seinen beiden sowjetischen Beratern, die ihm jede Antwort, noch ehe er nachdenken konnte, abnahmen. Da hätte ich auch gleich nach Moskau fahren können. Gingen die sowjetischen Ehefrauen der Diplomaten und Kommandeure in Kabuls Innenstadt einkaufen, fuhren drei Jeeps vor. Die Soldaten des ersten räumten den Laden von Einheimischen, die des zweiten standen Spalier auf dem Fußweg und die des dritten waren persönlicher Begleitschutz im Laden. In meinem Reisebericht schrieb ich, dass die Besetzung Afghanistans durch sowjetische Truppen eine politische Fehleinschätzung sei und keine Aussicht auf Erfolg habe, da sie Sitten, Gebräuche und Traditionen des afghanischen Stammeslebens völlig außer Acht ließ.

In Berlin wurde ich gebeten, diese Passagen zu streichen, was ich ablehnte. Einige Wochen später traf ich mehr als zufällig unseren Außenminister Oskar Fischer, der mir sagte: Wenn du wirklich Interesse an Außenpolitik haben solltest, kannst du dich doch bei uns bewerben. Wir haben bestimmt eine Mitarbeiterstelle für dich frei, und ich versichere dir, du kannst bei uns viel lernen. Ich verstand, was er meinte.

Unvergessliche Momente waren meine Begegnungen mit Künstlern von hohem internationalem Ruf. Kaum in Berlin im Amt, wurde ich für die »Tage der Kultur der DDR« in Moskau 1984 als Leiter der Delegation für die gesamte organisatorische Vorbereitung und Absicherung in Verantwortung genommen. Das brachte mich keineswegs in Panik, hatte ich doch auch schon für die »Leipziger Tage der Kultur in Kiew« die Verantwortung getragen. Das Eröffnungskonzert in dem von mir geliebten Bolschoi-Theater wurde allerdings fast zu einer Katastrophe. Kein Konzertpublikum, sondern ein politisches Protokollpublikum, schwätzend vor, während und nach dem Konzert, beinahe hätten sie sogar den Beifall zum Abschluss des Konzerts vergessen. Ich wusste, was jetzt alles passieren konnte. Noch vor Ende des Konzerts schickte ich einen reitenden Boten zu meiner Mannschaft ins Hotel »Rossia«, wo wir alle untergebracht waren.

Sie organisierte in Windeseile und mit deutscher Gründlichkeit einen kleinen Empfang für den Heldentenor Peter Schreier, den Bassbariton Theo Adam, beide Dresdner und Exkruzianer, und andere Künstlerinnen und Künstler des Eröffnungskonzertes mit Rotkäppchen-Sekt, Radeberger Pilsner und Halberstädter Würstchen in meinem Hotelzimmer. Nachdem der erste Frust abgelassen worden war, alle gemütlich in den tiefen Sesseln saßen, die ersten kleinen Lieder angestimmt waren, verbrachten wir einen wunderbaren gemeinsamen Abend. Das Konzert war bald vergessen.

Peinlich war mir nur, dass ich im Vorfeld selbst einen Fehler gemacht hatte. Ich hatte alle unsere Künstler persönlich im Hotel in Moskau an der Rezeption begrüßt; wen ich dort verpasste, der bekam meine Freundlichkeit im Hotelzimmer zu spüren. Bei Theo Adam kam ich aber zu spät, ich in Anzug, Schlips und mit großem Blumenstrauß vor seinem Zimmer – wir hatten uns noch nie persönlich getroffen –, er in Unterhosen, Unterhemd und Socken, völlig verschlafen hinter der Tür; er glaubte wohl, in mir einen Autogrammjäger zu erkennen, und sah mich an mit einem Blick, der verhieß: Mein Junge, du spinnst. Wenn du Stellvertreter des Ministers für Kultur der DDR bist, bin ich der Papst im Himmel der Musikanten. Also Blumen her und verschwinde. Wir haben am Abend beide herzhaft darüber gelacht und keinem erzählt, warum.

Eine großartige Künstlerin und angenehme Diskussionspartnerin war Gret Palucca, die wichtigste deutsche Repräsentantin des Ausdruckstanzes. Sie hatte 1925 in Dresden eine Schule gegründet, die mit einer nur sechsjährigen Unterbrechung in der Nazizeit Künstler von Weltgeltung hervorgebracht hatte. Auch in Stuttgart und Westberlin hatte sie Schulen eröffnet, ohne an diesen Schulen auch selbst ausgebildet zu haben. Zu ihren Absolventen in Dresden zählten später so erfolgreiche Künstlerinnen und Künstler wie Marianne Vogelsang, Dore Hoyer und Ruth Berghaus. Absolventen waren auch Dietmar Seyffert, Hanna und Harald Wandtke, Enno Markwart, Arila Siegert, Birgit Scherzer und Holger Bey. Ich besuchte sie ein Dutzend Mal in Dresden, und wir hatten einen regen Schriftverkehr. Der reichte von: »Ich bin nach wie vor ohne Haushaltshilfe, der Rat der Stadt hat sich Mühe gegeben, aber leider waren es immer Menschen, die für diese Arbeit im Haushalt nicht geeignet waren. Helfen Sie mir doch bitte.« Bis zu: »Die Situation in unserer Schule ist katastrophal, und es liegt nicht nur daran, dass uns ein künstlerischer Leiter fehlt, bitte helfen Sie mir!« Sie war meine von mir hochverehrte ostdeutsche Maja Plissezkaja, und ich bemühte mich um Haushaltshilfe und künstlerischen Leiter mit Erfolg. Sie war betagt, zerbrechlich, aber von wunderbarem Liebreiz und Freundlichkeit, servierte Tee und Kekse mit Grazie und vollendetem Stil.

Ihre westdeutsche Entsprechung war Pina Bausch. Eine auf ihre Art wunderschöne Frau mit einem fast madonnenhaft ausgezehrtem Antlitz, sie revolutionierte das Tanztheater und inspirierte viele Bühnen der Welt. 1986 überbrachte ich ihr eine Einladung für sie und ihre Wuppertaler Tanzkompanie zur 750-Jahr-Feier von Berlin. Eine feingliedrige Frau mit unvorstellbarem Charme, die jedes Wort im Geiste dreimal bewegte, ehe es ihre Lippen verließ,

Gret Palucca und der Ballettdirektor der Dresdner Oper, Thomas Hartmann, 1987

die wie ein Schlot rauchte und die mit ihren Wuppertaler Inszenierungen, von denen ich in drei Tagen drei verschiedene sah, mich vom Stuhle riss. Solch modernes Tanztheater hatte ich noch nie erlebt. Sie war die bedeutendste deutsche Choreographin, die die Formen des klassischen Balletts aufbrach und erstmalig Gesang, Pantomime, Artistik und Schauspiel mit dem Tanz verband. In Berlin frühstückte ich bei ihrem Gastspiel zur Berliner Jubiläumsfeier mit ihr im Hotel.

Es schien, als konkurrierte Ost- und Westberlin nach dem Motto: Das, was du kannst, kann ich schon lange und viel besser. Heute weiß es kaum noch einer. In Berlin, der Hauptstadt der DDR, gastierten das Sinfonieorchester des Norddeutschen Rundfunks Hamburg, die Bayerische Staatsoper München, die Münchner Philharmoniker, das Ballett der Hamburgischen Staatsoper und die Geigerin Anne Sophie Mutter, die Dirigenten Mauricio Pollini, Daniel Barenboim, Vladimir Ashkenazy, Yehudi Menuhin, Leonard Bernstein, Guiseppe Sinopoli mit Weltorchestern aus London, Amsterdam, Wien und München. Bis dahin ein unvorstellbarer Höhepunkt des musikalischen Lebens in Berlin. Die DDR wollte ein guter Gastgeber sein, und deshalb waren die stellvertretenden Minister für Kultur zwei Wochen lang jeden Morgen in einem Hotel zum

Frühstück mit einem Weltstar verabredet, egal, ob die das wollten oder nicht. Unser Protokoll hatte nicht berücksichtigt, dass die meisten Künstlerinnen und Künstler Nachtschwärmer und Spätaufsteher sind. Viele sahen um 9 Uhr aus, als hätten sie nur eine Stunde im Abendkleid oder Frack in einem Sessel geschlafen.

Einen großen Eindruck hinterließ auf mich im Bereich der bildenden und angewandten Kunst der Galerist und Kunstwissenschaftler Klaus Werner. In meinem Alter, im Erzgebirge geboren, hatte er in Chemnitz an der damaligen Karl-Marx-Oberschule das Abitur abgelegt: Schon das allein reichte für meine Sympathie für ihn noch ohne Gespräch und persönliche Bekanntschaft. Er war nach seinem Studium der Kunstgeschichte in Berlin Referent im Kulturministerium, im Übrigen in der gleichen Abteilung wie später Wolfgang Thierse, wurde allerdings im Gegensatz zu ihm durch eine von ihm begründete Berliner Staatliche Galerie legendär: die Arkade am Straußberger Platz, ein Ausstellungszentrum experimenteller Kunst. 1981 wurde er gezwungen, die Leitung der Galerie aufzugeben, und arbeitete fortan als freischaffender Kunstwissenschaftler. Wir hatten Dutzende von Gesprächen im Kulturministerium oder bei gelegentlichen Begegnungen bei Ausstellungseröffnungen. Nie war er aufdringlich, er war sich seiner bewusst, feinsinnig, vornehm und zurückhaltend und manchmal auch von einem umwerfenden hintersinnigen Humor. Werner liebte seine Idee vom einem »Museum westeuropäischer Kunst«. Wir hätten es auch gebrauchen können, es fehlten uns nur die Devisen für den Aufkauf von Kunst.

Er schrieb mir Anfang 1989: »Epilog in Klammern: Wenn ich mich einmal in eine umgestaltete, sozialistische Traumlandschaft versetzte, dann könnte ein mäzenatischer Minister rufen: W., Du hast vier Wochen Zeit, nimm Dein Auto, wenn Du die Zusagen für XXX Bilder und X Millionen bringst, dann machen wir das. Es ist nützlich und hinterlässt einen guten Eindruck. Die Enkel werden sich darüber freuen… Nichts für ungut, wir leben nicht dort. Die besten Ideen sind von gestern, bevor sie Macht werden.« Seine Hartnäckigkeit hatte letztlich doch noch Erfolg. 1998 eröffnete er in Leipzig die Galerie für Zeitgenössische Kunst. Seine Sponsoren waren Arend Oetker und Bernhard Freiherr von Loeffelholz, die ihm schon in den achtziger Jahren hilfreich zur Seite gestanden hatten. Das Glück war ihm wenigstens in seinen letzten Lebensjahren vor seiner schweren Erkrankung hold.

Ein wunderbarer Freund und Gesprächspartner war mir Volker Braun, was gleichermaßen auf seine Frau Annelie zutraf. Gisela hatte uns schon in unserer Leipziger Zeit zusammengeführt. Der Dramatiker, Lyriker und Erzähler erzählte in seiner Literatur und in vielen Gesprächen von der Kluft zwischen individuellem Anspruch und gesellschaftlicher Wirklichkeit. Er war Philosoph,

Annelie und Volker Braun im Kunstsalon von Hans Marquardt, 1981

grübelnd, seine Gedanken sammelnd, schien es, als suchte er nach den passenden Worten, als hätte er im Gespräch Angst, sich nicht richtig artikulieren zu können. Er war heiter und bissig, gut und böse, streitbar und bereit, sich zu korrigieren, ein Gourmet in der Küche und im Kopf. Er ist einer der bedeutendsten Schriftsteller der DDR und des heutigen deutschsprachigen Raums, ein revolutionärer und revolutionierender Kopf. Mit ihm zu diskutieren, war ein Vergnügen, das ich mir mit Gisela so oft ermöglichte, wie ich nur konnte.

Sein Lieblingswort war »rückhaltlos«, so war er im Denken, so war seine Literatur, wenige haben die Versprechungen des Sozialismus so hart und ernsthaft geprüft wie er. Sein »Hinze und Kunze«-Roman war ein respektlos böses Schelmenstück auf Konzeption und Wirklichkeit der DDR, für seine Zeit wahrscheinlich ein unzeitgemäßes Buch über die Beziehungen zwischen den »Herren und den Knechten«, die es in der DDR natürlich auf beiden Seiten nicht gab, und die, die sich im Buch trotzdem erkannten, wie zum Beispiel in Berlin der 1. Bezirkssekretär Konrad Naumann, wetterten gegen das Buch. Ich sah sehr wohl die geistige Sprengkraft seiner Literatur, die trotzdem in unserem Land niemanden gefährdete, ich empfand sie als wohltuenden und wichtigen geistigen Beitrag unserer Zeit.

So bekannte ich mich in einem Vortrag zur Weiterbildung der Mitarbeiter des Ministeriums für Kultur zu diesem Buch und äußerte mein Unverständnis, dass es in die Kritik geraten war und keine Chance für eine Neuauflage hatte.

Die jungen Mitarbeiter des Ministeriums empfanden meine Rede als Sauerstofftherapie, manche der älteren als Verrat an unseren Idealen und eines Stellvertreters des Ministers für unwürdig. Staatssekretär Kurt Löffler empfahl den Mitarbeitern seines unmittelbaren Verantwortungsbereichs, sich in einem Brief, Beschwerde führend, an den Minister zu wenden. Der bat mich, in seiner Dienstberatung selbstkritisch Stellung zu nehmen, was ich auch halbherzig tat, trotzdem bestellte mich die Abteilung Kultur des ZK zu einem Gespräch.

Ursula Ragwitz und ihr Stellvertreter Franz Hentschel teilten mir mit, dass gegen Braun ein Parteiverfahren eingeleitet würde und ich mich gefälligst der Disziplin des demokratischen Zentralismus unterzuordnen habe. Ich war Volker Braun zu sehr verbunden, als dass ich den Mund halten konnte und erklärte: Wenn ihr das macht, beantrage ich im Ministerium ein Parteiverfahren gegen mich, weil ich nicht bereit bin, meine Position zu ändern. Das nächste Gespräch fand bei Kurt Hager statt, nun war ich erst richtig bockbeinig geworden, es ging ja schließlich um meine Ehre und Glaubwürdigkeit.

Keiner hat je besser die Atmosphäre eines solchen Gesprächs beschrieben als Franz Fühmann, er selbst ein klein wenig Faschist, er trat 1938 der SA bei, auch ein klein wenig Atheist, vorher zeitweise in einem Jesuitenkolleg bei Wien erzogen, später auch ein wenig Stalinist, insgesamt ein Mann des 20. Jahrhunderts und ein wichtiger Schriftsteller unseres Landes. Er wird auch heute noch, fast dreißig Jahre nach seinem Tod, immer wieder aufgelegt – und gelesen.

Seinem Freund, dem Bildhauer Wieland Förster, schrieb er über einen Besuch bei Hager und seine Fürsprache für Sarah Kirsch: »Das eben verstand der Herr Professor nicht – wie könne man nur so kleinlich sein, meinte er, und seine persönlichen Sonderwünsche über das Großeganze stellen – wenn das Großeganze sage, dass man falsch liege, so solle man sich bitte schön richtig legen und nicht darauf beharren, dass das Großeganze falsch liege. – Ich versuchte ihm zu erklären, dass Literatur und Kunst eben da beginne, wo man anders liege als jedermann; er lächelte wieder, sehr nachsichtsvoll und sagte, das alles sei sehr interessant, nur wisse er nicht, warum das dem Sozialismus nützen soll, dass man ihn anders ansähe als das Großeganze.«

Verwirrt ging ich nach dem Gespräch mit ihm von dannen. War das wirklich der Mann, der über Kunst und Literatur in unserem Lande zu entscheiden hatte, an den so viele als einen Rettungsanker gegen die Betonköpfe im Politbüro glaubten, der aus dem Spanischen Bürgerkrieg berichtet hatte und in westlicher Emigration war? Das Wichtigste aber nach meinem Gespräch und einer langen Belehrung über das Große und Ganze bei Hager war: Es gab keine parteierzieherische Auseinandersetzung, weder mit Volker Braun noch mit mir. Irgendwie dachte ich: Es war richtig, auch in dieser Frage, die nicht unmittelbar zu meinem Verantwortungsbereich gehörte, meine Meinung zu vertreten.

Noch heute bin ich wütend auf mich, dass ich in einer fast gleichen Situation versagt habe. Nach den wunderbaren Premieren und dem trotzigen Verbot einer Reihe sowjetischer Filme 1988 durch die Parteiführung rumorte es völlig zu Recht unter Künstlerinnen und Künstlern. Fast ein gesamtes Festival des sowjetischen Films war aus den Kinos genommen worden. Dabei handelte es sich um Filme, die sich ehrlich, verzweifelt und zugleich mahnend mit dem Stalinismus in der Sowjetunion auseinandersetzten. Hager bestellte Kulturminister Hoffmann und seine Stellvertreter zu sich an seinen überlangen Konferenztisch und gab eine Erklärung über das »Großeganze« ab, informierte uns über die endgültige Entscheidung der »Hauptverwaltung ›Ewige Wahrheiten‹«, sah unsere entsetzten Gesichter und beendete das Gespräch mit den Worten: »Wer mit unserer Entscheidung nicht einverstanden ist, der kann jetzt sofort seinen Dienstausweis auf den Tisch legen.« Wir schauten uns kurz aus den Augenwinkeln an und senkten mehr oder weniger feige die Köpfe. Ich hatte mich wieder einmal selbst verraten.

Wie viel Lebenszeit habe ich für nutzlose Begegnungen, in sinnlosen Konferenzen und Sitzungen, Anleitungen und Schulungen zugebracht. Ich bedaure heute, diese Zeit nicht besser genutzt zu haben, oder besser, nicht besser genutzt haben zu können. Vielleicht hätte ich in dieser Zeit mit Wieland Förster reden können, der 1946 als 16-jähriger vom NKWD verhört, verhaftet und bis 1950 interniert worden war, er hätte mir bisher wenig Bekanntes über die Vorgeschichte der DDR erzählen können, vielleicht hätte ich mit Nuria Quevedo reden sollen, die 1952 mit ihrer Familie in die DDR emigriert war. Eine bildschöne Frau aus Barcelona mit einer geradezu wehmütigen Bescheidenheit, die Melancholie wurde ihr zur Leidenschaft, die Geschichte in ihrer Kunst zur Verpflichtung, vielleicht hätte sie mir etwas erzählen können über die Leiden und Schmerzen verlorener Heimat. Vielleicht hätte ich öfter Manfred Butzmann treffen sollen, Zeichner, Fotograf und heimatverbundener Visionär aus Berlin-Buchholz, über den der Bürgerrechtler und Pfarrer aus Wittenberg, Friedrich Schorlemmer, sagte: »Er sieht das Wachsen und Sterben seiner Ideen. Aber er hört nicht auf. Wenn ein Mensch wie er aufhören würde, wäre wohl nichts mehr möglich.« Die Namensliste ließ sich seitenlang fortsetzen.

Mich ärgert heute, dass ich mich stundenlang mit notorischen Briefschreibern und Querulanten, Eingabekönigen und Beschwerdeführern, Wichtigtuern und Scharlatanen beschäftigen musste. Unsere kleine sozialistische Demokratie verbot es mir, sie zu ignorieren.

Da gab es aber auch international bekannte Künstler, die gleich ins »Große Haus« in die Zimmer der Macht gingen, die die Bekanntheit ihres Namens hemmungslos ausspielten. Anschließend kamen stets die Weisungen aus den verschiedensten Abteilungen des ZK, diesen bedeutenden Leuten doch endlich zu helfen; wir seien diesen Künstlerinnen und Künstlern doch zu unendlichem Dank verpflichtet. Da ging es um Studienplätze für die eigenen Kinder und die von Freunden und Bekannten, um Arztbesuche und Behandlungen in westdeutschen Krankenhäusern, um Kuren und Reisen ins westliche Ausland, da ging es um die Baugenehmigung für Feriendomizile in Naturschutzgebieten auf der Insel Usedom – viele von ihnen kannten keine moralischen Grenzen.

Zum Geburtstag von Hager waren manche schon vor 9 Uhr, noch vor dem offiziellen Beginn des Gratulationsempfang, in seinem Arbeitszimmer und trällerten ihr »Auf die Bäume, ihr Affen…«, und wir standen wirklich wie die Affen im Vorzimmer der Macht und warteten und warteten, bis man uns Einlass gewährte. Schwamm drüber, die Zeit heilt viele Wunden; manchmal brechen sie aber auf: wenn die gleichen Künstlerinnen und Künstler ihr Image als Bürgerrechtler und Widerständler pflegen.

Ärgerlich war auch, dass ein Dutzend von unwichtigen Berufungen Zeit und Kraft kosteten: So war ich Mitglied des Hoch- und Fachschulrates beim Minister für das Hoch- und Fachschulwesen, Mitglied des Auszeichnungsausschusses »Designpreis der DDR«, Mitglied des Kollegiums des Leiters des Amtes für industrielle Formgestaltung, Mitglied der Kommission für gesellschaftswissenschaftliche Information und Dokumentation an der Akademie der Wissenschaften in der DDR, Mitglied des Wissenschaftlichen Rates für marxistische-leninistische Philosophie an der Akademie für Gesellschaftswissenschaften des ZK der SED, Mitglied des Wissenschaftlichen Rates für marxistische-leninistische Kunst- und Kulturwissenschaften an der gleichen Einrichtung, Mitglied des Kollegiums des Ministeriums für Kultur, Mitglied des Beirates zur Beratung und Koordinierung gesamtgesellschaftlicher Aufgaben von Erziehung und Ausbildung des künstlerischen und kulturpolitischen Nachwuchses und Mitglied des Nationalen Rates der DDR zur Pflege und Verbreitung des Deutschen Kulturerbes. Wenn es sich irgendwie ermöglichen ließ, legte ich meine Auslandsreisen, den Empfang von internationalen Delegationen, den Wechsel von Rektoren oder irgendwelche Festveranstaltungen auf die Termine der Sitzungen dieser verschiedenen Räte.

Es gab nur einen Rat, den ich wirklich ernstnahm. Der Minister für Kultur hatte mich in Übereinstimmung mit dem Ministerpräsidenten der DDR 1987 zum Vorsitzendes des »Rates für Denkmalkunst« berufen. Das Politbüro und insbesondere Honecker übertrugen sowjetischen Bildhauern, sei es bei Gesprächen in der DDR-Botschaft in Moskau, sei es wenn diese während eines Besuches in Berlin ihre Angebote in Miniaturausführungen aus dem Koffer zauberten, immer wieder die Ausführung von Vorhaben. Das geschah stets ohne Konsultationen mit dem Ministerium für Kultur und dem Verband Bildender Künstler, geschweige denn über nationale Ausschreibungen. Bei der

Max Bill in Berlin, 1987

Vergabe des »Thälmann-Denkmals« in Berlin kochten im Verband Empörung und Wut hoch. Und das zu Recht.

Eine in Reaktion darauf im März 1987 in Kraft gesetzte »Denkmalordnung«, quasi das Gründungsdokument des Rates für Denkmalkunst, war gemeinsam mit führenden Bildhauern und Kunstwissenschaftlern des Landes erarbeitet worden und bot Chancen für einen wirklichen Neuanfang. Ich lud die Schweizer Künstler Max Bill und Schang Hutter sowie den österreichischen Bildhauer Alfred Hrdlicka nach Berlin ein und spazierte, natürlich getrennt, mit ihnen durch die Innenstadt, um nach geeigneten Orten für künftige Ausschreibungen zu suchen. Sie erklärten ihre generelle Bereitschaft, als beratende Gäste an wichtigen Sitzungen des Rates für Denkmalkunst teilzunehmen. Alle drei waren weltbekannt und beeinflussten die internationale Kunstszene. Der wohl bekannteste unter ihnen war Max Bill: Bauhausstudent in Dessau, Architekt, Maler, Plastiker und Publizist, Mitgründer der Hochschule für Gestaltung in Ulm und ihr erster Rektor, Direktor der Bauhaus-Akademie in Westberlin.

1987 hatte ich ihn durch Vermittlung des freien Journalisten und Publizisten Michael Grüning kennengelernt, der mir eine glänzende Idee schenkte: Bill war 1946 Gast auf einer Nachkriegs-Aufbaukonferenz in der Leipziger Kongresshalle gewesen, hatte dort gesprochen und dabei den damaligen Leiter der

145

Abteilung Baustoffindustrie und Bauwirtschaft der Deutschen Zentralverwaltung für Industrie, Willi Stoph, kennengelernt. Grüning entwarf mir einen Brief an Stoph mit dem Verweis auf 1946 und dem bevorstehenden 80. Geburtstag des großen Schweizer Künstlers und schlug darin vor, dass es die DDR wohl ehre, wenn Stoph ihm ein persönliches Schreiben übermittle, dass Keller, der mit ihm in ständigem Kontakt sei – und das war zu diesem Zeitpunkt gut gelogen –, bereit wäre zu überbringen. Stoph war einverstanden, und so fuhr ich nach Zürich zu Max Bill. Daraus entstanden etwa ein Dutzend weitere Begegnungen bis zur Schenkung einer »Unendlichen Treppe – Ein Monument für Walter Gropius und das Bauhaus« für das gleichnamige Haus in Dessau.

Solche Kontakte entwickelten sich auch zum Schweizer Architekten Otto Kolb, der aus gesundheitlichen Gründen nicht oft nach Berlin kommen konnte, mir aber beim Besuch in seinem Haus in nächtlichen Gesprächen für architektonische Möglichkeiten und Grenzen der Denkmalkunst mit völlig neuen Aspekten die Augen öffnete. Ebenfalls durch Vermittlung von Michael Grüning besuchte mich der Bauhäusler Walter Allner, der seit Jahrzehnten in New York lebte, dem Bauhaus Dessau ein Bild schenkte und mir nach einem längeren Gespräch schrieb: »Unser Besuch in der DDR führte uns auch zu Stätten meiner Kindheit. Das wärmte mein Herz. Wir hoffen sehr, wiederkommen zu können.«

Doch vieles bedurfte seiner Zeit, und manche Vorbehalte galt es abzubauen. Einige Bildhauer der DDR waren natürlich eifersüchtig, gekränkt und mir böse, dass ich international renommierte Künstler um Rat fragte. Viele, die Jahre geschwiegen hatten, begehrten jetzt ein Mitspracherecht, auch dafür hatte ich Verständnis, auch wenn dies manchen Ablauf verlängerte.

Es gab auch Wortmeldungen, die ich gar nicht für möglich gehalten hatte. So schrieb mir Peter Hacks, einer der eigenwilligsten deutschen Dramatiker, ein Mannsbild aus einem Gemisch aus Hegelscher Welt und Stalinscher Härte, geliebt und gehasst, verehrt und verboten, im November 1988 mit seinem etwas derben Humor: »Wir haben einen großen Stein und keinen Hardenberg. Wir haben einen großen Scharnhorst und keinen Massenbach. Wir haben einen großen Schiller und keinen Goethe. Wir haben von allen Widerspruchspaaren grundsätzlich die rechte Hälfte da stehen. Wäre es nicht endlich Zeit, uns aus der Kontinuität der national-liberalen und mithin auch der imperialistischen Geschichtssicht zu befreien? In einem Vorgarten verbirgt sich ein kümmerlicher Hegel. Wo leben wir denn? Mir fehlt ein großer Verursacher des Berliner Kulturlebens: Voltaire. Vor dem Deutschen Theater fehlt mir Langhoff. Von vielleicht besseren Manieren, als wir noch haben, würden ein Napoleon- und ein Stalindenkmal zeugen. Diese Leute haben uns an die Spitze der

Zivilisation geschmissen; unsere eigentlichen Revolutionen waren zwei verlorene Kriege, unsere größten Niederlagen waren unsere besten Geschäfte. Natürlich bedarf es eines sehr sicheren Gefühls unserer nationalen Identität, um das zuzugeben. Aber lassen Sie doch vorsorglich zwei anständige Plätze frei.«

Die Denkmalkunst war mit der Bildung des Rates und dessen Öffnung zu den Bürgerinnen und Bürgern des Landes endlich zu einer öffentlichen Angelegenheit geworden. Ich antwortete ihm: »Ja, Sie haben recht, als Vorsitzender des gerade berufenen Rates für Denkmalkunst der DDR hat man mir Lust und Last gleichermaßen zugestanden. Sie werden verstehen, dass man nicht in einem oder in fünf Jahren alles das korrigieren kann, was über Jahrzehnte entstanden ist. Ich bekenne mich zu bildkünstlerischen Ehrungen für Hardenberg und Massenbach, für Goethe und Hegel, für Voltaire und Langhoff. Sie wissen besser als ich, dass damit eine dringend notwendige Namensliste der zu Ehrenden noch längst nicht abgeschlossen wäre. Also heißt es Schritt für Schritt, sich an die Aufgabe zu wagen… Auch für einen Vorschlag für ein Napoleon- und für ein Stalin-Denkmal gibt es für mich keinen Grund, einen Bogen zu machen, aber Sie wissen ja selbst, manches braucht Zeit, manches Geduld und manches einen langen Atem. Leider hat die Denkmalkunst nicht die Vorteile der Literatur, aber im Bündnis mit der schöngeistigen und wissenschaftlichen Literatur wird sie bestimmt auch bald Probleme lösen, die heute noch verschlossen sind. Und das gilt nicht nur für Namen, das gilt vielmehr auch für die Art und Weise (der Gestaltung) von Denkmalen.« Unsere Ausschreibungen für öffentliche Denkmale, besonders in Berlin, wurden durch die Stürme der Wende leider nicht mehr Wirklichkeit. Noch nie hatte es solche interessanten Angebote, besonders von jungen Künstlerinnen und Künstlern gegeben. Auch westdeutsche Bildhauer fragten an.

Die deutsch-deutschen Beziehungen hatten sich gut entwickelt. 1971 war das Transitabkommen unterzeichnet worden, es folgte ein Jahr später der Abschluss des Verkehrsvertrages und schließlich im Dezember des gleichen Jahres der Grundlagenvertrag. Diese Verträge ermöglichten die völkerrechtliche Anerkennung der DDR und die Aufnahme beider deutscher Staaten in die UNO und ihre Teilnahme am KSZE-Prozess. Auch die deutsch-deutschen Kulturbeziehungen waren auf einem guten Weg. Beide Seiten hatten natürlich ihre eigenen Konzeptionen. Die westdeutsche Seite drängte uns, die unterschiedlichsten offiziellen und inoffiziellen Kontakte zu Künstlerinnen und Künstlern aller Genre zu legalisieren und zu fördern, die ostdeutsche Seite verwies immer wieder auf erst zu realisierende politische Forderungen. So kam über viele Jahre kein ernstzunehmendes Gespräch zustande. Die Blockade war auf beiden Seiten. Nach dem Abschluss des Grundlagenvertrages waren in rascher Folge zahlreiche weitere Einzelabkommen geschlossen worden. Man

1987: Pressekonferenz in München

sprach auch hin und wieder über einen Vertrag des gegenseitigen kulturellen Austausches. Aber man sprach nur darüber.

Inzwischen waren nach den ersten Gesprächen 13 Jahre vergangen, in denen fünf Verhandlungsrunden erfolglos geblieben waren, weil beide Seiten an ihren Standpunkten festhielten. Das betraf insbesondere die Meinungsverschiedenheiten zur einheitlichen deutschen Nationalkultur und die Frage der kriegsbedingt verlagerten Kulturgüter, vor allem über die Rechtmäßigkeit der Stiftung Preußischer Kulturbesitz in Westberlin. Unabhängig davon entwickelte sich im Kleinen der Kulturaustausch zwischen beiden deutschen Staaten, allerdings mehr oder weniger als Einbahnstraße. Das hatte weniger politische als vielmehr kommerzielle Gründe. Das Gewandhausorchester und der Thomaner-Chor, die Staatskapelle Dresden und der Kreuzchor, Theaterensemble wie die Komische Oper, das Berliner Ensemble, das Staatstheater Dresden und die Staatsoper Berlin waren gern gesehene Gäste westdeutscher Konzertsäle und Bühnen. Angesichts der immer existenten Devisenknappheit der DDR eine verlockende Aussicht, brauchte sie doch für ihre kulturellen Einrichtungen Panzerglas und Klimaanlagen, Malerbedarf, Ballettschuhe und Tagegelder für Kurzreisen und Ausstellungsbesuche in westlichen Ländern. Eine der beiden Seiten musste letztendlich nachgeben. Es war für uns überraschenderweise Honecker, denn er wollte unbedingt zum Staatsbesuch in die Bundesrepublik reisen. Mehrfach hatte ihn die sowjetische Seite daran gehindert. Nun wollte er es wissen. Der Staatsminister im Bundeskanzleramt, Philipp Jenninger, hatte bereits bei seinem Antrittsbesuch im Dezember 1982 von möglichen Zusagen der westdeutschen Seite gesprochen. Und trotzdem gingen erneut vier Jahre ins Land. Ein Treffen zwischen Kohl und Honecker anlässlich der Trauerfeierlichkeiten für Konstantin Tschernenko 1985 in Moskau brachte wieder einmal Bewegung in die ruhenden Verhandlungen.

Nun ging alles sehr schnell. Honecker wollte um jeden Preis. Die westdeutsche Seite erkannte in dieser Situation ihre diplomatischen und taktischen Vorteile. Selbst eine harsche Kritik des sowjetischen Botschafters in Berlin konnte nichts mehr an der entstandenen Situation ändern. Im Mai 1986 wurde das Kulturabkommen zwischen den beiden deutschen Staaten unterzeichnet. Ein Verhandlungsmarathon ging unspektakulär zu Ende. Unterzeichner des Abkommens waren der Stellvertreter des Außenministers der DDR Kurt Nier und der Ständige Vertreter der Bundesrepublik in der DDR, Hans-Otto Bräutigam. Die Kulturpolitiker beider deutscher Staaten saßen wie gewohnt am Katzentisch.

Die Aktivitäten begannen auf beiden Seiten mit einem hohen Tempo. Im Oktober 1986 die Ausstellung »Positionen – Malerei aus der Bundesrepublik Deutschland« im Alten Museum in Berlin, darunter mit Graubner, Uecker und Richter drei inzwischen international hochdotierte Maler, die die DDR in den fünfziger und sechziger Jahren verlassen hatten. Einen Monat später die Ausstellung »Menschenbilder – Kunst aus der DDR« in Bonn, danach in Saarbrücken und Münster mit Werken von Cremer, Förster, Giebe, Heisig, Kettner, Mattheuer, Morgner, Quevedo, Rink, Rudolph, Sandberg, Sitte, Stötzer und Uhlig. Es folgten gegenseitige Ausstellungen in kurzer Abfolge.

Hager bestand darauf, dass ich meine Reden zur Eröffnung der Ausstellungen in der Bundesrepublik von ihm bestätigen ließ, was ich auch tat, aber vor Ort nicht einhielt. Ich sprach über das, was zu sagen war. Nach dem Besuch von Honecker in Bonn 1987 nahm mich der Ministerpräsident von Nordrhein-Westfalen, Johannes Rau, beiseite und meinte: Herr Keller, wunderbar, was Sie gesagt haben, ich stimme dem ohne Einschränkungen völlig zu, aber ich bitte Sie in meiner staatspolitischen Verantwortung, gefährden Sie durch Ihre wunderbare Offenheit nicht die bescheidenen Anfänge der deutsch-deutschen Verhandlungen. Wir können uns zu diesem Zeitpunkt keine innere Opposition in der SED leisten. Es hätte nur noch gefehlt, dass er über die Bedeutung des »Großenganzen« gesprochen hätte. Ich wollte aufspringen und gehen, dann dachte ich mir, wenn es schon so weit gekommen ist, kannst du auch sitzen bleiben und es dir bequem machen.

Kurz darauf gab ich Hansjürgen Rosenbauer für den »Weltkulturspiegel« der ARD das erste in Berlin nicht genehmigte Interview eines DDR-Ministers. Es

Interview mit Hansjürgen Rosenbauer für den »Weltkulturspiegel« der ARD, 1987

muss nicht schlecht gewesen sein, denn ich wurde dafür nie kritisiert. Am späten Abend beim Wein in einer Bonner Kneipe in Anwesenheit vor allem westdeutscher Künstler sagte ich am Tisch der Kunstwissenschaftler Klaus Honnef und Lothar Romain den folgenschweren Satz: »Die DDR wird das Jahr 1989 nicht erleben, geschweige denn überleben.« Als meine Gesprächspartner mich 1990 in einem Brief daran erinnerten, erschrak ich für einen Augenblick doch etwas. Aber mir war klargeworden, dass die westdeutsche Überlegenheit im wirtschaftlichen Bereich und ihre Offensive in den menschlichen Beziehungen bei gleichzeitiger sowjetischer Reduzierung von Erdöl und anderen lebenswichtigen Lieferungen uns kaum eine Chance des Überlebens boten.

Auf der Rückreise nach Berlin bat ich meinen Fahrer kurz vor der Grenze, anzuhalten, ich wollte in Ruhe eine Viertelstunde spazieren gehen und meine Gedanken sammeln. Mir platzte fast der Kopf, und ich stieg nach dreißig Minuten wieder ein und fuhr nach Berlin. Zurück im Ministerium wurde mir klar, dass ich anders denken und handeln musste. Wir mussten im Klammergriff zwischen Moskau und Bonn versuchen, vernünftig zu überleben. Mehr Offenheit, mehr Rechtsstaatlichkeit, mehr Öffnung der DDR zur westlichen Welt, keine Versteckspiele mehr, aber auch nicht ins offene Messer rennen. Minister Hoffmann sagte mir in dieser Zeit in einem Gespräch unter vier Augen: Ich habe furchtbare Angst, weil ich nicht weiß, wie die sowjetische Führung reagieren wird. Noch einmal einen Einsatz von Truppen und Panzern überleben wir nicht.

Ich schrieb ohne Rücksprache mit meiner obersten Behörde Loriot zu seinem Geburtstag ein Glückwunschtelegramm und sprach die Hoffnung aus, seine Kunst auch bald in der DDR bewundern zu können. Das war Berliner Morgenzeitungen eine Schlagzeile auf der ersten Seite wert, und ich musste wieder einmal ins »Große Haus«. Aber Loriot war politisch so unverdächtig, dass man ihn sich leisten konnte. Ich sagte zu Kurt Hager, dass Loriots Kommen die DDR nur adeln könne. Nur meine unabgestimmte Handlungsweise fand seinen kritischen Kommentar. Loriot kam mit einer wunderbaren Ausstellung in Begleitung seiner Frau nach Berlin, Rostock und Weimar, wir besuchten gemeinsam Rostock in einer damals noch offenen Erbschaftsangelegenheit seiner Familie und waren zu Gast bei Inge und Jo Jastram in Kneese. Er war überrascht über die Kunstszene in der DDR und über die Offenheit, mit der ihm alle begegneten. Auch er hatte einen Sack voller Vorurteile. Ich fühle mich bei Ihnen wie zu Hause, sagte er, als wir uns verabschiedeten. In einem Brief im Mai 1991 äußerte er sich entsetzt über die damalige Hetzkampagne gegen mich. Das tat mir zwar gut, half mir aber auch nicht weiter.

Nach dem Abschluss des Kulturabkommens 1986 entstanden in kürzester Zeit viele Städtepartnerschaften, so – in der Reihenfolge der Ratifizierungster-

Vicco von Bülow – Loriot, in Weimar, 1989

Konzert mit Preisträgern internationaler Wettbewerbe aus der DDR in Bonn, 4. von rechts: Richard von Weizsäcker, 1988

mine – u. a. zwischen Erlangen und Jena, Saarbrücken und Cottbus, Trier und Weimar, Karlsruhe und Halle, Bremen und Rostock, Hannover und Leipzig, Hamburg und Dresden, Bonn und Potsdam, Mainz und Erfurt, Braunschweig und Magdeburg und Düsseldorf und Karl-Marx-Stadt. Im Umfeld des Kultur-abkommens gingen hochdotierte Kulturpreise der Bundesrepublik an Christoph Hein und Klaus Schlesinger, Volker Braun, Franz Fühmann und Heiner Müller, Harry Kupfer und Hartwig Ebersbach.

1988 präsentierte der Deutsche Musikrat im Rheinischen Landesmuseum in Bonn ein Konzert mit jungen Preisträgern von nationalen und internationalen Musikwettbewerben aus der DDR. Unter den Gästen, für uns aus der DDR überraschend und auch etwas ungewohnt, der Bundespräsident Richard von Weizsäcker mit seiner Frau. Der Mann, von dem man sagt, dass er Geige spiele und Trompete und Posaune blase, besuchte ein ganz normales Konzert in einem normalen Vortragssaal eines Museums. Wie sehr habe ich mir das von Repräsentanten der DDR gewünscht. Ich hatte ihn bereits ein Jahr zuvor am Tag nach der Ausstellungseröffnung in Bonn beim Sommerfest der Vertretung des Landes Nordrhein-Westfalen kennengelernt. Die anwesenden Künstlerinnen und Künstler der DDR hatten mehrere Kataloge und Bildbände signiert, einen davon überreichte ich ihm. Ohne Vorbehalte waren wir im Gespräch bei der Sache, den Beziehungen zwischen beiden deutschen Staaten, bei der Kunst und

Vernissage der Beuys-Austellung in der Hochschule für Graphik und Buchkunst Leipzig, 1988

dem Künstleraustausch. Er blätterte im Katalog, und mir blieb vor Schreck die Luft weg. Ich hatte aus dem Stapel der Kataloge genau den einzigen falschen erwischt, in dem der Kunstwissenschaftler Peter Pachnike und der Bildhauer Klaus Schwabe fast auf jeder Seite für die zweite Auflage bereits handschriftliche Korrekturen vorgenommen hatten. Ich erblasste, versuchte eine blumenreiche Entschuldigung, er aber meinte, er besäße nun ein wunderbares Unikat. Natürlich war mir die Situation unangenehm, aber sie wurde durch sein Verständnis gerettet, da auch die Landesminister Günther Einert und Diether Posser, die sich in unserer Runde befanden, das Malheur eher lustig als peinlich fanden.

Auf dem gleichen Empfang hatte mich der Ausstellungsleiter und Galerist Alfons Biermann, in dessen Gefolge sich die Gebrüder van Grinten, die wichtigsten Sammler und Kunstmäzene für die Arbeiten und den Nachlass von Beuys befanden, zum wiederholten Mal angesprochen, ob ich mir nicht eine Ausstellung der frühen Arbeiten von Beuys in Berlin oder Leipzig vorstellen könne. Sie kannten natürlich unsere Berührungsängste, ich aber konnte mir das gut vorstellen und hatte schon vorgearbeitet. Für mich war das Problem sogar seit langem gelöst, das verschwieg ich aber noch. Mir war schon nach unserem ersten Gespräch Monate zuvor klargeworden, dass der Verbandspräsident Willi Sitte damit nie einverstanden wäre, er hielt Beuys für einen Scharlatan. Damit war auch klar, dass mein Vorschlag bei Hager und beim Verband keine Chance haben würde. Deshalb hatte ich mit dem Präsidenten der Akademie der Künste, Manfred Wekwerth, gesprochen und ihn gebeten, sich bei Hager um eine Ausstellung von Beuys frühen Arbeiten in der DDR zu bemühen, da meine Anfrage kaum eine Chance habe. Den Präsidenten der Akademie der Künste würde Hager wohl kaum abschlägig bescheiden. So kam es zur ersten Ausstellung von Beuys in der DDR, und nicht in Berlin oder Leipzig, sondern in beiden Kunstmetropolen.

Je länger ich im Amt war, desto besser wusste ich, wie man mit guten Karten in der Hinterhand spielt. So kam es unter anderem auch zur Ausstellung der Werke von Robert Rauschenberg im Alten Museum zu Berlin und zur Anfrage der Oxforder Galerie »SAFF TECH ARTS« über die Möglichkeit einer Ausstellung von Roy Lichtenstein in Berlin. Vordem hatte es bereits Ausstellungen von Hans Platschek, Otto Kolb, Alfred Hrdlicka, Max Bill, Robert Liebknecht und Schang Hutter gegeben.

Im Bereich der Kunst brach im Land etwas auf. Nicht unwesentlichen Anteil daran hatten der Kunstmäzen, Kunstwissenschaftler und Schokoladenkönig Peter Ludwig und seine hochgebildete Frau Irene. Er wurde zu einem meiner ständigen Gäste im Ministerium und zu einem fleißigen Briefschreiber, kaufte alles, was er an interessanter DDR-Kunst in die Hand bekam. Er war für den Staatlichen Kunsthandel der DDR ein guter Geschäftspartner und natürlich auch beim Präsidium des Verbandes Bildender Künstler ein gern gesehener Gast. Seine Vorschläge wurden immer verrückter, aber sie wären realisierbar gewesen. Die Kunstlandschaft der DDR hätten sie wesentlich bereichert, aber meine Mitarbeiter auf der Berliner Museumsinsel, die nach der Wende zu diensteifrigen Partnern ihrer westlichen Museumskollegen wurden, sahen in meinen Kontakten zu Peter Ludwig und in unseren gemeinsamen Vorstellungen Verrat an den altehrwürdigen Traditionen der Berliner Museumsinsel.

Es fiel mir schwer, das zu verstehen, hatte ich doch das Konzept von Klaus Werner für ein »Museum westeuropäischer Kunst« nur aus finanziellen Gründen nicht fördern können. Nun gab es einen westdeutschen Mäzen, der uns so etwas nahezu ohne Bedingungen auf einem goldenen Tableau präsentierte, und einige Museumsleute aus Berlin starben beinahe aus Traditionsbewusstsein. Oder war es vielleicht etwas völlig anderes? Ich weiß es nicht. Wenn ich in der dicken Mappe mit den Briefen von Ludwig an mich lese, komme ich auch heute nur zu der einen Erkenntnis: Wie kann man nur so bescheuert sein, solche Angebote zu politisieren und zu moralisieren, sie sogar abzulehnen?

Alles, was ich noch machen konnte, war, die Auszeichnung des Ehepaars Ludwig mit dem »Stern der Völkerfreundschaft« zu initiieren. Natürlich weiß ich auch, dass dies ohne die wirtschaftlichen Kontakte und ohne die Wertschätzung des Schokoladenkönigs durch Günter Mittag nicht möglich gewesen

Alfred Hrdlicka bei der Eröffnung seiner Ausstellung in Leipzig, 1987

wäre. Peinlich berührt war ich nur, dass ich mich nie bei ihm revanchieren konnte: Mindestens ein Dutzend Mal hatte er mich in Berlin zum Essen eingeladen, mindestens ein Dutzend Mal hatte er danach eine seiner goldenen Kreditkarten gezogen. Heute müsste ich dafür demissionieren. Wenige Tage vor der Wende schrieb er mir in seinem letzten Brief: »Es liegt mir daran, eine Lösung zu finden, die den Gegebenheiten Rechnung trägt. Es geht uns ... in Ihrer Hauptstadt um einen Vertrag, der eine dauerhafte Zusammenarbeit sicherstellt. In diesem Vertrag könnte eine Unterbringung der heutigen Leihgaben für einige Jahre in der Nationalgalerie festgelegt werden, wenn mit klaren Terminen eine Institution für internationale zeitgenössische Kunst im Verband der Nationalgalerie vereinbart wird. Wir sind zu mehr bereit als zum Zeigen einer Gruppe Leihgaben westlicher Kunst: Wir wollen mithelfen, eine Institution zu schaffen, in der Kunst der DDR zusammen mit internationaler Kunst aus Ost und West dargestellt wird. Nach meiner Meinung bedarf es einer solchen Institution zwingend, um dem Anspruch einer Kunstmetropole Berlins zu entsprechen.« Das war deutlich und ehrenwert.

Privatleben hat man in einem Funktionärsleben kaum, zumal meine Frau beruflich mehr unterwegs als zu Hause war. Wir verdienten beide gut, ich 3 500 Mark der DDR brutto, sie etwas mehr. Meine Schwester und mein Schwager lächelten manchmal verschmitzt, sie hatten ein Gemüsegeschäft in Karl-Marx-Stadt, wenn wir unsere Arbeitszeiten und unsere Verdienste verglichen. Sie waren fleißig, initiativ und verdienten sehr viel Geld.

Nachdem ich nach Antritt meiner Tätigkeit in Berlin fast ein Jahr in einem Zimmer des Instituts für Weiterbildung des Ministeriums für Kultur in Schildow bei Berlin gelebt hatte, waren wir 1985 in ein kleines Siedlungshaus in Berlin-Buchholz gezogen. Der bisherige Besitzer, ein Pferdenarr – so sah der Garten auch aus –, hatte in Mecklenburg ein neues Zuhause gefunden und einen vernünftigen Preis für sein Berliner Häuschen vorgeschlagen.

Seit langem hatten die Berufskabaretts der DDR die Einrichtung einer Dozentur für Kabarett an den Hochschulen für Schauspielkunst gefordert, in Berlin übernahm Gisela diese Dozentur. Nach der Wende wurde sie auf Wunsch der Darsteller der »Distel« und des Berliner Stadtrates für Kultur, Christian Hartenhauer – gegen meine Einsprüche, weil ich wusste, was man mir vorwerfen würde –, Direktorin des Berliner Berufskabaretts. Sie wollte, was ich verstehen konnte, ihren eigenen Weg gehen, und tat dies mit aller Konsequenz.

Weil ihre gesamte Familie in Westberlin bzw. in der Bundesrepublik lebte, hatte ich im Mai 1984 eine Kontakterklärung abgeben müssen. Da aber Giselas Mutter nach dem mit Westberlin kurze Zeit später abgeschlossenen Visavertrag problemlos nach Berlin-Ost kommen konnte und – mit und ohne unser Wissen – ihren Enkel zu jeder Zeit hätte treffen können, wandte ich mich

Kunstausstellung »Zeitvergleich '88« in Westberlin, von links: Klaus-Rüdiger Landowsky, Dank-wart Buwitt und Eberhard Diepgen, 1988

an meinen Minister mit der Bitte, dass der Sohn von Gisela aus ihrer ersten Ehe, der bei uns lebte, Kontakt zu seiner Oma haben dürfe. Anders wären wir aus dem Konflikt nicht herausgekommen. Nach Hoffmanns Rücksprache mit Hager wurde uns das nach einigen Monaten gestattet. Mir ist mein unterwür-figer Briefverkehr noch heute peinlich.

Gisela war in der Zwischenzeit Vizepräsidentin des Komitees für Unterhal-tungskunst geworden, bei uns zu Hause verkehrten Gisela Steineckert, Mari-anne Wünscher, Toni Krahl, Frank Schöbel, Peter Ensikat, Wolfgang Schaller, Renate Holland-Moritz, Dieter Wien, viele Unterhaltungskünstler, bildende Künstler und Kabarettisten aus Ost und West. Wir hatten ein offenes Haus und stets eine offene Küche. Wie es im Lande rumorte, wusste ich aus meinen eigenen täglichen Erfahrungen ohnehin, durch die vielfältigsten privaten Kon-takte erhielt ich zusätzliche Informationen. Unsere Gäste schienen alle Heiner Müller zutiefst im Geiste verbunden zu sein, dass es Aufgabe der Kunst und Wissenschaft sei, Chaos zu schaffen, Ordnungsvorstellungen zu stören, die ja immer illusionär sind. Auf meine bohrenden Fragen, wie und mit wem weiter, erhielt ich meistens nur die salomonische Antwort: Das ist eure Aufgabe.

Ich hielt Vorlesungen zu aktuellen Fragen der gesellschaftlichen Entwick-lung und vor allem zur kulturellen Entwicklung regelmäßig am Kulturinstitut für Weiterbildung in Schildow, am Franz-Mehring-Institut in Leipzig und an der Akademie für Staats- und Rechtswissenschaften in Potsdam-Babelsberg. Mir war wichtig, nachdenkliches, fragendes und mutiges Überlegen zu vermitteln und zu fördern. Ich wollte nicht so sein wie viele andere, ich sprach generell frei, weil ich die Gesichter sehen wollte, an die ich mich wandte. Jedes Mal, wenn ich von der Akademie aus Potsdam Babelsberg ins Ministerium zurückkehrte, war schon ein Bericht im »Großen Haus« eingetroffen. Ich kenne inzwischen die Namen der Berichterstatter. Schön wäre es gewesen, sie hätten mich nach der Wende einmal angesprochen.

Die Lage im Ministerium nach dem Interview von Minister Hoffmann mit der westdeutschen Zeitschrift »THEATER HEUTE« 1988 unter dem Titel »Das Sicherste ist die Veränderung« spitzte sich zu. Hoffmann bekannte sich als Erster der führenden politischen Persönlichkeiten der DDR vorbehaltlos zur sowjetischen Politik von Gorbatschow und geriet bei Hager, der ihn fallenließ wie eine heiße Kartoffel, in eine gnadenlose Kritik. Auf einer Tagung des Zentralkomitees der SED im Dezember 1988 wurde Hoffmann in der Diskussion durch den FDJ-Chef Aurich – natürlich in Abstimmung mit Krenz – quasi zum Abschuss freigegeben. Ich wurde vorsichtiger und überlegte länger, was ich mit wem bereden konnte.

Welch eine Dummheit. Ein Vortrag vor dem Parteivorstand und Künstlern und Kulturschaffenden der LDPD im März 1989 war von der Staatssicherheit komplett mitgeschnitten worden, Mielke riet in einem Brief an Stoph meine Abberufung an. Der Staatssekretär im Büro des Ministerpräsidenten, Harry Möbis, früher selbst einmal Mitarbeiter im Ministerium für Staatssicherheit und später Offizier im besonderen Einsatz, nahm den Brief und legte ihn, ohne Stoph zu informieren, ab, nach der Wende informierte er mich darüber. Eine mutige Handlung.

Etwa zur gleichen Zeit fand eine Tagung des Thomas-Müntzer-Komitees der DDR im Gebäude des Staatsrates statt. Ich war durch meine Berufung zum Staatssekretär im Herbst 1988 im Ministerium nun auch für die Museen des Landes und die nationalen Jubiläen zuständig. Als Sekretär des Nationalen Thomas-Müntzer-Komitees oblag mir auch die Vorbereitung der Rede des Vorsitzenden des Komitees, Honecker. Ich beauftragte die führenden Historiker des Landes auf dem Gebiet der frühbürgerlichen Revolution, insbesondere aus der Akademie der Wissenschaften, der Berliner und der Leipziger Universität, mit der Ausarbeitung eines Redeentwurfs. Dieser war nach meiner Auffassung glänzend, ich ergänzte ihn mit einigen kleinen aktuellen politischen Akzentuierungen, denn der Vorsitzende des Komitees sprach ja nicht als Müntzer-Forscher. Der Sekretär des Staatsrates, Heinz Eichler, gab mir den Entwurf der Rede mit einer Reihe von grundsätzlichen Hinweisen zurück. Wir

Erich Honecker: »Die Mauer ... wird auch in fünfzig und auch in hundert Jahren noch bestehen bleiben...«, 19. Januar 1989

gaben uns Mühe. Auch der nächste Entwurf entsprach nicht seinen Wünschen. Ich entschied mich, den ersten Entwurf, nur etwas anders gruppiert, wieder einzureichen, der nun die Genehmigung fand.

Am Tage der Sitzung des Komitees war ich ein wenig aufgeregt, denn es war meine erste persönliche Begegnung mit Honecker. Er kam dreißig Minuten vor Beginn der Festveranstaltung und verschwand sofort in seinem Arbeitszimmer als Staatsratsvorsitzender, dort empfing ihn sein Sekretär Eichler. Eine Minute vor Beginn der Veranstaltung öffneten sich die übergroßen Türen des »Heiligtums«, er kam heraus und schritt die dreißig Meter auf rotem Teppich zum Vorzimmer des Festsaales des Staatsrates, in dem sich Mitglieder des Politbüros, des Staatsrates und des Ministerrates versammelt hatten, die sofort aufgesprungen waren, als sich die Türen des »Heiligtums« geöffnet hatten. Honecker kam auf sie zu, nickte jovial nach rechts und links und bemerkte im Vorbeigehen, er würde heute die einzig richtige Antwort auf die Meinungsverschiedenheiten mit der Bundesregierung über die Souveränität der DDR geben. Das Zeremoniell erinnerte mich in peinlicher Weise an den Gang der britischen Königin ins britische Oberhaus.

Als Sekretär des Komitees gab ich Honecker das Wort. Ich war hochkonzentriert, kannte den Text seiner Rede fast auswendig, wartete und wartete auf die angekündigte »einzig richtige Antwort« – vergebens. Doch dann kam sie, wie aus heiterem Himmel: »Die Mauer ... wird auch in fünfzig und auch in hundert Jahren noch bestehen bleiben, wenn die dazu vorhandenen Gründe noch nicht beseitigt sind.« Dieser Satz versaute mir meine schöne Rede, auf allen Seiten der Barrikaden in Ost und West wurde nur noch über diesen einen Satz gesprochen. Mit ihm begann für mich die letzte Phase der Hoffnungslosigkeit der DDR.

Ebenfalls im Frühjahr hatte ich einen Hilferuf aus Moskau bekommen. Die Kaderabteilung des ZK der SED hatte den deutschen Studenten an der Akademie für Gesellschaftswissenschaften und an der Parteihochschule in der Sowjetunion freigestellt, ihr Studium abzubrechen und in die DDR zurückzukehren, wenn sie mit der Politik Gorbatschows in Konflikt geraten würden. Die Leitung der Akademie und einige Hörer der deutschen Delegation baten mich zu einem Vortrag nach Moskau. Mein Ruf hatte also überlebt. Ich verständigte mich mit meinem Minister und bat den 1. Stellvertreter des Kulturministers der Sowjetunion, Saizew, mir eine offizielle Einladung zukommen zu lassen, damit ich für eine Reise nach Moskau eine offizielle Legitimation besaß.

Saizew holte mich vom Flughafen ab, wir aßen gemeinsam, und er ließ mich zur Akademie fahren. Dort bat ich den anwesenden Lehrkörper, mir die Chance zu geben, allein mit den deutschen Studenten zu sprechen, wusste ich doch, dass dieser sowieso in einem anderen Zimmer über ihre Abhöranlage mithören konnte. Im Vortrag bekannte ich mich vorbehaltlos zur Politik Gorbatschows und beschwor die Studenten, nicht kurzfristig zu entscheiden, sondern an den langen Atem der deutsch-sowjetischen Freundschaft zu glauben. Zurückgekehrt nach Berlin wusste mein Minister schon genau, was ich alles gesagt hatte, zuckte vielsagend nur mit den Schultern, murmelte zum wiederholten Male seinen Spruch: Du musst verrückt sein, und zwinkerte mir freundlich und aufmunternd zu, denn auch die Sicherheit unseres Landes hatte mitgeschnitten.

Was ich nicht wissen konnte, war, dass im Ergebnis der Moskaureise der Auftrag zur operativen Personenkontrolle gegen mich ausgelöst wurde. Das erfuhr ich erst nach der Wende. Überraschenderweise bekam ich fortan vom sowjetischen Botschafter Wjatscheslaw Iwanowitsch Kotschemassow eine monatliche Einladung zu einem Mittagessen unter vier Augen: Genosse Keller, wie ist die Lage in der künstlerischen Intelligenz, hat Honecker noch genügend Rückenhalt, was passiert, wenn es an der Spitze der SED zu Veränderungen kommt, was sagen die Altkommunisten und die Widerstandskämpfer zur Lage in der DDR, gibt es etwas, wo wir als Sowjetunion eingreifen müssen oder wäre das ein Fehler? Ich gab ihm, soweit ich es konnte, ehrliche Antworten, sie müssen nicht schlecht gewesen sein, ich wurde immer wieder eingeladen, übrigens war ich nicht der einzige Politiker von DDR-Seite.

Kurt Hager in Bad Frankenhausen bei der »Abnahme« des Bauernkriegspanoramas von Werner Tübke, 1989

Unser Land war im Aufbruch, der in Wirklichkeit ein Abbruch war. Spätestens seit Mitte/Ende 1988 legte sich die DDR mehr still und leise unter mahnenden Gesängen auf eine Bahre, von der sie nicht mehr aufzustehen in der Lage war. Die greise Parteiführung streute mit ihrem zunehmenden Schweigen und ihrer Anti-Gorbatschow-Politik immer mehr Asche über das Land. Nach dem Verbot der deutschsprachigen Ausgabe der sowjetischen Zeitschrift »Sputnik«, die sich der Aufdeckung der Verbrechen in der Stalinschen Ära zugewendet hatte, nach der peinlichen Verhinderung weiterer Aufführungen sowjetischer Filme, der immer weiter wachsenden Massenflucht in westdeutsche Botschaften der sozialistischen Länder, der geradezu entblößenden Erklärung von Egon Krenz zu den fürchterlichen Ereignissen auf dem Platz des himmlichen Friedens in Peking, der Erklärung Honeckers, dass wir denen, die unser Land verließen, »keine Träne nachweinen«, der selbstbewussten Aussage Hagers, dass sich selbstverständlich das Politbüro auf dem nächsten Parteitag der Wiederwahl stellen würde, der Einsetzung des schwer körperbehinderten Günter Mittag als amtierender Generalsekretär nach der Erkrankung Honeckers, und den vielen alltäglichen Dummheiten und Lügen in den Massenmedien war eine Situation entstanden, die mich und meine Freunde verzweifeln ließen. Spätestens zu dieser Zeit war die DDR für uns ohne fremde Hilfe nicht mehr reformierbar.

Zwei Ereignisse gaben der DDR den Gnadenschuss. Erstens: Die manipulierte Kommunalwahl vom Mai 1989 verschärfte die innerpolitische Krise der DDR. Das Politbüro wollte Stärke demonstrieren und manövrierte sich mit den ganz offensichtlichen Wahlfälschungen noch tiefer in die Krise. Die Erstarrung der Gesellschaft wurde qualvoll. Die innerliche Kündigung wurde für viele Bürgerinnen und Bürger zu ihrer scheinbar einzigen Überlebenschance. Bei den einen hieß das abschalten und sich verweigern, bei anderen Unmut und Wut und bei wieder anderen Widerstand in verbotenen Zirkeln und Gruppen oder in der Kirche. Die Mehrheit der Andersdenkenden, nicht die Mehrheit der Bevölkerung, wusste, dass es so nicht weitergehen konnte, aber keiner wusste, wie es hätte weitergehen können. Und zweitens: Die Öffnung der Staatsgrenze zwischen Ungarn und Österreich, von den Regierungen beider Länder in Abstimmung mit der Sowjetunion vorbereitet, wurde zum außenpolitischen Desaster der DDR. Ich und viele meiner Freunde fühlten sich ohnmächtig und handlungsunfähig.

Wie hätte sich auch eine Partei, der in 45 Jahren unter dem Diktat eines totalitären »demokratischen Zentralismus« unter Ausschaltung der Meinungs- und Pressefreiheit ihre eigene Meinung verlorengegangen war, sich zu einer gestalterischen Kraft erheben können, zumal sie in ihrer Geschichte selbstständige Köpfe immer wieder ausgeschlossen hatte. Die langjährige Mitgliedschaft in der SED hatte uns ziemlich widerstandsunfähig gemacht, wir wollten das nur nicht zur Kenntnis nehmen. Keiner traute noch einem anderen. Wir bewegten uns in einem Überschlagkarussell ohne Sicherheitsbügel.

Ich versuchte auf meine Weise, einen Lösungsansatz zu finden, und sprach mit den Mitgliedern des ZK der SED Erich Hahn, Willi Sitte und Karl Kayser, sie mögen sich in der nächsten Sitzung des Zentralkomitees zur Wehr setzen. Es blieb ein vergebliches Rufen in der Wüste. Im September 1989 war ich mit Jürgen Wilhelm, Vorsitzender des Landschaftsverbandes Rheinland, zur Vorbereitung der Kulturtage Nordrhein-Westfalens in Leipzig. Ich begehrte auf seinen Wunsch Eintritt in die Nikolaikirche zum Montagsgebet, die Kirche schien gut besucht zu sein. Man verwehrte uns allerdings den Eintritt. Er zeigte seinen Ausweis und erhielt zur Antwort: Wir haben hier schon bessere Fälschungen gesehen. Der das sagte, begegnete mir einige Monate später als Sicherheitsdienst einer Wahlveranstaltung der CDU/CSU in Bonn.

Anfang Oktober war ich zu den »Tagen der Kultur der DDR« in Niedersachsens Hauptstadt Hannover. Mein Gastgeber, der niedersächsische FDP-Minister für Bundes- und Europaangelegenheiten Heinrich Jürgens, bat mich am 9. Oktober zu einem kurzen Gespräch mit einer Handvoll Journalisten. Ich stimmte blauäugig zu und sah letztlich vor mir mehr als fünfzig Journalisten aller Medien mit Mikrofonen und Kameras. Sie hatten mich übertölpelt. »Was wird mit Honecker?«, fragte mich der Korrespondent der amerikanischen Zeitung »International Herald Tribune«. Ich antwortete ihm: Er wird dem Druck nicht standhalten können und zurücktreten. Das war die Spitzenmeldung seiner Zeitung am nächsten Tag auf der ersten Seite. Mein persönlicher Referent rief mich an und empfahl mir, ruhig noch zwei Tage in Hannover zu bleiben. Das »Große Haus« würde aller Minuten bei ihm anrufen und mich zum Rapport bitten. Ich fuhr trotzdem wie geplant zurück, fand einige Tage später eine schriftliche Einladung vom Kaderleiter des ZK der SED auf meinem Tisch – für den nächsten Tag. Honecker wurde an diesem Tag entmachtet.

Zum 200. Geburtstag des Gartenkünstlers Peter Joseph Lenné hielt Kulturminister Hoffmann, wieder einmal frei sprechend, eine mitreißende Ansprache – über das Leben und Sterben der Bäume. Es war seine letzte. Jeder der Anwesenden verstand, dass dies eine zutiefst politische Rede war. Sie wurde schon nicht mehr zur Kenntnis genommen. Am 24. Oktober 1989 moderierte Gisela Oechelhaeuser auf Einladung von Toni Krahl im »Haus der jungen Talente« in Berlin eine Debatte »Über die Zukunft des Landes«. Auf dem Podium saßen Stefan Heym, Christoph Hein, Markus Wolf, Bärbel Bohley, Jens Reich, Gisela Steineckert, Michael Brie, Hartmut König, Christian Hartenhauer und ich. Die Veranstaltung wurde in viele Länder original übertragen, und viele der Teilnehmer auf dem Podium und im Publikum dachten, von hier und

Haus der jungen Talente, von links (Ausschnitt): Christoph Hein, Hartmut König, Bärbel Bohley, Die-
ter Segert, Gisela Oechelhaeuser, Michael Brie, Markus Wolf, Gisela Steineckert, 24. Oktober 1989

heute werden wir die Zukunft in unsere eigenen Hände nehmen. Es war ein
schlimmer Irrtum. Die Entscheidung war bereits gefallen, die Götter der
Macht in Berlin hatten nichts mehr zu entscheiden, und wir waren nicht in der
Lage – über den Zeitpunkt und das Tempo der Ereignisse entschieden nun
schon andere.

Was jetzt geschah, war kaum noch nachvollziehbar. Die Schauspielerinnen
der Volksbühne Annekathrin Bürger, Walfriede Schmitt und Marion van de
Kamp wurden zu den Geburtshelfern einer Bewegung, die am 4. November
1989 eine halbe Million Menschen zu einer Kundgebung auf dem Alexander-
platz zusammenführte. Der Minister wies an, dass wir uns alle an diesem Tag
in unseren Diensträumen aufzuhalten haben. Mein Dienstzimmer war besetzt
durch das Ministerium für Staatssicherheit, da es als Eckzimmer in Richtung
Leipziger Straße und als Gegenüber zum Nikolai-Viertel gute Videoaufnah-
men zur Überwachung des Demonstrationszuges versprach. Der Einzige, der
an diesem Vormittag das Haus verlassen durfte, war Hartmut König, der kurz
zuvor durch Egon Krenz als möglicher Nachfolger von Minister Hoffmann
im Ministerium als Stellvertreter des Ministers platziert worden war. Er reihte
sich ein in den Zug der Künstlerinnen und Künstler.

Die Ereignisse überschlugen sich. Am 9. November, als Günter Schabowski
in Berlin wie eine Marionette im Schnürboden die Grenze öffnete, eröffnete
Ministerpräsident Johannes Rau im Leipziger Gästehaus des Ministerrates der
DDR die »Tage der Kultur Nordrhein-Westfalens in Leipzig«. Welch ein verrückter Zufall. Noch während seiner Ansprache bekam er von seinem Refe-

renten einen Zettel gereicht, der allerdings nicht wie der von Schabowski ge-
türkt war.

Während Schabowski durch seinen »Zettelfehler« die Grenze öffnete, schliefen Gorbatschow in Moskau und Bush in Washington den Schlaf der scheinbar »Ahnungslosen«. Selbst der sowjetische Botschafter Kotschemassow, in Berlin nicht einmal dreihundert Meter von der Staatsgrenze entfernt, die zugleich auch die Grenze zwischen zwei Weltblöcken war, hatte sich abgemeldet. Stallwache hielt sein Erster Botschaftsrat. Es gehört zu den Denkwürdigkeiten des 20. Jahrhunderts, dass bei der Grenzschließung im August 1961 zwischen den beiden größten Weltmächten durch Chruschtschow und Kennedy im Vorfeld Waffenstillstand abgeschlossen worden war und dass bei der Grenzöffnung, fast drei Jahrzehnte später, die beiden wichtigsten Repräsentanten der Welt den Schlaf des Gerechten pflegten. Sie wussten schon vor dem Einschlafen, was nächsten Tag die Weltsensation sein würde. Zu diesen Ereignissen formulierte Bärbel Bohley später treffend: »Die Führung ist verrückt geworden, und das Volk hat den Verstand verloren.«

Glanz und Elend eines Ministers

Das alte Politbüro des ZK der SED war im Prinzip mit der Entmachtung Honeckers bereits im Oktober 1989 im Wesentlichen handlungsunfähig, Egon Krenz glaubte noch, retten zu können, wovon er träumte und wofür er gelebt hatte. Dazu fehlten ihm allerdings die Voraussetzungen. Sein Fernsehauftritt unmittelbar nach seiner Wahl zum Generalsekretär war an Peinlichkeiten nicht zu überbieten. Als ich sie hörte, verstand ich die Welt nicht mehr. Er schien der Welt völlig entrückt zu sein.

Für mich zumindest völlig überraschend, hatte er sich meinen Mitstreiter im Ministerium für Kultur, den vielzitierten »Literaturminister« Klaus Höpcke in seinen engsten Führungszirkel geholt. Ich war mit ihm befreundet, wir verkehrten auch privat miteinander, ich vertraute ihm, obwohl ich nicht alle seine Entscheidungen im Ministerium verstanden hatte, aber wahrscheinlich hatte ich zu wenig Kenntnis von den internen Prozessen im Literatur- und Verlagswesen. Allerdings war ich einigermaßen erstaunt, als ich im Vorfeld der Wende in der »Jungen Welt« Artikel von ihm über die Lage im Lande las, die, davon war ich fest überzeugt, ohne Erlaubnis von Kronprinz Krenz in diesem Blatt nie und nimmer hätten veröffentlicht werden können. Irgendwie gab es doch noch ein inneres geistiges und persönliches Band und Bündnis ehemaliger FDJ-Sekretäre.

Der Ministerrat der DDR hatte nach der Palastrevolution im Politbüro wieder einmal die Zeichen der Zeit verschlafen und trat viel zu spät zurück. Obwohl interne Informationen über die Sitzungen des Ministerrates nie an die Öffentlichkeit gedrungen waren, war bekannt geworden, dass einzig und allein Kulturminister Hoffmann mehrfach auf den Rücktritt der Regierung gedrängt hatte: ohne Erfolg. Drei Wochen nach dem erzwungenen Rücktritt von Honecker und seinen Intimfreunden Günter Mittag und Joachim Herrmann erfolgte endlich auch die offizielle Demission der Regierung Stoph.

Geheimfavorit Hans Modrow wurde nach vielen internen Diskussionen über die verschiedensten möglichen Kandidaten als künftiger Ministerpräsident gekürt. In der Diskussion waren auch der ehemalige Bauminister Wolfgang Junker, Schwiegersohn von Willi Stoph, der sich leider das Leben nahm, der Devisenbeschaffer der Parteiführung Alexander Schalck-Golodkowski und der Ex-Aufklärungschef Markus Wolf gewesen. Die maßgebliche sowjetische Fürsprache, zumindest eines Teils des sowjetischen Führungszirkels um Gorbatschow, erhielt Modrow. Ich kannte ihn aus den frühen achtziger Jahren nur aus den positiven Aussagen seiner Dresdner Freunde und politischen Mitstreiter, er war ein anderer Typ von politischem Funktionär als allgemein im Lande üblich, in Gesprächen mit befreundeten Dresdner Künstlerinnen und Künstlern hatte ich viel Gutes über ihn gehört.

Ich sah ihn zum ersten Mal in unmittelbarer Nähe zur Eröffnung der letzten Kunstausstellung der DDR in Dresden, wo er auf einer Protestkundgebung der Künstlerinnen und Künstlern eine mutige politische Rede gehalten, mir allerdings als dem zuständigen Staatsekretär des Ministeriums für Kultur das Rederecht verweigert hatte. Die 1. Sekretäre der Bezirksleitungen hatten nun einmal auf ihrem Territorium das uneingeschränkte Heimrecht. Ich vermute, er hatte Informationen der Sicherheitsorgane über mich, die ihn vorsichtig und zurückhaltend gemacht hatten und die wahrscheinlich unsere Zusammenarbeit von Anfang an sehr belasteten. Irgendwie hatten Mielkes Truppen immer ihre Hand im Spiel.

Ich war in seinem Personaltableau für die künftige Regierung niemals ein ernstzunehmender Kandidat gewesen. Er dachte zuerst an eine erneute Berufung des allseits bekannten und anerkannten Ex-Ministers Hoffmann. Der lehnte allerdings, nach Konsultationen mit seinen engsten Freunden, zu Recht ab. Es war vorauszusehen, dass er eine Berufung nicht unbeschadet überstehen würde. Jede politische Entscheidung ist eine für etwas und deshalb folgerichtig auch eine Entscheidung gegen etwas. Nach dieser Logik musste er nach über sechzehn Jahre als Kulturminister mit manchem berechtigten und manchem unberechtigten Widerspruch rechnen. Meist zählen nicht die Arbeit und Leistungen, sondern nur noch die Fehlentscheidungen, mögen sie groß oder klein, mögen sie selbst- oder fremdverschuldet gewesen sein. Danach war Modrows Wunschkandidat Klaus Höpcke – der aber war bei Krenz in Brot gegangen.

Zwei Tage vor der entscheidenden Volkskammersitzung schlug mich Hoffmann als seinen Nachfolger vor, ich hatte auf sowjetischer Seite eine starke Unterstützung und bei vielen Künstlerinnen und Künstlern einen guten Namen. Das entscheidende Gespräch mit mir führten am Vorabend der Volkskammersitzung Schabowski und Höpcke. Die Etage des Politbüros schien mir in dieser Stunde wie ein Himmelfahrtskommando. Alles rannte aufgeregt durcheinander über die Flure, von Mielkes Truppen war kaum noch etwas zu sehen. Überall spürte man Zeitnot, Unsicherheit und Hektik. So musste mich Modrow notgedrungen akzeptieren, zu seiner eigenen Sicherheit oder Beruhigung schloss er später, ohne mich zu informieren, mit Hoffmann einen Beratervertrag ab. Dieser erzählte es mir in unserem letzten Gespräch.

Modrow hatte in diesen Stunden noch viele andere personelle Probleme zu lösen. Er war in keiner bewundernswerten Lage. In den Abendstunden vor der entscheidenden Volkskammersitzung traf ich ihn im Kreis einiger künftiger SED-Minister seines Kabinetts. Er sprach überraschend kurz und für den Rest meines Lebens unvergesslich: Wir haben nur eine geringe Chance, wir müssen ohne Gewalt und ohne bewaffnete Auseinandersetzung, ohne Schüsse und Generalstreik über den Winter kommen, die Bürgerinnen und Bürger der DDR müssen in warmen, trockenen und beleuchteten Wohnungen, ohne Versorgungsschwierigkeiten den Winter überbrücken können, wir müssen ihnen ihr Eigentum und uns unser gemeinsames Eigentum sichern.

Als ich das Anfang der neunziger Jahre einem Kreis führender Sozialdemokraten so erzählte, wurde ich ungläubig belächelt. Der Chefredakteur der Hannoveraner Zeitung schrieb in einem Artikel in seiner Zeitung über das Gespräch von einem »späten Erfindungsreichtum«. Nein, es war die schlichte Wahrheit, für manchen westdeutschen Politiker damals allerdings völlig unverständlich. Sie dachten schon immer in anderen Kategorien.

So wurde ich in der Modrow-Regierung Minister für Kultur auf Zeit, ohne Illusion und Hoffnungen, die Machtfrage in Deutschland war schon weitestgehend entschieden. Leider wollten das einige in den eigenen Reihen so nicht zur Kenntnis nehmen. Wir wurden eine Übergangsregierung und bereiteten mehr oder weniger gut oder schlecht das Bett für die uns folgende Übergaberegierung unter Leitung von Lothar de Maizière vor. Mir blieb vorbehalten, meinen hochgeschätzten und väterlichen Freund und Ex-Vorgesetzten, Hans-Joachim Hoffmann, in Ehre und mit Würde aus dem Haus, wo er fast zwei Jahrzehnte gewirkt hatte, zu verabschieden. Es war ein bewegender Moment, als etwa 300 Mitarbeiter des Ministeriums ein Spalier vom Zimmer des Ministers bis zum Ausgang des Hauses bildeten, ihm applaudierten und damit Dank erwiesen, er weinte, als er mit seiner Frau Gertraude das Haus verließ, und auch ich konnte meine Tränen nicht zurückhalten.

Ich wusste, so wie er konnte ich nicht werden. Er stammte wie ich aus einfachsten Verhältnissen, er war belesen, konnte zuhören und war hochgebildet – bei einen SED-Funktionär seiner Ebene nicht eben selbstverständlich. Er meinte es ernst mit einem lebenswerten Sozialismus, rieb sich krank an stalinistischen Dogmen, am »Widerspruch zwischen Rebellion und Parteidisziplin, zwischen Macht und Ohnmacht«, wie es sein engster Vertrauter im Ministerium, Hermann-Ernst Schauer, treffend formulierte. Er glaubte zu lange an die Reformierbarkeit des Sozialismus, dessen Scheitern er als persönliche Niederlage empfand und persönlich zu verantworten bereit war. »Ein umstellter Bär«, so Ekkehard Schall, zwischen den Gralshütern der ZK-Kulturabteilung, dem wankelmütigen und opportunistischen Sekretär Hager und den einflussreichen Kulturabteilungen der anderen Parteien und Massenorganisationen auf der einen Seite und den Künstlerinnen und Künstlern auf der anderen Seite.

»Er hat lernen müssen, mit Widerspruch, Anfeindungen und Gegnerschaft umzugehen. Das schmerzte ihn, sowohl wenn er um eigene Fehler wusste als auch, wenn er mit seinem Namen für Dummheiten und Fehlentscheidungen anderer herhalten musste. Er lebte ein erfülltes und zugleich tragisches Leben. Er war Glied in einer Kette, in die er sich aus Idealismus und Überzeugung begeben hatte. Auch bei deren Verletzung und Entstellung wollte und konnte er seinen Platz nicht verlassen«, schrieb ich in seinem Nachruf 1994 im »Neuen Deutschland«.

Als ich ihn im Herbst 1988 um meine Entpflichtung als seinem Stellvertreter bat, entwaffnete er mich nach kurzem Zögern mit den Worten: »Ja, wenn du nur einen Grund nennst, den ich nicht gleichermaßen für mich formulieren könnte, um rechtzeitig das sinkende Schiff zu verlassen.« Seine Freunde wussten seit langem von seinem angegriffenen Gesundheitszustand. Etwa drei Wochen vor seinem Tod telefonierten wir zum letzten Mal miteinander. Aus dem Krankenhaus zurückgekehrt, glaubte er, sich in einer guten Erholungsphase zu befinden. Inständig bat, nein bekniete ich ihn, seine Zurückhaltung aufzugeben und niederzuschreiben, wie das mit der Kulturpolitik der SED, mit der Allmacht des Politbüros wirklich gewesen ist, welche Chancen er in Wirklichkeit hatte. Zu viele Legenden, Halbwahrheiten und Lügen geisterten durch die Medien und die Literatur. Er versprach es mir. Leider kam er nicht mehr dazu.

Hoffmann gestaltete Höhepunkte der kulturellen Entwicklung der DDR entscheidend mit, er war einer der geistigen Väter des Kulturplenums vom Sommer 1972 und stand mit seinem Namen leider auch für Deformationen und Ausgrenzungen, auch wenn diese nicht in seinem Kopf und an seinem Schreibtisch ihren Ursprung hatten. Voller Sarkasmus und Bitternis waren seine Worte in der Dienstberatung, als er das »Sputnik-Verbot« und die Verhinderung sowjetischer Filme kommentierte. Hochroten Kopfes, berstend vor Zorn und vor Ohnmacht bebend, sah ich ihn mit Mitgliedern des Politbüros telefonieren oder von Beratungen aus dem »Großen Haus« zurückkehren. Er hatte mich 1970 zum Sekretär der SED-Kreisleitung der Leipziger Universität gemacht, nun war ich sein Nachfolger.

Am Tag seiner Verabschiedung hinterließ er mir ein persönliches Memorandum. Er hatte an Wichtiges gedacht, das Tempo des Umsturzes konnte und wollte er nicht voraussehen: »1. Du solltest so schnell wie möglich nach Moskau fahren, um die strategischen und aktuellen Fragen bindend zu beraten… Auch die paritätische Regierungskommission müsste danach neu belebt werden. 2. In allen Bereichen des Ministeriums müssen die Verbindungen mit der Sowjetunion fest gesichert werden. Im Verlagswesen zum Beispiel müsste man eine neue Liste für die Edition der sowjetischen Literatur, die im Zeichen der Perestroika vor allem auch mit der Abrechnung des Stalinismus steht, realisieren. Ich halte das auch für wichtig, weil es nicht wenige Leute gibt, die ihre Angst vor der Zukunft in die Sehnsucht nach alter Ordnung und Sicherheit münden lassen.«

Noch im Dezember fuhr ich in die Sowjetunion zu einem Arbeitsbesuch und einem Gespräch mit dem neuernannten Minister für Kultur der Sowjetunion, Nikolai Nikolajewitsch Gubenko. Völlig desillusioniert kehrte ich zurück. Mein geliebtes Moskau schien im Chaos zu versinken, das freundliche Gästehaus des ZK der KPdSU war zu einer spartanischen Schlafstätte degradiert worden. Die mir bekannten Geschäfte in den Hauptmagistralen um den Roten Platz mit völlig leeren Regalen, ein Ministerium für Kultur im allgemeinen Auf- und Umbruch, der Pförtner benahm sich, als wäre er der neue Minister, der neuernannte Minister dagegen war ein liebenswerter und jovialer Gesprächspartner ohne konkrete Vorbereitung und kaum mit Kompetenz, was ihm zunächst nicht einmal übelzunehmen war. »Ein Minister zu sein, ist kein Beruf«, war seine Grundauffassung.

Noch am Abend des Tages, an dem ihn der Oberste Sowjet berufen hatte, stand er in der Hauptrolle von »Boris Godunow« auf den Brettern, die ihm die Welt bedeuteten. Im Gespräch spürte ich in keiner Weise, dass er einer der beliebtesten sowjetischen Schauspieler und Filmregisseure war, er war ruhig und sachlich. Mir fiel auf, wie er bei vielen Sachfragen in die Runde seiner Mannschaft schaute, die ich schon seit Jahren kannte und die ihn wissen ließ, dass sie die politischen Fachleute waren. Es war erschütternd, vor Ort erleben zu müssen, was die Politik der Umgestaltung von Gorbatschow in kurzer Zeit angerichtet hatte. Mit vielen Absichtserklärungen, Hoffnungen und Wünschen, aber ohne ein konkretes Ergebnis kam ich zurück nach Berlin.

Weiter hieß es im Memorandum meines Vorgängers: »3. Für überaus wichtig halte ich eine Konzeption künftiger Aktivitäten in Europa… Was Weimar betrifft, solltest Du Dich an die Spitze einer landesweiten und europäischen Initiative zur Rettung stellen.« Ebenfalls im Dezember schrieb ich in gleichlautenden Briefen an meine Amtskollegen der europäischen Länder, an den UNESCO-Generaldirektor, den Europarat sowie an den Präsidenten von ICOM und ICOMOS. »…es ist eine äußerst komplizierte und dramatische Situation, die mich veranlasst, in dieser Stunde mich an alle europäischen Kulturminister, an alle Politiker zu wenden, die in Verantwortung für die europäische Kultur stehen. Der thüringischen Stadt Weimar, einer Wiege des europäischen Geisteslebens, droht die Gefahr, wertvolles, welthistorisches Bau- und Denkmalgut durch Verfall zu verlieren… Ich schlage Ihnen deshalb vor, eine europäische Stiftung ins Leben zu rufen… Ich appelliere an Sie, Exzellenz, die Stiftung zu fördern durch Mittel, die Sie für geeignet halten; Sponsoren zu gewinnen; sich in der Öffentlichkeit dafür einzusetzen, und die Verantwortung für ein Diadem der europäischen- und der Weltkultur wahrzunehmen.«

Jack Lang, französischer Kulturminister, in Berlin, Dezember 1989

Aus Anlass des Staatsbesuches des Präsidenten der Republik Frankreich, François Mitterrand, ebenfalls im Dezember 1989, hatte ich ein längeres Gespräch mit dem Minister für Kultur und Information, Jack Lang, das ich bei meinem Besuch in Frankreich im Januar des folgenden Jahres fortsetzte. Wir einigten uns über eine bald mögliche große Bauhaus-Ausstellung im Pariser Centre Pompidou, auf die Unterstützung Frankreichs bei der Restaurierung der Quadriga auf dem Brandenburger Tor und auf französische Hilfe bei der Rettung der europäischen Kulturstadt Weimar. 1994 sollten Dresdner Tage in Paris und 1995 Pariser Tage in Berlin stattfinden. Der UNESCO-Generaldirektor Federico Mayor versicherte mir Unterstützung, das Bauhaus in Dessau wieder zu einem großen internationalem Zentrum der besten Architekten, Designer, Formgestalter, der bildenden und angewandten Künstler zu gestalten. Mein Engagement für Weimar wollte er mit all seinen Möglichkeiten unterstützen. Anfang Februar 1990 konstituierte sich dann im Goethe-Nationalmuseum das Kuratorium »Weimar-Stiftung«, dem dreißig Persönlichkeiten, insbesondere aus der Stadt selbst, angehörten. Das war der erste und entscheidende Schritt, dass Weimar 1999 Kulturhautstadt Europas werden konnte.

Und es gab einen weiteren Punkt, auf den mich Hoffmann in seinem Memorandum aufmerksam machte:»4. Ich empfehle, so schnell es geht, eine Zusammenkunft mit Dr. Recknagel, Stadtbaudezernent von Düsseldorf, der seit einem Jahr ein überaus kluges und honoriges Projekt, hinter dem auch Johannes Rau steht, für den Wiederaufbau des Dresdner Schlosses ausgearbeitet hat. Honecker hat dieses Projekt in Übereinstimmung mit Mittag und Schalk-Golodkowski abgeschmettert. Du solltest die guten Verbindungen mit Nordrhein-Westfalen nutzen.«

So flog ich also von Paris direkt nach Köln, um auf persönliche Einladung von Ministerpräsident Johannes Rau an der Eröffnung der Retrospektive mit Werken von Bernhard Heisig in Bonn teilzunehmen. Rau ließ mich in einem Gespräch in der Ständigen Vertretung seines Landes in Bonn mit freundlichen Worten und optimistischem Blick wissen, dass jetzt nicht die günstigste Zeit sei, über den Wiederaufbau des Dresdner Schlosses in der Öffentlichkeit zu sprechen. Die Interessenlage sei sehr unterschiedlich, er würde natürlich nach dem vorauszusehenden Sieg der SPD bei den Volkskammerwahlen im März 1990 mit diesem Projekt persönlich in die Offensive gehen. Ich verstand die Zusammenhänge nicht ganz, aber ich verstand in diesen Wochen und Monaten in den deutsch-deutschen Beziehungen sowieso nicht alles. Beim Verabschieden sagte er mir unter vier Augen, er könne es sich sehr gut vorstellen und wisse sich dabei mit anderen einer Meinung, dass ich in der Friedrich-Ebert-Stiftung der SPD in Bonn eine Forschungsgruppe zur Geschichte der SED und der DDR aufbauen könnte. Diese galante Aufforderung verstand ich natürlich sofort, ein Leiter der Stiftung in Bonn und einer seiner ministeriellen Mitarbeiter in Berlin hatte mir das Angebot noch deutlicher und detaillierter schon vor meiner Reise in Berlin unterbreitet. Ich lächelte freundlich und schwieg.

Am gleichen Tag war es bereits auf Einladung des Bundesministers des Inneren, Wolfgang Schäuble, zu einem ersten Gespräch gekommen. Wir sind der gleiche Jahrgang. Bei meiner Fahrt ins Ministerium musste ich daran denken, was wohl aus ihm geworden wäre, wenn er nicht im Schwarzwald, sondern wie ich in Sachsen geboren worden wäre oder umgekehrt. So einfach die Frage, so kompliziert und schicksalbestimmend die Antwort.

Natürlich hatte ich ihm gegenüber politische Vorbehalte. Mein »Feindbild« von CDU-Politikern war über Jahrzehnte entstanden und geprägt worden. So war ich nicht mehr souverän und frei im Denken und deshalb auch nicht im Handeln, ich war Gefangener in einem selbstgewählten Gefängnis. Meine Vorbehalte wurden bestärkt, als ich die kalte Atmosphäre im Bonner Innenministerium spürte, die langen, schier unendlichen Korridore, die vielen Überwachungskameras und die ungezählten Uniformierten. Alles erinnerte mich an

Vernissage der Bernhard Heisig-Ausstellung in Bonn, von linke: Johannes Rau, Jürgen Wilhelm, Bernhard Heisig, Dorothee Wilms, Februar 1990

Nach den Verhandlungen mit Wolfgang Schäuble, Februar 1990

die fröstelnde und erschreckende Sicherheitsatmosphäre im »Großen Haus« in Berlin: bewaffnete Organe beim Eintritt ins Haus, am Paternoster, am Eingang zum Büro, kritische Musterung im Zimmer des Personenschutzes, dann durchs Zimmer der persönlichen Mitarbeiter, der Sekretärin, und erst dann stand man im Zimmer der »ewigen Wahrheit«.

Später schrieb ich über das Gespräch mit Schäuble: »Während ich in den Begegnungen mit dem Bundesminister für Innerdeutsche Beziehungen, Frau Dorothee Wilms, und dem Ministerpräsidenten, Johannes Rau, an vielfältige frühere Gespräche anknüpfen konnte, kam es zur ersten Begegnung mit dem Bundesinnenminister. Ich verwies darauf, dass in der Woche zuvor mehr als 12 700 Bürger aus der DDR in die BRD übergesiedelt waren, dass es im Interesse der Beruhigung der politischen Lage in unserem Land dringend notwendig sei, dass die Bundesregierung Vorschläge unterbreite, damit sich die Bürger der DDR mit Hoffnung und Zuversicht für ein Verbleiben in der DDR entscheiden könnten, dass dies ein wirtschaftliches und soziales Grundsatzprogramm erfordere und soziale Sonderleistungen für Übersiedler geradezu eine Aufforderung und Einladung zu diesem Schritt des Verlassens der DDR seien. Ich unterbreitete den Vorschlag, eine gemeinsame Expertenkommission zu bilden, um im Interesse beider Seiten akzeptable Möglichkeiten zur Eindämmung der Auswanderungswelle zu prüfen.«

Er war im Gespräch aufmerksam, konnte zuhören, war kompromissfähig, wenn es ihm und seiner Sache diente, angriffslustig und ein wenig frech, in mancher Schwarzmalerei auch überheblich, leise herablassend, grob vereinfachend, seiner Sache sicher und lächelnd verletzend. Er war sich absolut gewiss, dass er am längeren Hebel saß. Nach den Gesprächen mit Schäuble und Rau war mir klar: Der Zug der Zeit lief noch schneller, als ich ohnehin befürchtete, auf eine vollständige Aufgabe der Eigenständigkeit der DDR hin. Wir hatten keine Chance mehr.

Die beiden großen Volksparteien der Bundesrepublik dachten schon mehr an ihre eigene Perspektive und ihre Chancen nach den bevorstehenden Volkskammerwahlen als an die Gefahren der Tage und Wochen bis dahin. Wie zum Trotz entschied ich mich bei diesem Besuch, auch nach dem Ausscheiden aus dem Ministerium keinem der Anwerbungsversuche auf den Leim zu gehen, obwohl sie reizvoll erschienen, und in der ostdeutschen Politik, wenn ich eine Chance bekäme, zu bleiben. Das war ich mir und meiner Geschichte schuldig.

Zum Abschluss meines Kurzbesuches in der Bundesrepublik folgte ich einer Einladung zu einem Fernsehgespräch zum Thema »Kulturnation Deutschland – Brücke in eine gemeinsame Zukunft«. Unter Leitung von Moderator Fritz Pleitgen vom Westdeutschen Rundfunk saßen neben mir auf dem Podium die Bundestagspräsidentin Rita Süssmuth, die Herausgeberin »Der Zeit«,

Marion Gräfin Dönhoff, NRW-Innenminister Herbert Schnoor, Markus Meckel und Bernhard Heisig. Ich war wieder einmal in dem neuen, seit Wochen zunehmend gepflegten Gesellschaftsspiel »Alle gegen einen« gelandet, und ich spürte es in der Luft und auf der Haut, dass ich chancenlos war, jedes Argument von mir wurde kalt zurückgewiesen, und ich trug persönlich die Verantwortung und die Last der Vergangenheit der DDR allein auf meinen Schultern. Ich schien persönlich verantwortlich zu sein für Lenin und Stalin, für Ulbricht und Honecker, für die Pioniere, die FDJ und die Zensur, für den sozialistischen Realismus und für alles andere. Zum eigentlichen Thema der Diskussion kam die Runde nicht, einseitige Vergangenheitsbewältigung und Schuldzuweisung dominierten von allen Seiten.

Nach sechs Tagen in Frankreich und in der Bundesrepublik sehnte ich mich wieder zurück an meinen Schreibtisch. Beim Betreten des Abfertigungsraumes auf dem Flughafen in Köln-Wahn war ich irritiert, denn wo ich auch hinschaute, ich sah nur bekannte Gesichter. Die Vertreter der Parteien und politischen Bewegungen der parlamentarischen und der außerparlamentarischen Opposition der DDR begaben sich nach Konsultation mit ihren »Schwesterparteien«, ihren Geldgebern und Beratern wieder nach Hause. Deutsch-deutsche Vorbereitungen für die ersten freien Wahlen in der DDR.

Es war ein Fehler gewesen, Kohl mit seiner Mannschaft zur ersten Begegnung mit der Modrow-Regierung im Dezember 1989 ausgerechnet nach Dresden einzuladen. Der politisch erfahrene Kanzler konnte so vor Ort prüfen, wie die Bevölkerung reagiert, wenn er den Dresdner »Löwen« in seiner ehemaligen eigenen Hochburg demütigt. Schon der Empfang auf dem Dresdner Flughafen schien ihm recht zu geben. Augenzeugen berichteten, dass er vom Jubel der ihn begrüßenden Menschen beeindruckt zu seinem Kanzleramtsminister Seiters gesagt haben soll: Die Sache ist entschieden.

Die nicht im Programm vorgesehene und spontan entschiedene Kundgebung vor der Ruine der Frauenkirche scheinen seine letzten Zweifel beseitigt zu haben. Er war in der besseren Ausgangsposition, von nun an ging alles über seinen Schreibtisch. Was in der Absicht geboren worden war, sich nicht im belasteten Berlin, sondern im neutralen Dresden zu treffen, erwies sich letztlich als Bumerang. Der Ministerpräsident von Rheinland-Pfalz, Carl-Ludwig Wagner, mit dem ich fast parallel gemeinsam in den Dresdner Kunstsammlungen eine Ausstellung eröffnet hatte, meinte zur Verabschiedung zu mir: Lieber Herr Keller, es tut mir leid, aber es ist entschieden. Ich hätte mir einen besseren Weg gewünscht.

Letztlich war alles meine eigene Schuld, war ich doch freiwillig Minister für Kultur geworden. Ich wollte es werden, obwohl ich mir über das Himmelfahrtskommando ziemlich im Klaren war.

Das Ministerium hatte sich im Januar 1954 konstituiert als Nachfolgeorganisation der Staatlichen Kommission für Kunstangelegenheiten, des Staatlichen Komitees für Filmwesen und des Amtes für Literatur und Verlagswesen. Bei der Konstituierung der »Staatlichen Kommission für Kunstangelegenheiten« hatte Ministerpräsident Otto Grotewohl eine folgenschwere Orientierung gegeben: »Literatur und bildende Künste sind der Politik untergeordnet, aber es ist klar, dass sie einen starken Einfluss auf die Politik ausüben. Die Idee in der Kunst muss der Marschrichtung des politischen Kampfes folgen... Was sich in der Politik als richtig erweist, ist es auch unbedingt in der Kunst.« Dieser zerstörerische Gedanke wurde zu einem folgenschweren Leitmotiv.

Minister für Kultur waren Johannes R. Becher von 1954 bis 1958, Alexander Abusch von 1958 bis 1961, Hans Bentzien von 1961 bis 1966, Klaus Gysi von 1966 bis 1973 und Hans-Joachim Hoffmann von 1973 bis 1989. Persönlich begegnet war ich in meiner Tätigkeit im Ministerium außer Hoffmann nur Hans Bentzien, der meiner Einladung zu einem Gespräch im Dezember 1989 gefolgt und der gerade zum Generalintendant des Fernsehen der DDR bzw. des DFF berufen worden war. Unvergesslich wird mir bleiben, dass ich ihn im Gespräch mit »Du«, wie damals noch unter Genossen üblich, ansprach und er mich kalt wissen ließ, dass er mir ein solches nie angeboten habe. Ich musste dreimal schlucken und weiß bis heute noch nicht, was damals in seinem Kopf vorging.

Mein erster wichtiger Gesprächspartner in meiner neuen Funktion war Walter Janka und seine Frau Charlotte. Wie ich in Chemnitz geboren, fühlte ich mich ihm verbunden, mir war trotzdem Angst vor dieser Begegnung. Doch sie musste sein. Die Lesung aus Teilen seiner Memoiren am Vorabend der Wende im Deutschen Theater war nicht spurlos an mir vorübergegangen. Bewusst lud ich ihn in das Zimmer ein, in dem ihm durch einen meiner Vorgänger, Johannes R. Becher, durch Verweigerung der Solidarität großes Unrecht zugefügt worden war. 1957 zu fünf Jahren Zuchthaus wegen »Bildung einer konterrevolutionären Gruppe« verurteilt, im Zuschauerraum die schweigenden Anna Seghers, Bodo Uhse, Ludwig Renn, verschärfte Einzelhaft in Bautzen, Erniedrigungen und Demütigungen durch Mielke persönlich und dessen Untergebene, war er schwer gekennzeichnet. Ich sah seine Leiden in seinem Gesicht. Er hatte nach dem Spanienkrieg, seiner Internierung in Frankreich, nach dem Exil in Mexiko mit dem Zuchthaus im eigenen Land die Hölle erlebt und war nur durch internationale Proteste von Lion Feuchtwanger, Leonard Frank und der Familie Thomas Manns vorzeitig entlassen worden. Alles an ihm war erlebte und verkörperte deutsche Geschichte des 20. Jahrhunderts, er selbst war ruhig, gelassen und souverän.

Ich wollte und musste Janka – so weit überhaupt möglich – Wiedergutmachung anbieten, ihn die Verbundenheit spüren lassen, die ihm verweigert worden war, ihm für seine Aufrichtigkeit und Lauterkeit, für seine Standhaftigkeit und für sein Verhalten nach seiner Haftentlassung meine Hochachtung aussprechen. Das Leben fast zerstört, und trotzdem aufrecht gelebt zu haben, nötigte mir Hochachtung ab. Diese Begegnung mit ihm war einer der nachhaltigsten in meinem politischen Leben.

Ich traf mich mit Manfred Krug zur Wiederaufführung des DEFA-Spielfilmes »Spur der Steine« und bat ihn, nach »Liebling Kreuzberg« doch »Liebling Prenzlauer Berg« folgen zu lassen, ich traf mich mit Barbara Schall-Brecht, die mir einen Karton erlesenen Rotweins ins Ministerzimmer stellen ließ und die Beine übereinanderschlagend um die Gunst für das Brecht-Ensemble warb, mit Peter Brasch, den ich allerdings in einer seiner vielen unglücklichen Stunden traf, mit Robert Rauschenberg, mit Peter Maffay, der sich für einen privaten ostdeutschen Musiksender engagierte, mit dem Präsidenten der Akademie der Künste Westberlin, Walter Jens, und seiner wunderbaren Frau Inge, mit dem Promoter und Dirigenten Justus Frantz offiziell zu Gesprächen im Ministerium und mit ungezählten Künstlerinnen und Künstlern, meistens um Mitternacht, bei mir oder bei ihnen zu Hause. Und immer ging es dabei nur um eine einzige Frage: Wie erhalten wir bei konsequenter Ausschaltung aller sektiererischer und dogmatischer Einflüsse und Machtansprüche die Errungenschaften und Ergebnisse der DDR-Kultur?

Justus Frantz, damals künstlerischer Berater des Sinfonie-Orchesters des Bayerischen Rundfunks, unterbreitete mir den Vorschlag, zu Weihnachten 1989 Beethovens 9. Sinfonie in großer internationaler Besetzung unter dem Dirigat des legendären Komponisten und Dirigenten Leonard Bernstein im Großen Konzertsaal des Schauspielhauses auf dem Gendarmenmarkt aufzuführen. »Ich glaube, dies ist ein Augenblick, den der Himmel gesandt hat, um das Wort Freiheit immer dort zu singen, wo in der Partitur von Freude die Rede ist«, sagte damals Bernstein in einem Interview. »Ich bin sicher, dass Beethoven uns seinen Segen gegeben hätte.« So musizierten schließlich das Sinfonie-Orchester des Bayerischen Rundfunks und Mitglieder der Staatskapelle Dresden, des Orchesters des Kirow-Theaters Leningrad, des London Symphony Orchestra, der New York Philharmonic und des Orchestre de Paris gemeinsam. Für Chorgewalt sorgten der Chor des Bayerischen Rundfunks, Mitglieder des Rundfunkchors Berlin und der Kinderchor der Dresdner Philharmonie. Im Anschluss an das weihnachtliche Konzert im völlig überfüllten Saal des Schauspielhauses auf dem Gendarmenmarkt und mit einer riesigen Medienpräsenz verlieh ich auf dem Konzertpodium Leonard Bernstein den »Großen Stern der Völkerfreundschaft«, die letzte große Auszeichnung in der Geschichte der DDR.

Während einige Künstlerinnen und Künstler des Landes im vorauseilenden Gehorsam sich in den letzten Wochen bemüßigt gefühlt hatten, ihre Auszeichnungen mit großem Presseaufwand, allerdings meistens ohne die eigentlich damit verbundene Geldrücküberweisung, voller Verachtung und Enttäuschung über die DDR zurückzugeben, fühlte sich der große Meister mit dem DDR-Orden sehr geehrt. Das anschließende Menü, zu dem mich der Ministerpräsident Bayerns, Edmund Stoiber, eingeladen hatte, konnte Bernstein, der Stoibers Hauptgast war, nicht mehr wahrnehmen, zu heftig war wohl der Umtrunk in der Garderobe gewesen. Im Übrigen: Ich sah nie einen Grund, meine höchste Auszeichnung, den »Vaterländischen Verdienstorden« in Bronze, die ich 1979 erhalten hatte, zurückzugeben, ich hatte sie mir wirklich ehrlich und hart erarbeitet.

Künstlerinnen und Künstler sind in der Regel Wandervögel und – im besten Sinne des Wortes – Traumtänzer, sie benötigen Anregungen und Reibungsflächen, sie benötigen Luft zum Atmen und Anerkennung, manchmal auch irgendjemanden, an dem sie ihren Frust abreagieren können. Für viele war das Ministerium für Kultur ein Ort der Enttäuschung, der Hoffnungslosigkeit und der Willensvollstrecker des »Großen Hauses«. Aus den unterschiedlichsten Gründen mieden sie den »Molkenmarkt«, den Hauptsitz des Ministeriums. Es war eines meiner ersten Anliegen, dafür zu sorgen, dass das Haus ihnen offensteht, in ihm sollten sie streitbare Partner für ihre Kunst finden.

Eine reichliche Woche nach meiner Berufung als Minister lud ich am 29. November 1989 Stefan Heym und Christa Wolf, Gerhard Schöne, Hans-Eckardt Wenzel und Toni Krahl, Christoph Hein und Jochen Kowalski, Albert Hetterle und Dieter Mann, Manfred Butzmann, Helge Misselwitz und Joachim Tschirner zu einem ersten Dialog und Gespräch über die kulturellen Konsequenzen der Wende ein. Zunächst betonte ich, dass Kulturpolitik für mich bedeute, die klügsten und besten Überlegungen im Lande zu bündeln und zur Diskussion zu stellen. Die Forderung nach Freiheit und Verantwortung für Kunst und Kultur bedeute nicht nur die vollständige Aufhebung der Zensur, sondern auch die öffentliche Ausschreibung wichtiger künstlerischer und kulturpolitischer Funktionen, so dass Sach- und Fachkompetenz zum Kriterium für Entscheidungen würden. Zugleich ließ ich keinen Zweifel daran, dass die vielfältigen Forderungen nach mehr finanziellen, materiellen und personellen Kapazitäten nicht mehr realisierbar seien.

Zum heiß diskutierten Problem des Ausverkaufs von Kulturgut als Devisenbringer erklärte ich, dass ich der Forderung nach Auflösung der bis zur Wende dem Ministerium für Außenhandel und nun dem Kulturministerium unterstellten Kunst- und Antiquitäten GmbH entsprochen und bereits angewiesen habe, dass sie mit sofortiger Wirkung ihre Tätigkeit einzustellen habe. Ich hatte es geahnt, befürchtet und doch nicht ernsthaft geglaubt: Bedingung für ein vorurteilsfreies Gespräch wurde durch die eingeladenen Künstlerinnen und Künstler sehr schnell die Entscheidung des Ministers zur Wiedereinreise von Wolf Biermann und all den anderen, die die DDR verlassen hatten oder verlassen mussten. Meine Gäste glaubten offensichtlich, dass die Entscheidungsgewalt jetzt wirklich in den Händen des Ministers lag.

Bereits zwei Tage vor diesem Treffen hatten die Liedermacher Barbara Thalheim und Matthias Görnandt um einen Gesprächstermin bei mir gebeten. Den konnte ich ihnen am vorgeschlagenen Tag bei bestem Willen nicht gewähren, da die Unterzeichnung eines Kulturabkommens zwischen der DDR und der Ukrainischen SSR, ein anschließendes Mittagessen mit der Regierungsdelegation der Ukraine, eine Sitzung des Ausschusses für Kultur der Volkskammer, wo ich die neue Kulturkonzeption des Ministeriums vorstellen sollte und zum ersten Mal in der Öffentlichkeit dafür plädierte, dass die Nationalhymne der DDR »endlich wieder gesungen« wird, eine anschließende Pressekonferenz und schließlich eine spätabendliche Begegnung mit Robert Rauschenberg auf dem Programm standen. Als ich mitternächtlich ins Ministerium kam, um meinen täglichen Postberg abzuarbeiten, lag auf meinem Schreibtisch ein Brief der Sektion Liedermacher und Kleinkunst des Komitees für Unterhaltungskunst mit der Bitte, der Kulturminister möge die Einreise von Wolf Biermann, Bettina Wegner, Stephan Krawczyk und andere so schnell wie möglich in die Wege leiten.

Meine sofortigen Bemühungen um ein telefonisches Gespräch mit Egon Krenz und Hans Modrow war nach Benennung des Grundes für den Anruf schon in deren Vorzimmer gescheitert. Einen Tag später informierte, für mich völlig überraschend, der Allgemeine Deutsche Nachrichtendienst, dass das Komitee für Unterhaltungskunst mich beauftragt habe, man beachte die Wortwahl – nicht gebeten, sondern beauftragt hatte –, die sofortige Einreise von Biermann zu veranlassen. Der Sender Leipzig kündigte am gleichen Tag ein Biermann-Konzert in der Leipziger Messehalle für den 1. Dezember an. Ich geriet von allen Seiten unter Druck, leider spielten viele mit gezinkten Karten. Die Einreise von Biermann wurde zur Nagelprobe der Ernsthaftigkeit der neuen Kulturpolitik.

In einer Pause des Gesprächs mit den ins Ministerium eingeladenen Künstlerinnen und Künstlern, die ich nach Intervention von Christa Wolf nehmen musste, telefonierte ich an drei Apparaten fast gleichzeitig mit Klaus Höpcke, Hans Modrow und Egon Krenz. Nichts war es mit der laut verkündeten Trennung von Partei und Staat, noch regierte uneingeschränkt das Prinzip der führenden Rolle der SED. Krenz gab letztlich grünes Licht, rettete meine Beratung, und ich bildete mir ein, erst einmal aus dem Schneider zu sein.

Christa Wolf trug im Namen demokratischer Gruppierungen den Wunsch nach einer unabhängigen Wochenzeitung für Kultur, Politik, Wirtschaft und

Philosophie unter dem Titel »Die Woche« vor. Auch diesem Wunsch versprach ich nachzukommen. Auf der Pressekonferenz nach der Gesprächsrunde gab ich die von mir getroffenen Entscheidungen bekannt, »Aktuelle Kamera« und die Abendnachrichten vieler Rundfunkstationen meldeten die Wiedereinreise von Biermann als Spitzenmeldung. Eine unvorstellbare Protestwelle von Briefen und Anrufen, Austrittserklärungen aus der SED, Drohungen und Beleidigungen überrollten mich am nächsten Tag. So schrieben die Mitarbeiter der Abteilung Kultur des Magistrats von Berlin: »Mit Unverständnis und Zorn haben wir der Tagespresse entnommen, dass der Liedermacher Biermann ... mit ihrem Einverständnis in die DDR eingeladen wird und er die Möglichkeit des öffentlichen Auftritts und damit der Propagierung seiner schmutzigen, beleidigenden Äußerungen erhält. Haben Sie vergessen, Herr Minister, in welcher Art und Weise dieser Mensch die fleißige Arbeit vieler unserer Bürger verunglimpft und in den Dreck gezogen hat? ... Gehört es zur Erneuerung der Demokratie bei uns, Schmutz und Unmoral in unser Land zu holen und öffentlich zu verbreiten? Auch wir gehören zum Volk und leben in diesem Land...« Das war einer der Briefe mit noch vornehmem Text. An Biermann schieden sich die Geister.

Auch ich hatte im Traum nicht daran gedacht, so schnell vor einer Entscheidung für oder gegen seine Einreise zu stehen. Auch mir war er nie sehr sympathisch gewesen. Meine Sicht war: Aufs Engste befreundet mit Margot Honecker seit ihrer gemeinsamen Kindheit – sie protegierte seine Übersiedlung in die DDR, organisierte zwischen 1955 und 1963 sein Studium an der Humboldt-Universität in den Fächern Politische Ökonomie, Philosophie und Mathematik, half ihm, Assistent am Berliner Ensemble zu werden, besuchte ihn zu Hause, er bedurfte keinerlei Anmeldung, wenn er seine Aufwartung bei ihr im Ministerium für Volksbildung machte – hatte Biermann durch seine Beziehungen zur Politdiva der DDR über viele Jahre Narrenfreiheit gehabt.

Der Autor Hans Oliva-Hagen, Vater von Nina Hagen, wie ich wohnhaft in Berlin-Buchholz, hatte mir merkwürdige Geschichten über das Dreiecksverhältnis zwischen Eva-Maria, Nina Hagen und Biermann erzählt, von ausschweifenden Festen in der Wohnung des Liedermachers in Berlin, direkt gegenüber der Ständigen Vertretung der Bundesrepublik in der DDR, berichtet. Biermann war wirklich nicht meine Welt, und ich hatte andere Sorgen und Pläne. Trotzdem blieb mir in dieser aufgeheizten Stimmung nichts anderes übrig, als ihn, seine hochschwangere Frau und seinen Freund, den Schriftsteller Jürgen Fuchs, zu einem Gespräch ins Ministerium einzuladen. Unmittelbar nach Wiedereinreise kam er auf kürzestem Weg ins Haus am Molkenmarkt. Sein Gesicht war eine eigentümliche Mischung aus Verschmitztheit und Ironie, aus Trauer und Schmerz, aus Frechheit, Lebenslust, Hoffnung und Freundlichkeit. Ich war überrascht.

Wolf Biermann im Ministerium für Kultur der DDR, Dezember 1989

Noch mehr überraschte mich, wie schon bei Walter Janka, die Hinterhältigkeit manch unserer »Organe«, die im Interesse der großen Sicherheit des öffentlichen Lebens, des »Großenganzen«, wie Hager zu formulieren pflegte, viele Leben zerstört hatten. Meine Haltung zu Biermann änderte sich wohl kaum, nachdenklicher wurde ich aber schon. Wie immer danach die nun übliche Pressekonferenz. In der von Biermann gewohnt deftigen und plebejischen Art antwortete er einem Journalisten auf die Frage, ob er mir vertraue: »Ja, da ich es mit einem Menschen zu tun habe und nicht mit einem berufsmäßigen Schweinehund.« Das war wieder einmal Wasser auf die Mühlen der Skeptiker und Gegner in meinem eigenen Haus. Alles, was ich machte, wurde misstrauisch beäugt und bewertet.

Meine letzte Rede als Staatssekretär kurz vor der Wende war eine bittere Analyse des Zustandes des Sozialismus in der DDR gewesen. Wieder hatte es Zustimmung und Proteste gegeben. Ich musste als Kulturminister also davon ausgehen, dass mir auf meinem Weg nicht alle Mitarbeiter des Ministeriums vorbehaltlos zur Seite stehen würden. Meine erste Rede vor den Mitarbeiterinnen und Mitarbeitern drei Tage nach der Amtsübernahme wurde bereits begleitet von sozialen Ängsten und Unsicherheiten, denn jeder konnte sich an fünf Fingern abzählen, dass Reduzierung des Verwaltungsaufwandes, Dezentralisierung von Entscheidungen und Beförderung der kommunalen Kulturarbeit wesentliche Einschnitte in die Struktur und personelle Größe des Ministeriums bedeuteten. Auch mein Kernsatz: »Es geht mir um eine Kultur des Überlebens«, konnte sie nicht überzeugen. Warum auch? Jeder versuchte auf seine Art, sich sein eigenes Überleben zu sichern. Vergessen wurden dabei alle bisher gelebten Lebensmaximen, denn keiner wusste, was mit ihm nun geschah.

Ich wurde langsam einsam. Viele meiner ehemaligen Mitarbeiter waren in Gedanken schon bei einem Arbeitsplatzwechsel, zumindest wollten sie nach der Wahl der neuen Volkskammer der neuen Leitung des Ministeriums für Kultur nicht im Wege stehen. Wenn ich an der Grenze meiner physischen und psychischen Leistungskraft abends oder nachts nach der Wahrnehmung aller möglichen Verpflichtungen ins Ministerium zurückkam und außer dem Nachtportier keinen meiner Stellvertreter oder Mitstreiter mehr antraf, fühlte ich mich ausgebrannt. In dieser Situation hatte ich auch noch den Barden Biermann im Ministerium empfangen, was nur wenige verstanden.

Ich selbst machte auch Fehler, wusste aber noch nicht, welche. Manche meinten, ich hätte sie nicht einbezogen und nicht mitgenommen. Aber wollten sie denn wirklich meinen Weg gehen? Hatte ich wirklich noch ausreichend Zeit, alle zu informieren und wichtig zu nehmen, meine Entscheidungen zu erklären und zu begründen?

Meine Vorlage für den Ministerrat, den Text der Nationalhymne der DDR wieder zu singen, und bei offiziellen Anlässen und in den Nachtprogrammen der Rundfunkstationen wieder zu intonieren, fand bei Hans Modrow keine Zustimmung, mein Gespräch mit ihm, der ja unterdessen Ehrenvorsitzender der SED-PDS geworden war, meine Sorge, dass die Art, in der die Partei mit ihrer Vergangenheit umging, zu ihrem Untergang führen müsse, fand bei ihm keinerlei Resonanz, geschweige denn Zustimmung, meine Erklärungen, dass die Marktwirtschaft in der Künstlerschaft der DDR bittere Lücken reißen werde und wir uns darauf vorbereiten müssten, wurde von ihm und auch vielen Künstlern als Zustimmung zur Marktwirtschaft missverstanden.

Ich befand mich seit langem in einer persönlichen Krise, mir ging es geistig und körperlich nicht gut; ich trank, um wenigsten nachts drei Stunden schlafen zu können, meistens nach Mitternacht zu viel. Zudem enttäuschte mich, dass Freunde und Mitarbeiter, die in den stürmischen Wochen und Monaten vor der Wende es nicht hatten sein lassen können, mir Honig ums Maul zu schmieren, die am liebsten devot und in gebückter Haltung rückwärts aus meinem Zimmer gegangen wären, nun über Nacht, um unter der neuen Macht-

Diskussion »Verlorene Lieder, verlorene Zeit«, von links: Wolf Biermann, Dietmar Keller, Friedrich Schorlemmer, Lutz Bertram, Matthias Görnandt, ein Arbeiter aus Gera, Bettina Wegner, Jürgen Fuchs, 2. Dezember 1989

konstellation ihre Haut oder besser ihren Posten oder ihren Marktwert zu retten, die revolutionären Demokraten spielten, geschickt aufwiegelten und mit doppelter Zunge sprachen. Das Tempo der Ereignisse veränderte eben nicht nur Strukturen und Konstellationen, sondern verleitete auch so manchen, seinen wahren Charakter zu zeigen. Damit begann der eigentliche Abschied von der DDR, es war eine Ent-Täuschung. Dass es eine Befreiung war, habe ich mir erst viel später eingestanden.

Alles verkehrte sich: Was gestern noch gemeinsamer Standpunkt gewesen war, wurde wenig später zum Ausgangspunkt für Streit. So erging es mir nicht zuletzt in der Zusammenarbeit mit der Gewerkschaft Kunst. Am 28. November 1989, schon eine Woche nach Amtsübernahme, hatte ich das Sekretariat der Gewerkschaft Kunst zu einem Meinungsaustausch über die Kulturpolitik nach der Wende eingeladen. Nach langer Diskussion hatten wir uns mit gemeinsamen Standpunkten getrennt. Nicht einmal sechs Wochen später saß ich vor einem Tribunal. Der Zentralvorstand hatte Gewerkschafter der DDR in die Berliner Volksbühne eingeladen. Die Richtlinien des Ministeriums für die weitere Arbeit der Theater, in wochenlangen öffentlichen Debatten gemeinsam erstritten, fanden plötzlich keine Zustimmung der Gewerkschaften mehr. Mancher, so auch die Gewerkschaftsvorsitzende Walfriede Schmitt, tat auf dem Podium lautstark Empörung kund, obwohl sie Wochen zuvor noch schriftlich und in einer Diskussionsrunde mündlich ihre Zustimmung gegeben hatten. Auch dafür hatte ich ein gewisses Verständnis, auch wenn ich einiges nicht einfach wegstecken konnte. Meine schlaflosen Nächte nahmen zu.

Zwei Tage vor der Volkskammerwahl meldeten sich – ohne mit mir Rücksprache zu nehmen – die Direktoren der Staatlichen Museen zu Berlin zu Wort. Auf einem eilig berufenen Presselokaltermin in Depots des Pergamonmuseums machten sie auf die nach ihrem Verständnis katastrophale Situation für die Bewahrung und Restaurierung des Museumsgutes aufmerksam. Ich war in den sechzehn Monaten meiner Tätigkeit als Staatssekretär und Minister, in denen die Museen zu meinem Verantwortungsbereich gehört hatten, mindestens zwei Dutzend Mal Gast in den Staatlichen Museen in Berlin gewesen. Kein einziges Mal war ich an den Ort des Lokaltermins geführt worden. Wieder einmal, nun in den eigenen Reihen, wurde mit mir das Spiel »Alle gegen einen« gespielt. Ich konnte es nicht fassen. Selbst die fast lebensgefährliche Ruine des neues Museums hatten wir gemeinsam bestiegen. Welch vorauseilender Gehorsam der Generaldirektion am Vorabend der Volkskammerwahl. Dafür wurden einige nach der Wende allerdings auch belohnt.

Meine Erlebnisse im Januar 1990 in Bonn und Berlin bewogen mich zu einer Entscheidung von großer Tragweite. Gregor Gysi, dem ich bisher nur für Augenblicke begegnet war, hatte die SED-PDS-Minister der Regierung Modrow ins Gästehaus des Ministerrates eingeladen und ohne Umschweife eine einzige Frage gestellt: Wer ist bereit, als Kandidat unserer Partei sich für die neue Volkskammer nominieren zu lassen. Wir saßen an einem runden Tisch, ich zufälligerweise rechts neben ihm. Er war völlig übermüdet, schien mir fast ausgebrannt, niedergeschlagen und von den Auseinandersetzungen um die Zukunft der Partei gezeichnet. Er fragte jeden persönlich und begann bei Modrow, der links neben ihm saß. Der lehnte mit blumenreichen Erklärungen ab, korrigierte seine Entscheidung erst viel später durch das Bitten und Flehen eines großen Teils der Parteiführung und der Mitgliedschaft. Alle anderen Minister lehnten ebenfalls ab, und ich war der Letzte in der Runde, den er fragte. In diesem Augenblick tat Gysi mir leid, und ich konnte nicht anders reagieren: »Ja, ich bin bereit.«

Die Stadt Leipzig, wo ich am 11. März 1990 zur Eröffnung der Internationalen Buchmesse meine letzte Rede als Minister für Kultur der DDR hielt, wurde mein Wahlbezirk. Die letzten öffentlichen Worte als Minister waren: »Erlauben Sie mir, diesen meinen letzten öffentlichen Auftritt als Minister für Kultur der DDR vor den Wahlen zu nutzen, die Autoren, Schriftsteller und

Heinrich-Heine-Preis für Steffen Mensching, 2. Januar 1990

Künstler, die bei Ausübung ihrer künstlerischen Tätigkeit in unserem Land eingeschränkt oder ausgegrenzt wurden, die die Zähne zusammenbissen und im Lande blieben oder das Land mit Schmerzen oder Zorn verließen oder verlassen mussten, ehrlich und aufrichtig um Verzeihung zu bitten. Die Modrow-Regierung hat alles in ihren Kräften Stehende getan, historische Schuld durch vollständige Sicherung der Freiheit der Kunst und des Künstlers abzutragen, die Schuld wird uns aber wie eine brennende Narbe erhalten bleiben.«

In den 121 Tagen der Modrow-Regierung haben die Bürger der DDR eine poststalinistische und feudal-aristokratische Parteidiktatur der SED abgeschafft. Sie haben eine in ihren Grundzügen funktionierende Demokratie nach den Regeln allgemeiner Menschenrechte eingeführt. Das Volk der DDR hat in diesen Monaten nicht nur eine Mauer aus Stahl und Stein, sondern auch eine geistige Mauer eingerissen, die es über Jahrzehnte fast erdrückt hatte. Die Modrow-Regierung hat damit beigetragen, die Nachkriegszeit zu beenden und eine Vorfriedenszeit in Europa einzuleiten. In 121 Tagen wurden Grundzüge für eine eigenständige Außenpolitik entwickelt, Bedingungen für den Übergang zur sozialen Marktwirtschaft geschaffen und die Auflösung des gescheiterten Staatsgefüges eingeleitet. Obwohl jeden Tag Zehntausende Bürger auf den Straßen waren, ein Streik den anderen ablöste, die Anzahl der Bombendrohungen zunahm, gab es keine Gewalt und kein Blutvergießen. Es fiel wie zur Wende kein einziger Schuss. Die demokratische Revolution wurde auf den Straßen und Plätzen des Landes durch viele mutige und kluge Bürgerinnen und Bürger, im wahrsten Sinne des Wortes deutsche Patrioten, eingeleitet. Der historische Fakt einer demokratischen Revolution gegen die autoritäre Macht einer Partei auch unter Teilnahme von Mitgliedern dieser Partei ist ein historisches Ereignis, an dem sich auch weiterhin die Gemüter erhitzen werden.

In der letzten Sitzung des Runden Tisches im März 1990 wurde die Übernahme des Grundgesetzes der Bundesrepublik für die DDR abgelehnt. Der eigene Verfassungsentwurf konzentrierte sich auf das Ziel: Volkseigentum und Demokratie. Er hatte keine Chance. Im Übrigen war die DDR noch gar nicht richtig geschluckt, da wurde sie im Grundgesetz schon als verdaut erklärt. Die wichtigste Leistung der Übergangsregierung Modrow unter der gemeinsamen Leitung von Modrow, Christa Luft und Lothar de Maizière bestand aber darin, dass die Hoffnung auf eine reformierbare Republik nicht gänzlich schwand. Und ich kann sagen, ich bin bei all diesen Prozessen hautnah dabeigewesen.

Hans Modrow hatte über Jahrzehnte immer im Schatten des Politbüros gestanden, als er aus diesem heraustrat, gab es schon andere, von ihm nicht mehr korrigierbare Machtverhältnisse. Die Gesetze der Stärkeren, die nicht einmal im eigenen Machtbereich agierten und wirkten, dominierten. Schlimmer aber war, dass das eigene Volk begonnen hatte, sich abzuwenden. So war Modrow leider nur Repräsentant eines sterbenden Landes – das aber mit würdevollem Trotz und mit unbeugsamer Treue zu seinen Idealen, ein Politiker, der leidenschaftlich und gütig vermitteln wollte und das auch konnte. Dass die DDR ohne einen Schuss aus den Händen einer Übergangsregierung in die Hände einer Übergaberegierung gelangte, ist und bleibt eines seiner großen Verdienste. Wir träumten alle ein wenig von einer besseren Welt. Es war ein wunderbarer Traum...

Mit der selbstlosen Unterstützung des Journalisten und Publizisten Michael Grüning und gemeinsam mit dem Verlag der Nation Berlin sowie mit dem Luchterhand Literaturverlag Frankfurt am Main lud ich in dieser Zeit in den Apollo-Saal der Deutschen Staatsoper zu Berlin Politiker und Geistesschaffende, in der Regel aus beiden deutschen Staaten, zur Vortragsreihe »Nachdenken über Deutschland« ein, in der Hoffnung, ihre Gedanken zu den Fragen dieser Wochen und Monate zu erfahren: Deutschland im Aufbruch – Deutschland

Otto Schily in der Vortragsreihe »Nachdenken über Deutschland«, 1. Juli 1990

im Gespräch. Wohin geht dieses Land? Werden die Deutschen wieder zu »hässlichen Deutschen«? Quo vadis, Deutschland?

Anknüpfend an beste Traditionen der progressiven deutschen Geistesgeschichte, erinnert sei an Thomas Manns »Deutsche Ansprache. Ein Appell an die Vernunft« im Beethoven-Saal oder Heinrich Manns Rede zur deutsch-französischen Verständigung im Admirals-Palast zu Berlin, folgten zwischen Februar 1990 und Januar 1991 unter anderem Günter Grass, Rolf Hochhuth, Henry Marx, Carl Friedrich von Weizsäcker, Günther von Lojewski, Peter Härtling, Gottfried Forck, Otto Schily, Kurt Biedenkopf, Irenäus Eibl-Eibesfeldt, Lew Kopelew, Hans-Peter Dürr, Günter Kunert, Egon Bahr, Hans Mayer, Anke Martiny, Peter Merseburger, Walter Jens, Antje Vollmer und Rita Süssmuth meiner Einladung. Unterstützung gewährte mir mein Nachfolger im Amt Herbert Schirmer. Vorgestellt wurden die Referenten unter anderem von Christoph Hein, Günter de Bruyn, Volker Hassemer, Klaus Wagenbach, Stefan Heym, Walter Janka, Günter Gaus, Christa und Gerhard Wolf sowie Marion Gräfin Dönhoff und Konrad Weiß. Mein Gott, wer konnte zu dieser Zeit Besseres bieten.

Solch eine Veranstaltungsreihe hatte es in der Geschichte der beiden deutschen Staaten nach dem Krieg noch nie gegeben. Die Reden lesen sich heute wie ein Geschichtskompendium und eine Ode an Toleranz, Demokratie, Disput und ein Miteinander. Übertragen durch die Rundfunkanstalten Deutschlandsender Kultur und Sender Freies Berlin, erreichten sie ein großes Publikum, veröffentlicht wurden sie in fünf Bänden im Verlag der Nation. Das war meine Abschiedsofferte als Minister für Kultur der DDR.

Am Tag der Volkskammerwahl zog ich mir beim Öffnen meiner Garage einen Kreuzbandriss zu, wurde ins Regierungskrankenhaus in Berlin-Buch eingeliefert, erhielt eine falsche Diagnose und bekam eine lebensgefährliche Thrombose. Aber was soll es. Ich hatte in den letzten Wochen und Monaten des Sozialismus in der DDR anderes einstecken müssen. Ich glaubte, ehrliche Arbeit abgeliefert zu haben, nicht zuletzt nachprüfbar in 22 Interviews mit Zeitungen des In- und Auslandes, 15 Interviews mit Rundfunkanstalten, zehn nationalen und einer internationalen Pressekonferenz sowie zwei Fernsehinterviews. Ich wollte einen anständigen Job machen und glaube, ich habe ihn gemacht, war darauf gut vorbereitet. Die Kulturlandschaft der DDR und ihre Künstlerinnen und Künstler in die beginnende Marktwirtschaft einfühlsam und besonnen zu führen, sie dabei einigermaßen »weich landen« zu lassen, war neben der Wiederherstellung der Freiheit der Kunst und Kultur meine wichtigste Aufgabe. Und der habe ich mich trotz mancher Anfeindungen aus den eigenen Reihen und erbitterten Medienschlachten gestellt. Meine Zeit war aber ein für alle Mal abgelaufen, ich wollte es nur noch nicht so genau wissen.

Vor dem Ministerium für Kultur am Molkenmarkt: Klaus Staeck, Januar 1990

Gewählt ist gewählt

Die Bürgerinnen und Bürger der DDR, aber auch die der anderen deutschen Republik sowie die politisch interessierte internationale Öffentlichkeit erwarteten mit Spannung und großem Interesse den Ausgang der Märzwahlen in der DDR. Die westdeutsche SPD und ihr ostdeutscher Ableger wähnten sich auf sicherer Fährte. Einige waren bereits Wochen vor der Wahl bei mir vorstellig geworden, baten um interne Auskünfte über Struktur und Arbeitsweise des Ministeriums, über Gehalt und andere soziale und arbeitserleichternde Bedingungen, waren von einer umwerfenden Siegessicherheit und konnten die Ablösung des PDS-Ministers für Kultur kaum erwarten. Mir schienen sie allerdings etwas zu leicht gewogen für dieses Amt.

Die Partei des demokratischen Sozialismus war in einer ziemlich ausweglosen Situation, völlig zu Recht: 1. Die SED als Gesamtpartei hatte am demokratischen Umbruch, der Entwicklung einer über die Parteigrenzen reichenden Opposition und der Zuspitzung zur Wende keinen eigenen gravierenden Anteil, was nicht heißt, dass ohne das Engagement einzelner SED-Mitglieder vieles so möglich gewesen wäre. Die SED hatte im Wissen um ihre Stärke als machtausübende Partei für die Geburt der friedlichen Revolution fast nichts geleistet, warum auch, sie wollte weder Reformen noch eine Wende, sie war folglich kein Motor, sondern in vielen Fragen Bremsklotz gewesen. 2. Die Palastrevolution in der SED im Oktober 1989 war eine mit dem obersten Sicherheitschef abgestimmte von oben, mit den falschen Akteuren, am falschen Ort und zum falschen Zeitpunkt. Sie war keine Revolution aus der Mitgliedschaft, aus der Basis der SED, die die Erneuerung der Partei vielleicht schnell und konsequent hätte ermöglichen können. Erst gab es den erzwungenen Rücktritt von Honecker und seiner engsten Vertrauten im engsten Führungszirkel, dann des gesamten Politbüros und dann des Ministerrates. Und immer wieder fragwürdige und halbherzige Personalentscheidungen. Viele Mitglieder der SED wollten eine Erneuerung, wollten einen wirklichen demokratischen Sozialismus, waren darauf aber nicht vorbereitet, hatten keine Konzepte, geschweige denn Konzeptionen. Und es fehlten ihr ausreichend Köpfe, die sie inspiriert hätten. Aus diesem historischen Fakt erwuchsen auch die Kinderkrankheiten der PDS, von denen sie sich leider nie erholen sollte. 3. Anfang Dezember 1989 war die alte Organisations- und Führungsstruktur der SED im Wesentlichen zerfallen, die Partei war in hohem Maße handlungsbehindert bis handlungsunfähig, hatte den Zugriff auf die Massen, auf den Staats- und Sicherheitsapparat weitestgehend verloren. Die alte mittlere und untere Funktionärselite konnte nicht mehr, aber sie wollte auch nicht abtreten, und die neue konnte noch nicht, nicht zuletzt weil sie nicht richtig wollte, denn sie war auf den Machtwechsel in der Partei gänzlich unvorbereitet. 4. Die PDS erschütterte um die Jahreswende 1989/90 ein Skandal nach dem anderen. Sie war in der Öffentlichkeit diskreditiert, und es gehörte viel Mut dazu, sich offen zu ihr zu bekennen. 5. Die einzige Chance des Überlebens der Partei war das Begreifen ihrer Beschränkung auf eine kleine und bescheidene Regionalpartei im Osten und die Hoffnung auf die Treue und Verbundenheit des demokratischen und toleranzfähigen Teils ihrer Mitgliedschaft.

Nach der Phase ihres Scheiterns und dem verzweifelten Versuch ihrer Umgestaltung, Auflösung, Neugründung oder Neugestaltung von Oktober bis Dezember 1989 folgten eine Phase des verzweifelten Bemühens um die Verhinderung ihres Untergangs vom Dezember 1989 bis zum Frühjahr 1990 und der Beginn einer schleichend langsamen Konsolidierung ab etwa Anfang/Mitte Februar 1990. Da war die Partei allerdings immer noch geprägt von einer altertümlichen Wagenburgmentalität, von einer Sehnsucht nach einer gemütlichen Wärmestube, geplagt von schweren Abschiedsträumen. Große Teile der immer kleiner werdenden Partei waren desillusioniert und ihr Denken bestimmt von lebensfernen Hoffnungen und einer starren, mitunter sturen Beharrlichkeit. Die hinzustoßenden West-Linken, zumeist übriggebliebene 68er, unzufrieden mit sich selbst und ihrer Bedeutungslosigkeit im Westen Deutschlands, sahen plötzlich eine einmalige historische Chance und begannen sich im Osten und vor allem in die Partei einzubringen.

Jeder Zusammenbruch eines geschlossenen Systems führt zu einem neuen System, ob offen oder geschlossen, hängt von vielen inneren und äußeren Faktoren und Machtkonstellationen ab. Insofern hatte die PDS nur eine kleine, oder besser, kaum eine Chance. Der einsetzende Wahlkampf bezog seine Dynamik weitestgehend aus den Handlungen und Aktivitäten der bundesdeutschen Parteien, die mit einem riesigen Aufwand an Werbung und dem Auftreten ihrer Spitzenpolitiker die Wähler vor allem über Massenkundgebungen mit demagogischen Versprechungen zu mobilisieren versuchten. Die eigentlichen Akteure des Umbruchs und ihre politischen Gruppierungen, die Bürgerbewegungen und Oppositionelle aus allen Schichten der Bevölkerung, rückten immer mehr in den Hintergrund, obwohl sie vor der Wende die Entwicklung geprägt hatten und durch die Bundestagsparteien und deren politische Stiftungen gut geführt, zu einem Netzwerk verbunden und mit modernster Technik ausgerüstet worden waren. Korrespondenten der westlichen Medien wurden in der Regel an den Grenzübergangsstellen wie Diplomaten durchgewunken, in ihrem Gepäck waren in Richtung Westen Manuskripte, Kunst und Antiquitäten und in Richtung Osten Zeitschriften und Bücher, Fax- und Kopiergeräte, Druck- und Übertragungstechnik sowie manch anderes, wovon wir im Ministerium nur träumen konnten.

Die Bürgerrechtler hatten weitestgehend ihre Schuldigkeit getan. Sie besaßen gegen die etablierten west-ostdeutschen Parteien keine Chance und verschwanden mehrheitlich in der Versenkung. Von dieser Fremdbestimmung und der sich Schritt für Schritt abzeichnenden Minderung der Bedeutung der Bürgerbewegung profitierte natürlich auch die PDS, die ihre personellen und finanziellen Ressourcen klug in die Auseinandersetzungen einführte. Die Wahlergebnisse sind bekannt. Bei einer traumhaften Wahlbeteiligung von 93 Prozent zogen mit 16,4 Prozent und dem drittbesten Wahlergebnis 66 Abgeordnete der PDS in die erste demokratisch und freigewählte Volkskammer der DDR ein. Ein für damalige DDR-Verhältnisse unvorstellbares Ergebnis. Der Bürgerrechtler Thomas Klein von der Vereinigten Linke, der ebenfalls in die Volkskammer gewählt worden war, bat um Mitarbeit in der Fraktion der PDS. Ein durch viele Parteien und Bewegungen breitgefächerter parlamentarischer und politischer Pluralismus – getragen von Fachleuten und Spezialisten, Lehrern, Juristen und nicht zuletzt protestantischen Theologen, die alle ausreichende Sach- und Fachkompetenz und manchen Weihrauch erwarten ließen – schien in die Volkskammer einzuziehen. Unbekümmertheit und frischer Wind wehten durch die alten Mauern.

Der Umbruch, die Krise, Austrittswellen, die Forderung nach Auflösung der PDS und nach Neugründung der Partei hatten zu einer Fraktion geführt, die so ganz anders war als alle bisherigen. Das verbindende Band der PDS-Abgeordneten war, es besser zu machen als ihre Vorgänger, zu zeigen, dass die neuen Köpfe zu Demokratie und Toleranz fähig waren. Unter den Abgeordneten, und das verdeutlichte die Krise der PDS sehr klar, war weder ein Arbeiter noch ein Bauer. Aber es gab auch Hoffnungsvolles. Gewählt waren 27 Frauen, der höchste Frauenanteil aller Fraktionen, fünf Abgeordnete waren jünger als 30 Jahre, 22 unter 40 Jahre. Allerdings waren von den 66 Abgeordneten 63 diplomiert, 35 hatten promoviert. Zwölf waren Lehrer, neun Professoren und acht Ärzte. Das Wichtigste aber war: Der Fraktion gehörten mit Höpcke, Keller, Modrow und Willerding nur vier ehemalige Partei- und Staatsfunktionäre an, die in den Augen ihrer Wählerschaft ihrem Ruf auch nach der Wende offensichtlich treu geblieben waren.

Einig waren sich alle Abgeordneten schon auf ihrer konstituierenden Sitzung in den Grundprinzipien künftiger Arbeit: Konsequente Abkehr vom unsäglichen Prinzip des demokratischen Zentralismus, jeder Abgeordnete sollte nur noch seinem Gewissen und seinen Wählern verpflichtet sein, jeder Abgeordnete sollte die gleichen Rechte und Pflichten haben, die Arbeit der Frakti-

Fraktion der PDS in der Volkskammer, 1990

on sollte transparent, Antwort auf die täglichen Fragen der parlamentarischen Arbeit sollten nicht vorgegeben sein, sondern gemeinsam erstritten werden. Dort, wo keine Einigung möglich war, sollte jeder seinen Standpunkt im Parlament selbst vertreten.

Für uns, die Abgeordneten der Fraktion der PDS, die sich gegenseitig kaum kannten, wurde die Arbeit in der 10. Legislaturperiode zu einer Schule des parlamentarischen Lernens. Viele der gewählten Abgeordneten der anderen Parteien sahen in uns die Verursacher allen Übels, sie machten uns manchmal das Leben zur Hölle und vergaßen dabei, dass auch sie wie wir aus der gleichen kamen. Auch sie mussten lernen: gewählt ist gewählt, parlamentarische Demokratie muss sich jeder schwer erarbeiten. Gregor Gysi wurde zum Fraktionsvorsitzenden, ich zu seinem ersten Stellvertreter gewählt. Stellvertreterin der Präsidentin der Volkskammer wurde Käte Niederkirchner, Mitglieder des Präsidiums Dagmar Enkelmann und Bernd Meier.

Die Angst vor den Fehlern der Vergangenheit schien unsere Arbeit zunächst zu lähmen. Jeder fühlte sich im Recht, jeder schien es aus seiner Erfahrung besser zu wissen und verteidigte seine Meinung mit zeitaufwendigen Erklärungen. Mehrheiten wurden durch Frauenvotum, Minderheitenvotum, Behindertenvotum u. ä. mitunter blockiert, die mühsam erarbeitete Geschäftsordnung der Fraktion durch mehr als ein Dutzend Ausnahmeregelungen ad absurdum geführt. Mitunter dauerten die Sitzungen bis nach Mitternacht, wer sich im Unrecht fühlte, beantragte Auszeit, Pausen oder knallte, wie mehrfach Uwe-Jens Heuer, lautstark die Türen hinter sich zu. Das schien für manchen die neue revolutionäre Haltung zu sein.

Da ich vielfach die Sitzungen leitete, weil Gregor Gysi durch seine Partei-funktion auf vielen anderen Hochzeiten zu tanzen hatte, war ich mitunter dem Verzweifeln nahe. Ich hatte in meinen bisherigen Funktionen gelernt, wer eine Türklinke ableckt, ist kaum ernstzunehmen, wer aber eine Tür zuschlägt, muss durch dieselbe wiederkommen oder hat sich für immer verabschiedet. Man-chen dauerte das alles zu lange, sie wollten kleine Delegationen zu Verhand-lungen vor die Tür schicken, hatten sie keinen Erfolg, wurden sie ausgetauscht und andere Verhandlungspartner beauftragt. Ich blieb konsequent und stur, wollte mich durch nichts erpressbar machen lassen. Meistens gab es allerdings nur eine Lösung: Gregor Gysi. Er kam, hielt ein langes und überzeugendes rechtsanwaltliches Plädoyer, das alle Seiten überzeugte, sprach ein verbindli-ches Wort des Ausgleichs und des Kompromisses und das so lange und mit so viel Überzeugungskraft, dass sich alle am Streit Beteiligten auf sein Friedens-angebot einigten und zum Schluss keiner mehr richtig wusste, um was es ei-gentlich gegangen war.

Das war nicht unbedingt mein Stil. Denn Probleme wurden so nur vertagt, ich habe unter der ständigen Kompromissbereitschaft von Gregor Gysi sehr gelitten. Ich hatte mit einem anderen Leitungsstil gearbeitet und weiß auch nicht, ob der von Gregor Gysi langfristig der Sache wirklich immer gedient hat. Zu diesem Zeitpunkt schien mir mein Fraktionsvorsitzender mehr Vertei-diger in einem Strafprozess als politischer Funktionär zu sein. Aber was soll es. Dieser körperlich kleine Rechtsanwalt, mit Strahleblick und Nickelbrille, war in seiner Art einfach umwerfend und großartig. Er ist ein wirklich Großer. Ich habe einmal in einem Interview gesagt:»Genie und Chaos« liegen bei ihm eng beieinander. Er nahm mir dies sehr übel. Vielleicht weil er wusste, dass bei ihm Genie vorherrschte. Aber es stimmte trotzdem.

Er war von der unglaublichen Fähigkeit geprägt, in atemberaubend kurzer Zeit Probleme und Widersprüche zu erkennen, Gesetzesvorlagen zur Kennt-nis zu nehmen und Schlussfolgerungen zu ziehen, den Kern einer Sache zu er-kennen und ein halbes Dutzend Lösungsvarianten zu unterbreiten. Und das betraf nicht nur die parlamentarische Arbeit. Ich bleibe bei meiner Aussage, die ich schon vor Jahren getroffen habe: Ohne Gregor Gysi wäre die Linke in Deutschland bedeutend ärmer und die PDS hoffnungslos eingebrochen. Die LINKE ist heute nicht zuletzt so stark, weil Gregor Gysi alle Fäden im Vor-der- und im Hintergrund in einer Hand zusammenhielt, und sie mitunter ne-ben allen demokratisch gewählten Leitungsorganen mit etwas Chaos durch persönliche Abstimmung und Übereinstimmung mit einer Handvoll von Mei-

Sitzung der Fraktion der PDS in der Volkskammer, 1990

nungsmachern und »Strippenziehern« durch alle Gefahren und nötigen Umwege führte. Was Kohl für die CDU, Strauß für die CSU, Genscher für die FDP und Brandt für die SPD, was Fischer für die Grünen war, war nach der Wende Gysi für die PDS. Nicht nur ein glänzender Redner, schon gar nicht ein Demagoge, wie ihn viele beschimpften, sondern ein bisher im Wesentlichen unbekannter Wendepolitiker, spät entdeckter Vollblutpolitiker, dessen Meriten noch zu würdigen sind. Dies zu erkennen und damit leben zu lernen, war für viele Mitglieder der Partei, die von einem endlosen »Demokratismus« träumten, nicht leicht.

Das Land war nach der Volkskammerwahl in und voller Hoffnung. Die Wählerinnen und Wähler nahmen es deshalb gelassen hin, dass die Freien Demokraten mehrfach ihren Namen änderten und mancher zum Schluss den nun gültigen noch nicht oder nicht mehr wusste, dass die DSU, protegiert und bezahlt durch die bayrische CSU, mitten in der parlamentarischen Arbeit ihre Minister verlor, dass die Demokratische Bauernpartei sich auflöste und ihre Abgeordneten wie bei einem Würfelspiel die Fraktionen wechselten, dass beim Demokratischen Aufbruch manch einer nie Auskunft geben konnte, ob diese Partei denn nun schon im Schoß der CDU gelandet sei oder noch nicht, dass die Regierungskoalition ihr Ende bekannt gab, als das schon alle wussten und nun die Parlamentstribüne mit einer Wahlkampfarena verwechselten.

Der Ministerpräsident entließ seinen Finanzminister Romberg, einen bewundernswerten und aufrichtigen Demokraten, wegen unüberbrückbarer Meinungsverschiedenheiten, die SPD trat aus der Großen Koalition aus, die Hektik nahm zu, die Nerven lagen blank. Als am 8. August 1990 das gemeinsame Wahlgesetz beschlossen werden sollte, fiel es durch. Bundeskanzler Kohl rief am nächsten Morgen gegen sieben Uhr den Minister im Amt des Ministerpräsidenten, Klaus Reichenbach, an und grollte ins Telefon: Was habt ihr denn gestern in eurer Volkskammer für einen Scheißdreck gemacht?

Trotzdem war es für uns eine wunderbare Zeit des Lernens, des Übens in Bescheidenheit und des Begreifens, dass die große und die kleine Welt anders funktionierte, als wir uns bisher vorgestellt hatten. Über vieles in der Arbeit der letzten Volkskammer hat sich nach zwei Jahrzehnten der Staub des Vergessens gelegt. Doch die Reden vieler Abgeordneten der Fraktionen zum Vertrag über die Schaffung einer Währungs-, Wirtschafts- und Sozialunion sind auch heute noch mit Respekt und Genuss zu lesen. Im Übrigen stimmte damals die gesamte Fraktion von Bündnis 90/Grüne von Marianne Birthler bis Vera Wollenberger, wie die gesamte Fraktion der PDS, gegen das Gesetz. Die Debattenbeiträge der PDS über den Beitritt der DDR zum Geltungsbereich des Grundgesetzes der Bundesrepublik waren von nüchterner Analyse und vorausschauender Sicht geprägt. Fast in Vergessenheit geraten ist, dass die Abgeordneten Birthler, Poppe, Reich, Schulz, Tschiche und Wollenberger wie die geschlossen stimmenden PDS-Abgeordneten damals den Beitritt ihre Zustimmung versagten. Kaum in Erinnerung ist, dass der CDU-Abgeordnete Günter Nooke in der Debatte am 7. Mai 1990 den Staatsvertrag als »Einleitung eines Jahrhundertdeals, dessen ganzer Skandal sich noch zeigen wird«, bezeichnete. Die Erde war eine Kugel, das Weltall unendlich und wir in der Geschichte eine lustige Episode.

Was mir aber das Wichtigste war, ich lernte interessante Menschen kennen, die ernstzunehmen waren und anders als ich dachten und funktionierten: Friedrich Schorlemmer und Wolfgang Ullmann, Regine Hildebrandt und Peter-Michael Diestel, Reinhard Höppner und Lothar de Maizière, Hans Jochen Tschiche und Jens Reich, Walter Romberg und Herbert Schirmer, Richard Schröder und Wolfgang Thierse, Edelbert Richter, Ulrike Poppe und Rolf Henrich. Welches Potential hatte unser geschundenes Land, wie viele Menschen waren mehr als regierungsfähig, was haben wir als Staatspartei leichtfertig verschleudert, mich bringt es auch heute nach mehr als zwanzig Jahren noch fast um, wenn ich daran denke.

Hatte mich die Losung der großen Französischen Revolution »Freiheit, Gleichheit, Brüderlichkeit« schon vereinnahmt, so schien mir Rolf Henrichs Gedanke »Freiheit im Denken und Handeln, Gleichheit für oben und unten,

Brüderlichkeit im Geist und im Leben« noch überzeugender. Und trotzdem: Die Mehrheit der Bürgerrechtler war zu machtabstinent, als dass sie selbst die Macht ergreifen wollte und konnte. Die Bürgerrechtler konnten die Chance des Sturzes der SED-Führung nicht als eine wunderbare Möglichkeit der Neufassung von Macht begreifen. Ähnlich wie mancher in der SED, der die Neufassung von Macht nicht als das Ende der SED begriff.

Die erste frei gewählte Volkskammer in der Geschichte der DDR hatte mich zum Vorsitzenden des Ausschusses für Kultur gewählt. Mein Stellvertreter wurde Wolfgang Thierse. Zuvor, noch in den letzten Tagen meiner Amtszeit als Minister, hatte ich einen Antrag in den Ministerrat eingereicht, der als dessen Vorlage und Drucksache Nr. 84 unter dem Titel »Über staatliche Pflichten zum Schutz und zur Förderung von Kultur und Kunst« in die alte Volkskammer eingebracht worden war. Kern des Beschlusses war: »Alle Staatsmacht in der Deutschen Demokratischen Republik ist dem Wesen und den Merkmalen eines Kulturstaates verpflichtet. Kultur und Kunst sind zu Grundwerten stattlicher Identität zu erheben, ihre Gewährleistung ist Staatspflicht, die freie Teilhabe an ihren Schaffensprozessen und deren Ergebnissen Grundrecht aller Bürgerinnen und Bürger. Pflege und Schutz des nationalen Kulturerbes und des Gegenwartsschaffens sind gleichrangige Verpflichtungen des Staates …, sind Bestandteil der deutschen Nationalkultur, der europäischen und der Weltkultur.«

In der letzten Volkskammersitzung vor der Wahl, am 7. März 1990, hatte ich als redeberechtigter Minister ein Plädoyer für diesen Volkskammerbeschluss gehalten:»Ohne entwickelte Kultur kein sinnerfülltes Leben, keine Kreativität, Schöpfertum, Fantasiereichtum, kein Mut zum kühnen Denken, keine Produktivität, keine radikale demokratische Erneuerung, keine umfassende Demokratie- und Toleranzfähigkeit. Kultur hilft den Menschen, Modelle der Wirklichkeitsbewältigung zu finden, verschiedene Lebensstile spielerisch ausprobieren zu können, neue Lebensperspektiven zu gewinnen und soziale Erfahrungen zu akkumulieren. So verstanden, ist Kultur ein großes, soziales Laboratorium.«

Nach dem 18. März 1990 empfahl ich den Trägern der Verantwortung für Staat und Gesellschaft, »die Entwicklung unseres Landes zum und als Kulturstaat als Verfassungsgrundsatz zu verankern, ein Kulturpflichtgesetz, das zugleich ein Kulturschutzgesetz ist, zu erlassen und ein Kulturfinanzierungsgesetz zu erarbeiten. Der Beitrag der DDR zur deutschen Nationalkultur darf durch niemanden und nichts gefährdet werden.« Es war mir schon klar, es war wie ein vergebliches Pfeifen im Wald.

Ich hatte meinem Nachfolger Herbert Schirmer ein vernünftig bestelltes Haus hinterlassen, was er mir persönlich und in Interviews auch bestätigte. 121 Tage war ich im Amt gewesen, die aufregendste und verrückteste Zeit meines

Lebens. Mit meinem Ministerium hatte ich die Grundstruktur einer zentralistisch und administrativ arbeitenden staatlichen Kulturverwaltung unter dem Diktat der SED-Politbürokratie aufgebrochen, demokratische Grundstrukturen für eine freie kulturelle und künstlerische Arbeit installiert, gesetzliche Voraussetzungen für das künstlerische Schaffen erarbeitet, die Verantwortung und Selbstständigkeit der Kommunen erweitert, der Alltagskultur größere Aufmerksamkeit gewidmet und Bedingungen für die Sicherung der kulturellen Grundversorgung der Bevölkerung geschaffen sowie eine Konzeption für die Nutzung von etwas über 600 Millionen Mark aus dem von der PDS dem Staat übergebenen Fonds in Höhe von 3,014 Milliarden Mark ausgearbeitet.

Am 13. März 1990, also knapp eine Woche vor der Volkskammerwahl, hinterlegte ich auf meinem Schreibtisch ein Memorandum an meinen Nachfolger: 1. Ausarbeitung eines Kulturpflichtgesetzes und eines Kulturförderungsprogramms, Ausarbeitung eines Kulturfinanzierungsgesetzes, die Mitarbeit am Mediengesetz, die Weiterführung der Arbeit am Gesetz über das Bibliothekswesen sowie die Förderung der Kulturforschung. 2. Schaffung von Rahmenbedingungen für die Verwirklichung der kulturellen Rechte aller Bürger und Neuregelung von Kulturverwaltungs-, Steuer-, Preis-, Honorar- und Urheberrecht. 3. weitestgehende Erhaltung der kulturellen Infrastruktur in den Kommunen, Sicherung territorialer Voraussetzungen für die Verstärkung der kommunalen Kulturarbeit und Einbeziehung einer breiten demokratischen Öffentlichkeit in alle Entscheidungen. 4. Erweiterung der Zusammenarbeit mit der Kultusministerkonferenz der Bundesrepublik und der Arbeit mit der deutsch-deutschen Kulturkommission.

Minister Herbert Schirmer, der mich im Übrigen als einziger im Regierungskrankenhaus besucht hatte, bedankte sich bei dieser Gelegenheit für die umfassenden Vorbereitungen der Stabübergabe. Er war ein sympathischer Mensch, sehr gebildet und der Kunst und Kultur aufs Engste verbunden. Es hätte für die Übergaberegierung nur schlimmer kommen können, denn selbstständig zu entscheiden hatte sie kaum noch etwas. Später erinnerte er sich: »Es herrschte einfach diese Auffassung, es muss erst einmal alles weg, um dann sozusagen per neuer Kopfgeburt Strukturen zu errichten, die möglichst passgenau denen in der Bundesrepublik nahe oder gleich waren.« Und seine Staatssekretärin Gabriele Muschter, die zu DDR-Zeiten mitunter der Staatskunst sehr nahestand, erinnerte sich an die Aussage eines führenden Bundespolitikers: »Also, Sie sind Beitrittsgebiet, und wir haben so etwas (Kulturgroschen – D. K.) nicht, und dann kommt das nicht in Frage.«

Die Bürgerinnen und Bürger der DDR hatten gewählt, sie wussten allerdings nicht, dass sie keine neue Regierung, sondern einen Treuhänder, der das marode Unternehmen DDR auflösen sollte, gewählt hatten. Manche glaubten vielleicht auch, mit ihrer Wahl sich ihrer eigenen Geschichte entledigen zu können, in Wirklichkeit aber wurde die Pervertierung des Sozialismus abgewählt und den eigentlichen Vätern der friedlichen Revolution gekündigt. Der Bürgerrechtler Hans Jochen Tschiche formulierte das zwanzig Jahre später noch drastischer: »Als die Mauer aufging und die Kommunisten sich selbst zum Fraß hinwarfen, war mir klar: Diejenigen, die die DDR nicht abschaffen, sondern reformieren wollten, würden kein Land mehr sehen.«

Die Volkskammer arbeitete fleißig: 164 Gesetze, davon drei Staatsverträge, und 93 Beschlüsse und Willenserklärungen stehen auf ihrer Habenseite. Vieles war grundehrlich gemeint und erarbeitet, erstritten und diskutiert, manches etwas holprig, unerfahren und im Zugzwang der Zeit und des internationalen Geschehens. Leider wurde das alles begleitet durch »bühnenreife« Auftritte vor und hinter dem Rednerpult, verbale Entgleisungen und persönliche Verdächtigungen, wortreiche Beschimpfungen und völlig ungenügender Gewährleistung der einfachsten Prinzipien der postulierten Rechtsstaatlichkeit.

Und alles geschah unter den Augen der Medien. Ein wunderbares Übungsfeld für alle, die sich später auf den Weg in den Deutschen Bundestag machen wollten. Meine besondere Mühe galt meiner Tätigkeit als Vorsitzender des Ausschusses für Kultur. Wir erstritten und erarbeiteten ein umfangreiches Memorandum zur Sicherung der kulturellen Landschaft der DDR. Abgeordnete aller Parteien beschlossen es. Am 18. September 1990 sandte ich es der Präsidentin des Deutschen Bundestages, Rita Süssmuth, mit der Bitte, es allen Abgeordneten des Bundestages zuzustellen. Sie, die zugleich Vorsitzende des Ausschusses Deutsche Einheit war, antwortete mir am 8. Oktober 1990 mit der Anschrift »Herrn Dr. Dietmar Keller, Vorsitzender des Ausschusses für Kultur der Volkskammer der Deutschen Demokratischen Republik«. Ein wunderbares historisches Dokument, denn es gab schon weder die Volkskammer noch die DDR, und das seit spätestens dem 3. Oktober 1990.

Insofern war ihre Antwort belanglos, wirft nur ein sehr erhellendes Licht auf die Ernsthaftigkeit und das Tempo der Arbeit der westdeutschen Bundesbürokratie. Am 3. September 1990 hatte ich einen Brief des Ministers für Kultur, Herbert Schirmer, erhalten: »…es war der Presse (Bild am Sonntag – D. K.) zu entnehmen, dass Ihnen im Zusammenhang mit Ihrer Leitungstätigkeit im Ministerium für Kultur eine Summe von 600 Tausend DM als Abfindung zur Verfügung gestellt worden sein soll. Ich bitte Sie, dazu Stellung zu nehmen.« Das war nun wirklich zu viel des Guten, und mir platzte der Kragen. Meine Antwort veröffentlichte ich sofort in der Tagespresse: Darin hieß es: »Sie sollten wissen: 1. Ich bin erschüttert, dass der oberste Dienstherr der Kultur meines Landes Meldungen der ›Bildzeitung‹ als Information betrachtet und sie zur Grundlage seines Verhaltens macht. 2. Ich bin erstaunt, dass, obwohl zwischen uns kein Dienstverhältnis besteht, Sie als Minister für Kultur auf der Grundlage einer Meldung der ›Bildzeitung‹ mich um Stellungnahme ersuchen. 3. Ich bin erstaunt, dass der Minister für Kultur als Mitglied des Ministerrates nach viermonatiger Tätigkeit noch immer nicht weiß, dass die Personalabteilung und die für Gehaltsfragen zuständige Abteilung über alle finanziellen Fragen der Minister der Modrow-Regierung und der der de Maizière-Regierung exakt auskunftsfähig sind… Wenn Ihnen schon das Vertrauen in die Lauterkeit Ihres Vorgängers im Amt fehlt und Ihnen der Weg in die entsprechenden Abteilungen des Ministerrates zu umständlich erscheint, so nehmen Sie wenigstens auf diesem Weg zur Kenntnis: Die Meldung in ›Bild am Sonntag‹ zu meiner Person ist von A bis Z erlogen. Sie dient dazu, die ehrliche Arbeit der Modrow-Regierung in den Schmutz der Gosse zu ziehen, die Arbeit der Minister dieser Regierung zu kriminalisieren und, was meine Person betrifft, einen Keil zwischen breite Kreise der Künstlerschaft der DDR, mich und meine Partei, die PDS, zu treiben. Lügen haben bekanntlich kurze Beine! Falls Sie wirklich noch nähere Informationen zur Praxis der ›Bild Zeitung‹ benötigen, empfehle ich Ihnen die Lektüre des Romans ›Die verlorene Ehre der Katharina Blum‹ von Heinrich Böll.«

Eine Antwort erhielt ich nicht, was sollte er mir auch schreiben. So weit waren wir schon gekommen. Wie konnte sich ein kluger Mann wie Schirmer von seinem Apparat nur so instrumentalisieren lassen? Gänzlich verlor er den Großteil meiner Sympathie, als er in einer Traueranzeige zur »Schließlichen und letztlichen Entgegennahme auch Ihres KUNSTPREISES in die eigens dafür festlich illuminierten Räume des Ministeriums für Kultur« der DDR am 2. Oktober 1990 ab 19 Uhr einlud. Später schrieb er: »Früh um eins oder halb zwei stand ich vor dem Ministerium und habe auf einer Heckklappe eines parkenden Auto noch die Kunstpreise unterzeichnet«. Nein, eine Leiche fleddert man wirklich nicht.

Die Fraktion der PDS in der Volkskammer hatte inzwischen in freier und geheimer Wahl entschieden, welche 16 Abgeordneten vorübergehend dem ersten und gemeinsamen deutschen Bundestag angehören sollten. Jeder der 67 Abgeordneten hatte die Chance, auf einer Liste der Fraktion bei 16 Abgeordneten ein Kreuz zu machen. Die Anzahl der Kreuze entschied. Die meisten erhielten Gregor Gysi und Marlies Deneke. Ich ahnte und erhoffte es: Es wurde mehrheitlich auch bei mir ein Kreuz gemacht und mir so ein Kreuz aufgeladen, das ich im Bundestag dann vier Jahre lang zu tragen hatte.

Am 2. Oktober 1990 schrieb ich einen Brief an mich, der den letzten Poststempel der DDR trägt und am Montag, dem 4. Oktober 1990 in meinem Postkasten in Berlin-Buchholz lag. Ich wollte ein authentisches Dokument meines Denkens für den Tag des Beitritts der DDR zur Bundesrepublik

Deutschland ein für allemal für mich behalten: »Lieber Dietmar! Vor einigen Tagen erinnerte Dich ein Kunstwissenschaftler aus dem anderen Deutschland daran, dass Du 1987 in Bonn nach einer Ausstellungseröffnung mit Werken von Künstlern aus der DDR in einem Gespräch mit den Professoren Romain und Honnef zu nachmitternächtlicher Stunde und nach mehreren Gläsern guten Rheinweins den folgenschweren Satz sagtest: In zwei Jahren wird es wohl keine DDR mehr geben. Ich weiß nicht, was Dich damals zu dieser bitteren Aussage bewegte. Nur Dein Erschrecken bemerkte ich, als Du jetzt daran erinnert wurdest. Ich könnte mir allerdings vorstellen, dass dieser Gedanke bei Dir im tiefsten Inneren schon viel früher entstanden ist, dass der Zeitpunkt, ihn auszusprechen, ihn gerade in der BRD kundzutun, doch mehr einem Zufall entsprang, es hätte vielleicht im Kreise Deiner besten Freunde in der DDR schon eher oder vielleicht auch später erfolgen können und müssen. Den Vorwurf kann ich Dir nicht ersparen. Allerdings: Die Idee des Sozialismus war und ist mit seiner Niederlage in der DDR nicht verspielt, die Formen und Methoden seiner Realisierung sind gescheitert, und das leider so gründlich, dass die Idee bis in ihre Grundfeste diskreditiert wurde. Wie viel Zeit wird nun vergehen müssen, bis sie wieder ohne Vorbehalte und Diskriminierungen zur Normalität des Denkens und Handelns vieler Menschen in einem breiten Spektrum gesellschaftstheoretischer Diskussionen und praktischer Überlegungen wird. Wer Niederlagen erleidet, muss aufrecht ihre Folgen tragen. Ich bin mir ziemlich sicher, dass Du die eigenen und andere, fremde Last auch weiterhin tragen wirst. Du musst Dich dafür nicht verteidigen. Vielleicht ist dies auch die einzige Chance eigener innerer Reinigung. Leider muss ich bemerken, dass Du in den letzten Wochen und Monaten noch trauriger und schweigsamer geworden bist und damit auch Deine Freunde belastet hast. Ich glaube schon, dass man auch als Fremder in Deinem Gesicht sehr deutlich Deine innere Befindlichkeit ablesen konnte. Du musst Dich dessen nicht schämen. Ich weiß, dass ich Dir in dieser Frage nur wenig Trost und Rat vermitteln kann. Nur eines sage ich Dir deutlich: Schäme Dich deswegen nicht mehr allzu lange. Trauerarbeit gehört zur Bewahrung von Aufrichtigkeit und Ehrlichkeit. Doch sie muss auch ein Ende haben. Morgen gibt es ein vereinigtes Deutschland – wie Du vorausgesagt hast. Ich weiß, dass die Art und Weise seines Entstehens nicht Deinen Vorstellungen und Hoffnungen entsprach. Die historisch einmalige Chance des Entstehens eines wirklich neuen Deutschlands ist leichtfertig wie in einem Spielcasino verhökert worden. Vielleicht tragen die Verantwortlichen dafür einmal die Schuld der Neulast genauso ehrlich wie Du die der Altlast. Doch das ist mehr Hoffnung als Realitätssinn. Die Vereinigung beider deutschen Staaten ist trotz aller berechtigter, möglicher Einwände auch ein neues Beginnen, neue Chancen brechen auf, Europa und die Welt schauen auf uns. Jetzt werden wir nicht mehr die anderen mit unserer nationalen Frage belasten und ablenken können, jetzt werden wir an unserer wirklichen Europasicht und Welthaltigkeit unseres Denkens und Handelns gemessen werden. Auch die deutschen Linken haben ein neues Feld der Bewährung, auch sie haben eine einmalige historische Chance, und sie sollen dereinst nicht jammern, wenn sie diese leichtfertig verspielen. Jetzt zählt einzig und allein Toleranzfähigkeit unter den deutschen Linken. Ich weiß natürlich um die Probleme und will sie nicht kleiner machen, aber über die Zeit heute und morgen wird entscheiden, wer das bessere Energie-, Ökologie- und Verkehrsprogramm hat, wer davon abgeleitet Lösungen für die brisanten Fragen unseres Jahrhunderts hat, die keine auf ein Land bezogenen Fragen, sondern ein Weltproblem sind. Also höre auf, traurig über den Verlust Deiner geliebten und gehassten DDR zu sein, mach Schluss mit Deiner verdammten Bescheidenheit und Zurückhaltung, zwei Drittel Deines Lebens liegen sowieso schon hinter Dir, sie waren nicht umsonst, stürze Dich mit Vernunft und Verstand, mit Leidenschaft und Unbestechlichkeit in das neue Deutschland, viel Zeit, Spuren zu hinterlassen, bleibt Dir leider sowieso nicht mehr. Ich grüße Dich und empfehle Dir, Dich auch weiterhin nicht anzupassen, das zahlt sich nie aus.«

In Bonn ticken die Uhren noch anders

Am Montag, dem 4. Oktober 1990, fand nach dem Beitritt der DDR zur Bundesrepublik im Reichstag zu Berlin die konstituierende Sitzung des Deutschen Bundestages statt. Im Gang vor dem Plenarsaal sagte Willy Brandt – mitten in einem Pulk von Journalisten, die auf ihn einsprachen, ich selbst war ihm bisher persönlich noch nie begegnet und deshalb auch erstaunt – fast im Vorbeigehen zu mir: »Es wird alles gut werden. Nichts wird so heiß gegessen, wie es gekocht wird.« Ich mochte ihn, er war ein Sinnbild deutscher Geschichte des 20. Jahrhunderts, seine rauchige Stimme und sein faltig-nachdenkliches Gesicht strahlten Vertrauen aus, leider hatte er in dieser Frage nicht recht. Es wurde noch viel heißer gegessen.

Nach der Sitzung flogen wir von Berlin-Tegel nach Köln, um uns in Bonn einzurichten und auf die nächsten Sitzungen vorzubereiten. Die meisten unserer kleinen Abgeordnetengruppe der ehemaligen Mitglieder der Volkskammer staunten über den engen und gemütlichen Plenarsaal im ehemaligen Wasserwerk in Bonn. Das Beste im Haus war die Kneipe im Kellergeschoss, wo man Gott und die Welt treffen konnte und das Leben wie auf einer neutralen Insel noch normal funktionierte.

Hier galt das ungeschriebene Gesetz des Waffenstillstandes. Beim Glas Wein schien der Bundestag eine große Familie zu sein. Aber wehe, die Abgeordneten betraten eine Etage höher den Plenarsaal, der sich schon bei Nichtigkeiten in eine Stierkampfarena verwandelte, da wurde der Kampfanzug angezogen und die Waffen in Anschlag gebracht. Zielscheibe der meisten Abgeordneten, vor allem der Hinterbänkler, waren die »unerwünschten« Schmuddel-Kinder der PDS/SED aus der Ex-DDR.

Auch die Mehrzahl der Bonner Bürgerinnen und Bürger betrachteten uns als ausländische Exoten, als gefahrbringende Kommunisten, denen man aus Gründen der Hygiene und der eigenen Sicherheit lieber aus dem Weg gehen sollte. Der jahrzehntelange Antikommunismus feierte im schwarzen Bonn immer noch Konjunktur. Die ehemaligen Mitglieder der anderen Fraktionen der Volkskammer wechselten lieber die Straßenseite, wenn man sich auf Sichtweite näherte, dass ja kein Journalist vielleicht ein Foto machen könne. Wohnungssuche war vergeblich, wer nimmt schon jemanden als Mieter, wenn dieser nach der nächsten Bundestagswahl in zehn Wochen sowieso Bonn wieder verlassen würde. Da würde doch nur der gute Ruf beschädigt werden. Ich suchte mir ein einigermaßen bezahlbares Hotel im Zentrum der Stadt, verließ das allerdings nach vier Wochen auch aus Gründen meiner persönlichen und der politischen Hygiene und suchte mir ein kleines Hotel im Umfeld von Bonn.

Als Arbeitsräume wurden uns der ehemalige Kindergarten des Bundestages außerhalb der Bannmeile zugewiesen. Wir, die kleine Gruppe der PDS, wurde von manchen Zeitgenossen wie Leprakranke behandelt, obwohl wir uns doch nach nichts anderem als nach Ruhe für die parlamentarische Arbeit, vielleicht auch nach einer gemütlichen Wärmestube zum Überleben sehnten. Aber damit war es für alle Zeit vorbei.

Die 3. Tagung des 1. Parteitages der PDS im Oktober 1990 verabschiedete die Erklärung »Für eine unüberhörbare Stimme der linken Opposition in Deutschland« und beschloss, zur Bundestagswahl im Dezember 1990 als PDS anzutreten und Landesverbände der PDS in den westlichen Bundesländern zu bilden. Ich wurde am 20. Oktober in Potsdam auf der Landeskonferenz der PDS in Brandenburg in geheimer Wahl als Spitzenkandidat für die Landesliste Brandenburg zur Bundestagswahl gewählt.

Im Bundestag die Stimme zu erheben, war in den ersten Wochen wie Trompete blasen im luftleeren Raum. So wollte ich wenigstens einmal einen Fanfarenstoß außerhalb der Sitzungen des Bundestages probieren. Ich schrieb einen Brief an den Bundeskanzler Helmut Kohl: »Frankfurt (Oder) ist im Gespräch. Mit großer Zustimmung habe ich die Vertragsverhandlungen über die Endgültigkeit der östlichen Grenze der Bundesrepublik Deutschland ... verfolgt. Damit wurde ein historischer Schritt zu einer stabilen europäischen Friedensordnung getan ... In Frankfurt (Oder) ist derzeit noch ein großes Kontingent sowjetischer Truppen stationiert. Auf der Hand liegt die Frage, was nach dem Abzug dieser Truppen aus der Stadt wird. Wird sie zum Tor des Friedens nach Osteuropa? Ausgehend von dieser Frage schlage ich Ihnen ... vor, in Frankfurt (Oder) ein Zeichen des Friedenswillens der Deutschen zu setzen und diese Stadt zur ersten entmilitarisierten Stadt der Bundesrepublik Deutschland zu erklären... Bedenken Sie bitte diesen Vorschlag. Sie könnten damit ein weiteres deutliches Zeichen der Aussöhnung mit unserem polnischen Nachbarvolk setzen und zugleich auch von neuem Denken in einem zukünftigen europäischen Haus Zeugnis ablegen.«

Ich wollte diesen Brief natürlich selbst überbringen, mein Mut war immer noch größer als mein Realitätssinn. Immerhin schaffte ich es bis ins Vorzimmer des Kanzlers im Bundeskanzleramt, fühlte mich dabei genauso sicher und behütet wie bei einem Besuch im »Großen Haus« in Berlin. Eine Antwort auf meinen Brief erhielt ich nicht.

Bei der Bundestagswahl im Dezember erhielt die PDS/Linke Liste 2,4 Prozent, im Osten Deutschlands aber beachtliche 11,1 Prozent der Stimmen. Auf Grund der gesonderten Wahlgebiete errang sie damit 17 Bundestagsmandate, ich war dabei, und mit Andrea Lederer, Bernd Henn, Ulrich Briefs und Ulla Jelpke immerhin vier linke Bürgerinnen und Bürger der alten Bundesrepublik. Die neue Bundestagsgruppe erwies sich bald als Rettungsanker für die gesamte Partei, als so etwas wie eine bundespolitische Lebensversicherung. Die 17 Abgeordneten sorgten für mediale Aufmerksamkeit, sie gehörten zum Parlamentarismus des neuen Deutschland und waren nicht mehr nur Mitglieder einer kleinen und unbedeutenden Regionalpartei, sie leisteten ab sofort existentielle Hilfe für den Aufbau von Parteistrukturen in den alten Bundesländern. Unsere kleine Gruppe war der überlebenswichtigste Brückenkopf in der Hauptstadt Bonn. Das letztlich doch beschauliche Vorspiel des letzten Quartals des Jahres 1990 war nun allerdings endgültig vorbei, jetzt begann der wirklich harte Kampf ums Überleben. Und er begann für mich überraschend mit einem Angriff aus den eigenen Reihen.

Bereits im Februar 1990 hatte die Juristin Petra Albrecht, in Brandenburg auf einem sicheren Platz als Kandidatin für die Volkskammer gesetzt und auch gewählt, gegen mich – ohne ein einziges Mal mit mir darüber zu sprechen – eine Anzeige bei der Staatsanwaltschaft Berlin wegen einer angeblichen Gesellschafterbeteiligung an einer westdeutschen Speditionsfirma, die offensichtlich dem Imperium von Schalk-Golodkowski zuzuordnen war, gestellt. Wer ihr diese Mär aufgetischt und eine Schein-Information zugespielt hatte, war aber nicht schwer zu erraten.

Die Staatsanwaltschaft wurde erst aktiv, als ich im Dezember 1990 in den Bundestag gewählt worden war. Sie lud am 23. Mai 1991 die Klägerin Albrecht zu einem Verhör nach Frankfurt/Main, dem angeblichen Sitz der Speditionsfirma, ein. Dort war auch der Auszug aus dem Handelsregister gefertigt worden. Albrecht war im Verhör sehr gesprächig, nicht nur über mich, sondern auch über Hans Modrow, Hans-Joachim Willerding, Norbert Kertscher, Marlies Deneke, Wolfgang Pohl, Helmar Hegewald und Rainer Börner, alles ehemalige Volkskammerabgeordnete der PDS. Sie war offensichtlich sehr gut vorbereitet worden.

Bereits im Vorfeld der Bundestagswahlen 1990 hatte sie sich, da sie bisher keine Reaktion der Staatsanwaltschaft erhalten hatte, mit gleichen Beschuldigungen gegen mich an ihre Basisorganisation in Oranienburg gewandt. Meine Kandidatur in Brandenburg sollte um jeden Preis verhindert werden. Zu dieser Zeit feierten Verdächtigungen und Verleumdungen Hochkonjunktur, den Mitgliedern der Basisgruppe fiel es entsprechend schwer, meine Argumente zur Kenntnis zu nehmen.

Am 5. November schrieb ich an die Basisgruppe: »Ihr habt zwar mich nicht um meine Meinung gefragt, sondern nur gefordert, dass ich mein Mandat zurückgeben soll, trotzdem will ich euch antworten: Angenommen, der Maurer

Schulze behauptet, dass der Jurist Peter Albers Mitarbeiter des Bundesnachrichtendienstes ist; angenommen, es erfährt eine Zeitung und veröffentlicht das; die Veröffentlichung übernehmen andere Zeitungen, und eine Fernsehanstalt macht daraus eine Sendung; angenommen, in dieser Sendung weist Peter Albers die Verleumdung zurück – wie würdet ihr reagieren? Meine besonderen Grüße gelten meiner ehemaligen Kollegin in der Volkskammerfraktion Petra Albrecht.«

Vielleicht war der Text zu verschlüsselt und zu umständlich. Ich wusste mich allerdings nicht anders zu wehren. Nachdem ich Anfang 1991 zu ersten Verhören bei den Staatsanwaltschaften der Kammergerichte in Frankfurt/Main und Berlin geladen worden war, erwiesen sich Monate später die Auszüge aus dem Handelsregister Frankfurt/Main als eine raffinierte Fälschung. Mit Wut im Bauch landete ich wieder auf normalem Boden meiner Partei und Petra Albrecht in den Armen eines bundesdeutschen Beamten.

Das aber war alles nur Kinderkram im Vergleich zu dem Schauspiel, oder besser der Tragikomödie, die der ehemalige Leipziger Schriftsteller Erich Loest mit mir in der Hauptrolle inszenieren wollte. Es war nach seinem gewollten und von ihm erzwungenen Weggang aus der DDR ruhig um ihn geworden, der Mohr hatte für eine Reihe der Medien in der Bundesrepublik seine Schuldigkeit getan. Er musste ein neues Spielfeld eröffnen, um wieder ins Gespräch zu kommen. Noch am 20. Dezember 1989 hatte er mir geschrieben: »Nach langer Zeit möchte ich wieder mit Ihnen sprechen, da oder dort. Ich wäre Ihnen dankbar, wollten Sie mir eine Nachricht zukommen lassen, dass mein Brief Sie erreicht hat. Ihnen ein erfolgreiches Jahr 1990.« Am 9. Februar 1990: »Wir möchten gern ein Haus kaufen. Was wird mit dem Literaturinstitut? Man munkelt ja, es soll geschlossen werden. Für uns wäre es genau passend, wir brauchen ja auch ein paar Wohnräume. Grass will sich finanziell beteiligen. Wir würden auch mit Devisen ausbauen. Alles erwirtschaftete Geld werden wir in Leipzig anlegen und beim Aufbau einsetzen. Ein Thema für Sie? Es wird vieles geben, über das zu reden lohnt.« Am 4. März 1990, ich begann schon 14 Tage vor der Volkskammerwahl mein Büro im Ministerium für Kultur zur Übergabe vorzubereiten: »Seien Sie herzlichst bedankt für Ihren Brief... Der Linden Verlag Leipzig, der seinen ersten Titel bereits ausliefert, braucht ein Haus, ich schrieb es schon. Das Literaturinstitut bleibt hoffentlich erhalten. Ich hörte vom Objekt Rathenaustraße 40, das zur aufgelösten Bibliothekar-Fachschule gehört hat. Untersteht es Ihnen?« Ich konnte bei bestem Willen ihm nicht mehr helfen. Wenn ich es noch gekonnt hätte, bin ich mir nicht sicher, ob ich es getan hätte.

Am 21. Oktober 1990 erklärte der Journalist Jörg Weigand im ZDF: »Der Leipziger Schriftsteller Loest, sieben Jahre in Bautzen inhaftiert und anschließend (zwischen seiner Entlassung 1964 aus Bautzen und seiner Ausreise in die BRD waren fast 16 Jahre vergangen – D. K.) in die Bundesrepublik emigriert, hat in seinem neuesten Buch Hinweise auf Kellers Verquickung mit der Stasi veröffentlicht … Loest: ›Der Keller war kein Mitglied der Staatssicherheit. Er war ein hoher Parteifunktionär der SED, und die SED hat ja die Stasi geführt, es ist ja nicht umgekehrt. Und wer wie er eine solche Funktion hat, hat mit hoher Wahrscheinlichkeit – und in dieser Art ja mit Gewissheit – mit der Stasi zusammengearbeitet, hat kooperiert.‹«

Was war nur seit seinem letzten Brief vor sechs Monaten an mich passiert? Warum Keller und nicht der Literaturminister Höpcke, warum nicht eine der vielen schönen Frauen, die auf ihn als IM angesetzt und die ihm keinesfalls gleichgültig gewesen waren? Die Fragen kann er nur selbst beantworten. Meine Antwort ist klar: Er führte einen Stellvertreterkrieg gegen einen Politiker, der nun im bundesdeutschen Rampenlicht stand, dem er eigentlich zumindest loyal gegenüber hätte sein müssen. Aber er wollte um jeden Preis ein Stück abgekommen, wenn der große Kuchen aufgeteilt würde. Bescheiden war er noch nie gewesen, und das wäre natürlich auch keine Schlagzeilen wert gewesen, damit hätte es keine »Renaissance« Loest gegeben.

Gerhard Zwerenz schrieb später über ihn, »Galle ist kein Gehirn-Ersatz«, und die Bonner Kulturjournalistin Karin Hempel-Soos im General-Anzeiger: »Bautzen hat Loest für den Rest seines Lebens gekennzeichnet, geprägt. Andere Häftlinge sind verrückt geworden oder haben sich das Leben genommen. In Loest glimmt unter der Oberfläche auch immer etwas von nicht befreitem Wahnsinn, Zorn über eine gewisse Müdigkeit zur Endabrechnung, aber auch über das Verlassenkönnen auf eine höhere Gewalttätigkeit für die ihm gemordete Zeit.«

Der Bonner Oberbürgermeister Hans Daniels, dessen Name in jedem Zusammenhang mit Bonner Skandalen genannt wurde, hatte zur Begrüßung der neuen Bundestagsabgeordneten aus den östlichen Ländern auf dem Petersberg in Bonn/Bad Honnef eingeladen. »Der Bissen würde mir im Halse steckenbleiben«, schrieb Loest an Daniels und an die Presse, er hätte womöglich an einem Tisch mit dem Keller sitzen müssen, der »hatte straffen Anteil daran, dass ich aus dem Schriftstellerverband der DDR und schließlich in die Emigration getrieben wurde«. Starke Worte von einem Schriftsteller, der der Sprache mächtig sein müsste und für sich selbst Wahrheit und Redlichkeit reklamierte.

Daniels tat die Absage von Loest in jeder Gesprächsrunde auf dem Petersberg, laut und bedeutungsvoll die Stimme hebend, kund, unabhängig davon, ob ich direkt neben ihm stand oder nicht. Er wusste, dass er als Nachrichtenüberbringer dafür eine gute Presse bekommen würde. Angesäuert verschwand ich auf die Marmortoilette mit den güldenen Wasserhähnen, stand ziemlich dumm und verlassen vor dem großen Spiegel, bis der erste bundesdeutsche

Auf dem Gartenfest von Harry Ristock, im Gespräch mit Ditmar Staffelt und Gerd Rüdiger, 1991

Auslandskorrespondent in der DDR und spätere Chefkommentator der ARD, Lothar Loewe, neben mir am Waschbecken mir versicherte: Nehmen Sie es nicht so ernst, heute tritt der Daniels Sie in den Hintern, und morgen, wenn es ihm hilft, umarmt er Sie vor Publikum.

Daniels war für mich nun wirklich kein großes Problem, ich kannte solche Art von Politiker von meinen vielen Besuchen in der Bundesrepublik schon vor der Wende. Aber Loests Warnung in der »Frankfurter Allgemeinen«: »Dessen seien Sie versichert: Die Suppe, die Sie sich damals eingebrockt haben, werden Sie auslöffeln müssen!«, ließ erahnen, dass er zum großen Kreuzzug gegen mich rüstete. Loest war schon immer kompliziert und unberechenbar gewesen. Er war wie Walter Jens und viele andere seiner Zeitgenossen in den letzten Kriegsjahren in die NSDAP eingetreten. 1981 hatte Loest ehrlicherweise geschrieben, wie er noch kurz vor Kriegsende an den »Endsieg« geglaubt hatte und als überzeugter Jungvolkführer dem »Werwolf« beigetreten war. An seine Mitgliedschaft in der NSDAP musste ihn ein Journalist allerdings fast dreißig Jahre später erinnern. Er hatte es vergessen. Es war nicht mehr in seinem Bewusstsein, ließ er verlauten. Solche Sätze hörte man nach der Wende immer wieder auf beiden Seiten.

Loest war kurz nach Kriegsende ziemlich schnell Mitglied der SED geworden, war als Mitglied der Parteileitung und als Vorsitzender des Leipziger

Schriftstellerverbandes bei vielen Gleich- und Andersdenkenden auf Grund seiner Geschichte und seiner Reden umstritten und in seinem Handeln nicht immer ohne Tadel, er war als Mann und als Schriftstellerkollege bei vielen nicht ohne kritische Bemerkungen in der Diskussion, er hatte seinen Ausschluss aus dem Verband und die Ausweisung aus der DDR zu provozieren versucht, er war geradezu cholerisch wütend, dass beides ihm nicht so gelungen war, wie er es für seine weitere Karriere erhofft hatte. So warteten auf ihn im Westen letztlich nur seine von ihm verehrte Lektorin und ein kleiner Verlag.

Mit der Einheit Deutschlands erahnte er nach einem Jahrzehnt eine neue Chance, die er nicht leichtfertig verspielen wollte. Die wenigen Zeilen in Loests »Der Zorn des Schafes«, erschienen 1990, wo mein Klarname und meine Funktion in Aktennotizen von Mitarbeitern der Leipziger Bezirksverwaltung für Staatssicherheit auftauchten, waren ihm offensichtlich selbst zu dünn für seine Beweisführung. In »Die Stasi war mein Eckermann«, erschienen 1991, druckte er im Anhang, da ihm weiteres Material fehlte, Artikel aus den »Westfälischen Nachrichten« vom Dezember 1990 und Januar 1991 mit konstruierten und für jeden Sachverständigen lächerlichen Verdächtigungen noch einmal nach. Irgendetwas wird schon hängenbleiben, muss er sich wohl gedacht haben, er kannte den Mechanismus der Westmedien ja ziemlich genau, hatte er sich doch noch aus der DDR jahrelang ihrer bedient.

Das Präsidium der CDU, in Druck geraten durch die organisierten Stasi-Anschuldigungen aus den eigenen Reihen gegen den Ex-Ministerpräsidenten der DDR und nunmehrigen Bundesminister Lothar de Maizière, brauchte dringend einen Befreiungsschlag, um mit den vielen negativen Schlagzeilen aus den Medien zu kommen. Loest kam ihnen gerade recht und treu zu Diensten. In einer vorweihnachtlichen Sitzung beauftragte das CDU-Präsidium die Präsidentin des Bundestages Rita Süssmuth, Keller in einem Statement unter Stasiverdacht zu stellen. In der Weihnachtszeit, dem berühmt-berüchtigten Winterloch, zur abendlichen »Aktuellen Kamera«, machte sich die Nachricht besonders gut. Am nächsten Morgen standen die Fernsehteams verschiedener Sender vor meinem Domizil in Berlin-Buchholz Schlange. Es war fast alles wie bei einer Premiereninszenierung in Bayreuth: staunende Massen hinter Absperrungen, großer tiefschwarzer Teppich, nicht nur teure Garderobe, viel Lärm um nichts und ein Dutzend Journalisten. In Wirklichkeit zur Show degradierte heiße Luft.

Was mich zutiefst erschütterte, war, dass sich die Bundestagspräsidentin für solch ein Spektakel instrumentalisieren ließ. Sie war, bevor man sie in dieser hohen Staatsfunktion als Bundestagspräsidentin ruhigstellte, oft in einem Atemzug mit den Rebellen Heiner Geißler, Lothar Späth, Kurt Biedenkopf und Norbert Blüm genannt worden. In ihrer Partei galt sie als Reformerin und als ein wenig sozialdemokratisch. Sie brauchte natürlich keinen Knüppel, sondern nur die Allmacht ihres Amtes, um der CDU »missliebige Subjekte« zur Raison oder zur Strecke zu bringen.

Die Hetzjagd begann, ehe ich überhaupt richtig nachdenken konnte. Am 4. Januar 1991 schrieb Loest einen offenen Brief in der »Frankfurter Allgemeinen« an mich: »Deutlich und nachhaltig … haben Sie sich in mein Leben eingeschrieben, indem Sie im Hintergrund die Fäden zogen, als ich 1979/80 aus dem Schriftstellerverband ausgeschlossen wurde; meine Emigration war die Folge davon. Sie haben mich ausgegrenzt, behindert und mein Schreiben verhindert.« Wie kann man nur so viel Lügen in einem Satz unterbringen.

Seine Verleumdungen und Anschuldigungen in den Medien wurden immer unverschämter und dreister. Es schien, als habe er den Verstand verloren, und er schrieb und schrieb in allen möglichen Zeitungen, jetzt war er endlich wieder richtig im Geschäft. Ich wandte mich am 15. Januar an die Präsidentin des Bundestages, dass ich mit gutem Gewissen der Überprüfung der Vorwürfe durch das Bundestagspräsidium zustimme, und erinnerte daran, dass ich mich bereits in der Volkskammer freiwillig einer solchen Untersuchung gestellt hatte. »Es berührt mich schon sehr eigenartig, dass ich (für mein Verhalten gegenüber Loest – D. K.) gegen Ende der siebziger Jahre von Vertretern der damaligen Parteiführung angegriffen wurde, heute aber – über ein Jahrzehnt später – mich wegen dieser meiner Arbeit in der Öffentlichkeit verdächtigen lassen muss.«

Rechtsanwälte empfahlen mir dringendst eine Klage gegen Loest. Und ich hätte sie nach Aussagen vieler Fachleute des Medienrechts auch gewonnen. Doch das war nicht mein Stil. Die Hinterbänkler des Bundestages, wie meistens in solchen Situationen, sahen ihre Stunde gekommen, nun auch einmal in den Medien präsent sein zu dürfen. So erklärte der SPD-Abgeordnete Horst Niggemeier auf mich bezogen: »Die seltsamen Auffassungen in kriminellen Kreisen über die Ganovenehre scheinen offensichtlich nicht nur auf Ganovenkreise beschränkt zu sein.« Staatsminister Friedrich Bohl bezeichnete mich in einer Sitzung des Bundestages sogar als »Kommandeur der Leipziger Staatssicherheit«.

Wenn die CDU/CSU in den Medien zuschlägt, kann natürlich die FDP nicht ruhen, da vergisst sie alles, was sie unter dem Banner des Liberalismus geeint hat. Sie verlieh an Loest den mit 10 000 DM dotierten »Karl-Hermann-Flach-Preis«. In der Begründung hieß es: »Stellvertretend für die Vielzahl seiner literarischen und dokumentarischen Veröffentlichungen wird sein Beitrag ›Augen zu und durch? Ein offener Brief an Dietmar Keller‹ in der FAZ ausgezeichnet.« Der liberale und humanistische Publizist und Politiker Flach hätte sich im Grabe umgedreht…

Am Tag der Verleihung des Preises lud ich zu einer für mich überraschend sehr gut besuchten Pressekonferenz in Bonn ein, um den Journalisten zu helfen, sich zwischen Dichtung und Wahrheit zurechtzufinden. Ich erklärte: »Erich Loest hat einen Preis erhalten. Ich gratuliere ihm. Jetzt ist es sein Preis, und er muss für immer damit leben. Wer sich zur Pflicht der Wahrhaftigkeit von öffentlichen Personen bekennt, muss nun ertragen, dass seine eigene Wahrhaftigkeit auf den öffentlichen Prüfstand kommt.« Die Mehrzahl der anwesenden Journalisten reagierte sachlich und ging in ihren Veröffentlichungen auf meine Argumente ein. Natürlich schrieb ich auch einen Brief an den Vorsitzenden des Vorstandes der Friedrich-Naumann-Stiftung der FDP, Wolfgang Mischnick, der sich für meine Stellungnahme ohne Kommentar »verbindlichst« bedankte. Kein Wort mehr und kein Wort weniger, für mich aber mehr als vielsagend.

Ich war in einer etwas anderen Situation als der Ex-Ministerpräsident de Maizière. In der Verdächtigung gegen ihn, die sich bald als falsch und als eine in der eigenen Partei organisierte Lüge erwies, spielten Kreise um Helmut Kohl eine dominierende Rolle. De Maizière und Kohl konnten nicht miteinander, zu oft, und das schon im Vorfeld der Volkskammerwahl, hatte Ersterer dem Bundeskanzler widersprochen. So etwas vergaß der Kanzler keinem und auch ihm nie. Kai Diekmann, zu dieser Zeit noch Chefredakteur von »Bild am Sonntag«, führte besonders intrigante Waffen in seinem Boulevardblatt gegen den Ex-Ministerpräsidenten der DDR. War es Zufall, dass Diekmann später zum Chef von »Bild« aufstieg und Kohl sein Trauzeuge wurde? Hier ging es gnadenlos um Machtfragen zwischen Ost und West.

De Maizière, ein untadliger und von mir sehr geachteter Mensch und Politiker, trat unmittelbar nach der Verdächtigung als Bundesminister zurück. Nachdem sich die Verdächtigungen als unhaltbar erwiesen hatten, trat er im Herbst 1991 hocherhobenen Hauptes auch von allen anderen politischen Funktionen zurück und verzichtete auf sein Bundestagsmandat. Er war sich seiner Sache sicher, und er hatte als freischaffender Anwalt eine gesicherte Zukunft, wusste um die Schuld der anderen, die diese auch ihm gegenüber mit lukrativen Aufträgen abzutragen versuchten. Es spricht für seine Lauterkeit, im Übrigen wie auch die von Gregor Gysi, dass beide die Informationsquellen für die Staatssicherheit in ihren Rechtsanwaltsbüros zwar namentlich kannten, sie aber ihrem Anwaltsethos folgend niemals öffentlich benannten und preisgaben. Interessant und durchaus kein Zufall im Wirken deutscher Sicherheitsorgane ist, dass im Rechtsanwaltsbüro des späteren Westberliner Bundestagsabgeordneten Hans-Christian Ströbele die Sekretärin eine Dame vom Verfassungsschutz war. Wie sich die Bilder doch gleichen.

Ich hatte allerdings kein Rechtsanwaltsbüro und kein Hinterland, ich kämpfte, allein gelassen auch von meiner Partei, nur um meine Ehre und gegen die Diskriminierung. Ich hatte nichts mehr zu verlieren außer die Achtung vor mir selbst. Zwischen der Verdächtigung im Dezember 1990 und der Antwort der Bundestagspräsidentin am 14. November 1991, dass keine Mitarbeit in und für die Staatssicherheit in irgendeiner Form vorliege, lagen immerhin fast zwölf unendlich lange und mich quälende Monate. Immer wieder hatte ich in Briefen an die Präsidentin um eine schnellere Überprüfung gebeten. Umsonst, alles hatte Methode.

Eine Überprüfung eines Bundestagsabgeordneten dauerte im Regelfall höchstens zehn Wochen. Ich bin Gauck und der nach ihm benannten Behörde für die »Eile« in meiner Angelegenheit und für die »Lauterkeit« gegenüber meiner Person noch heute und für alle Ewigkeit dankbar, sie hatte natürlich politische Gründe, ich werde es ihm trotzdem nie in meinem Leben vergessen. Politisch war ich in der bundesdeutschen Öffentlichkeit ziemlich erledigt. Was ist eine zehnzeilige Presseerklärung von Süssmuth gegen fast ein Jahr Trommelfeuer und Verdächtigung der Medien?

Etwas bleibt immer hängen, ich spürte es selbst in den eigenen Reihen. So sprach mir die Bundestagsabgeordnete der PDS/Linke Liste Ulla Jelpke nach ihrer persönlichen Enttäuschung mit ihrer Freundin und Ex-Bürgerrechtlerin Jutta Braband, die ihre Arbeit als IM, als es nicht mehr anders ging, selbst offenbarte und auf ihr Mandat verzichtete, in der Bundestagsgruppe offen ihr Misstrauen aus, nur weil ich früher Funktionär der SED gewesen war. Sie hatte bis dahin noch nie selbstkritisch zu ihrer eigenen Geschichte Stellung genommen, wie übrigens alle ehemaligen Funktionäre und Mitglieder der KPD/DKP und der anderen kommunistischen Splittergruppen, die in der parlamentarischen Gruppe der PDS wirkten. Sie waren sich einig in ihrem Schweigen über ihre eigene Vergangenheit. Weder in der Gruppe noch später in der Fraktion wurde jemals über ihre politische und finanzielle Abhängigkeit von der SED bzw. von der KP Chinas und der Partei der Arbeit Albaniens, über ihre persönlichen Kontakte mit offiziellen und nichtoffiziellen Vertretern dieser Staaten und deren Machtorgane gesprochen.

Davon unbeeindruckt, denn ich hatte schon eine Reihe anderer westdeutscher Linken und ihr übersteigertes Selbstwertgefühl vor der Wende kennengelernt, hatte ich bereits Mitte 1991 öffentlich erklärt, dass ich nicht mehr für den nächsten Bundestag kandidieren werde. Die Gründe waren für mich überschaubar, logisch und konsequent und lagen auf der Hand. Ich war durch meine Tätigkeit in der SED und der DDR immer angreifbar und wollte mich den reformerischen jungen Kräften in der Partei ersparen, damals glaubte ich noch an Ehrlichkeit und Offenheit unter Linken, an Gerechtigkeit, Lauterkeit und Reformwillen.

Ich war in der Wendezeit prononciert für eine Neugründung einer linken Partei und gegen die Doppelung des Mandats und einer Parteifunktion aufgetreten, bei beiden Überlegungen gehörte ich schließlich zu einer Minderheit in der Partei. Ich wollte auch keine Abgeordnetenrente des Deutschen Bundestages. Dafür hätte ich mich gegenüber vielen meiner Freunde geschämt, was kaum einer später als eine ehrliche Grundhaltung verstand.

Ich hatte mich vehement gegen das von Michael Schumann auf dem Parteitag 1989 vorgetragene »Anti-Stalinismus-Referat« gewandt, das in der Partei überall sonst hochgelobt wurde. Warum? Alle Politbüros unter Ulbricht und Honecker trugen die Handschriften der jeweiligen sowjetischen Führungen, alle wichtigen Entscheidungen wurden durch die sowjetischen Entscheidungsträger bestätigt oder abgelehnt, der Aufbau und die Arbeitsweise der Partei entsprachen in allen Fragen der KPdSU. Selbst in den Urlaub oder zur Kur meldeten sich die SED-Führer bei ihren Vorgesetzten in Moskau ab. Die Mitglieder des Politbüros hielten sich für allwissend und unfehlbar. Sie betrachteten sich als der eigentliche Souverän, waren zugleich Gesetzgeber und Justiz und gegen den Verstand des Volkes immun. So geriet das Politbüro in einen Zustand der Agonie und führte die DDR in den Abgrund. Insofern ist ihre Schuld unbestritten, sie trugen die Hauptverantwortung und mussten deshalb auch die Hauptlast einer kritischen Beurteilung tragen. Ohne Wenn und Aber. Das war im Schumann-Referat richtig herausgearbeitet worden.

Aber sie trugen nicht allein die Verantwortung. Die Parteiführung hatte sich mit dem Prinzip des demokratischen Zentralismus die größtmögliche Machtkonzentration an der Spitze und zugleich eine größtmögliche Handlungsunfähigkeit an der Basis und bei Andersdenkenden gesichert. Widerstand war also nicht zu erwarten, und wo er auftrat, wurde er rücksichtslos unterdrückt. Obwohl die Parteiführung die Einheit und Geschlossenheit der Partei predigte, war sie in Wirklichkeit nie eine einheitliche Partei oder ein monolithischer Block. Das Politbüro hatte sich einen Apparat geschaffen, der diszipliniert war, gut bezahlt und, wenn nötig, erneuert wurde, der verinnerlicht hatte, alle Anweisungen ohne Diskussionen auszuführen. Dieser Apparat funktionierte vom Zentralkomitee bis in die letzte Kreisleitung, die dafür sorgte, dass dies in ihrem Verantwortungsbereich auch bis in die kleinste Grundorganisation funktionierte. Deshalb auch der Begriff »Partei- und Staatsfunktionär«. Und wo nicht, traten die Parteikontrollkommissionen in Funktion. Parteidisziplin hatte einen höheren Stellenwert als Staatsdisziplin, geschweige denn Lebens- oder Arbeitsdisziplin.

Daneben existierte eine starke und militärisch organisierte Staatssicherheit, deren größte Wirkung für die Mehrheit der Mitglieder der Partei schon ihre gefürchtete Existenz war. Der Stalinismus in der Partei hätte nie so funktionieren können, wenn nur der Kopf stalinistisch gewesen wäre. Rumpf und Gliedmaßen der Partei waren gleichermaßen vom Stalinismus zersetzt. Insofern war die Partei auch in ihrer Mitgliedschaft stalinistisch, ihre Mitglieder hatten sich auch schuldig gemacht. Auf diese Wertung verzichtete das Schumann-Referat aus inhaltlichen und aus taktischen Gründen. Das zahlte sich in der Folgezeit bei der Erneuerung der Partei nicht aus, wir haben es bitter bezahlt.

Ich hatte mich auch gegen den Umgang mit den Finanzen der SED ausgesprochen, die Hinhalte- und Salamitaktik schadete der Partei. Was für mich viel schlimmer war, dass sich spätestens nach der Wahl in den Bundestag im Dezember 1990 alte Strukturen sich neu zu konstituieren drohten und den Reformprozess in der Partei blockierten. Nicht die gewählten Leitungen hatten in wichtigen Fragen allein das Sagen, der Einfluss von Gruppen und Personen, die sich um Gregor Gysi aus den verschiedensten Gründen sammelten, schien mir immer größer zu werden. Dazu gehörten im Führungs- und Entscheidungszirkel Michael Schumann und Heinz Vietze aus Brandenburg, Lothar Bisky, André Brie und Dietmar Bartsch aus Berlin und manch westdeutscher Linker und deren Hinterland, die von einer Renaissance linker Phantasien träumten oder aber im Dienst anderer Organe standen.

Diskussionen im Vorstand der Gruppe im Bundestag gab es kaum noch, Gregor Gysi kam meistens schon mit fertigen Lösungen, die zwar in der Regel genial waren, mich aber als seinem Stellvertreter in der Gruppe überflüssig machten. Das alles wollte ich mir nicht noch einmal antun.

Gregor Gysi war in einer Ballung von historischen Zufällen an die Spitze der Partei gespült worden. Ohne ausreichende zweite Reihe und völlig verlassen von großen Teilen des alten Apparates, der alles andere im Kopf hatte, als neuen Herren zu dienen, waren seine Chancen gering. Die wenigen noch vorhandenen nutzte er aber im Stile eines großartigen Rechtsanwaltes, er wurde zur Garantie für das Überleben der Partei, aber solche Glücksfälle erweisen sich manchmal auch als Gefahren.

Ich war im Inneren trotz mancher bitterer Erfahrung überzeugt, dass die PDS eine historische Chance haben könnte, zu einer modernen linken Partei zu werden. Es war für Anfang der neunziger Jahre eine träumerische Erwartung, die mich sehr belastete und fast ein Jahrzehnt später zu einer Grundsatzentscheidung zwingen sollte. Das größte Problem aber war für mich, dass die Gruppe der PDS/Linke Liste im Deutschen Bundestag einem linken Ameisenhaufen glich und ziemlich zu Recht ihren Arbeitsplatz im ehemaligen Kindergarten des Bundestages hatte. Jeder wusste alles, keiner war bereit zurückzustecken, die Abgeordneten aus den westlichen Ländern glaubten, a priori alles besser wissen zu müssen, waren beleidigt, wenn man ihnen widersprach. In ihrem Umfeld wurden Personen politisch aktiv, denen zu trauen mir schwerfiel.

Der zuständige Abteilungsleiter Extremismus im Innenministerium der Bundesrepublik, der viele Jahre als persönlicher Mitarbeiter Willy Brandt gedient hatte, ließ mich in vielen vertrauensvollen Gesprächen unter vier Augen wissen, dass die PDS als linksextremistische Partei natürlich vom Verfassungsschutz genauso behandelt würde wie die Rechtsextremisten. Das hieß nichts anderes, als dass sie mit Personen des Verfassungsschutzes durchsetzt wurde. In meinem Umfeld wollte keiner die damit verbundenen Gefahren zur Kenntnis nehmen. Alles überdeckte der Streit zwischen Reformern und Traditionalisten, zwischen Ost und West, zwischen Parteiführung und Parlamentariergruppe.

Die Gruppe gab Prinzipien ihrer Konstituierung und ihres Gründungskonsens zum Teil preis. Das Prinzip der Quotierung von Frauen und Männern, um das die Frauen vehement gekämpft hatten, wurde ausgehebelt. So musste Marlies Deneke ihren sicheren zweiten Platz hinter Roland Claus auf der Landesliste Sachsen-Anhalt für die Bundestagswahl Ende 1990 aufgeben, damit der westdeutsche Gewerkschafter Bernd Henn ein sicheres Bundestagsmandat bekommen konnte. Die Frauenfront, die sonst bei jeder Frage mehr als kleinlich reagierte, wenn es auch nur um Formulierungen und ihre Rechte ging, schwieg. Die westdeutschen Abgeordneten bestanden auf ihr Minderheitenvotum, die Frauen sowieso, natürlich auch die Behinderten, und ich weiß nicht mehr, wer noch sonst alles. Der Beschluss über Spenden der Abgeordneten für die Arbeit der PDS wurde nicht von allen ernstgenommen, unterlaufen und mit fadenscheinigen Begründungen ausgehebelt. Wie später bekannt wurde, spendeten Enkelmann, Gysi, Keller, Lederer, Modrow und Seifert zwischen 1990 und 1993 jeder mehr als 40 000 DM, Bläss und Henn weniger als 10 000 DM und Stachowa und Kertscher nicht eine Mark. Und das alles ohne Auseinandersetzung und Konsequenzen.

Mein hartnäckiges Bemühen um die Einhaltung der gemeinsam beschlossenen Geschäftsordnung wurde als Nachgeburt zentralistischer Leitungstätigkeit offen und versteckt diskriminiert. Die Gruppe war von mir trotz ehrlichen und auch toleranten Bemühens nicht mehr leitbar, zumal Gregor Gysi im Interesse des »Großenganzen« schnell zu Kompromissen neigte, die natürlich hinlänglich genutzt und missbraucht wurden. Ich trat als Stellvertreter von Gysi zurück, warum sollte ich mich zum Affen machen? Da ich auch aus den gleichen Gründen nicht mehr für den nächsten Bundestag kandidieren wollte, nahm ein Teil der Gruppe meine Entscheidung aufatmend und billigend zur Kenntnis, der andere Teil schwieg aus Überlebensgründen.

Vielleicht war ich wirklich zu konsequent und manchmal auch zu unerbittlich in meinen Forderungen, ich wusste allerdings auch um die Konsequenzen eines Leitungsstils, der nur aus Toleranz und Kompromissen bestand, immer und überall wie »der gute Hans aus Dresden« zu sein, zu beschwichtigen und auszugleichen, stand mir nicht. Nicht einmal ein Jahr nach der Bundestagswahl trat Bernd Henn aus der Bundestagsgruppe aus. An die Gruppe schrieb er: »Wer sind die Adressaten unserer Politik? Sind es die Wählerinnen und Wähler der PDS, sind es die Anschlussopfer in Ost und West und darüber hinaus generell die abhängig Beschäftigten und ihr Umfeld? Oder wollen wir vorrangig die Grünen beerben, nachdem die linke Szene sich von diesen enttäuscht abwendet? ... Sind wir also die Interessenvertreter derjenigen, die aus dieser Gesellschaft aussteigen wollen, oder vertreten wir die, die auch Bewahrenswertes sehen und den Weg des schrittweisen Umbaus gehen wollen.« Die darauf in der Gruppe erfolgte mühsame Diskussion um eine richtige Fragestellung wurde zum Gegenteil eines reinigenden Gewitters. Wieder einmal war eine Chance leichtfertig vergeben worden.

In Folge meiner Pressekonferenz zur Preisverleihung an Loest luden am 16. Dezember 1991 die Journalisten Helmut Lölhöffel, Eghard Mörbitz und Roderich Reifenrath von der »Frankfurter Rundschau« Loest und mich zu einem Gespräch in die Redaktion ein, das am 11. Januar 1992 auf eineinhalb Zeitungsseiten veröffentlicht wurde. Es war das erste Gespräch eines vermeintlichen Opfers und eines vermeintlichen Täters, »dessen fairer Verlauf beispielgebend sein könnte für weitere Versuche, die DDR-Vergangenheit aufzuarbeiten«, schrieb die FR im Begleittext. Zwei Aussagen bestimmten Hintergrund und Polemik des Gesprächs. Loest: »Niemand behauptet, Herr Keller, Sie seien ein Stasi-Mitarbeiter gewesen, weder ein offizieller noch ein inoffizieller. Das hat auch niemand gedacht – zumindest ich habe es nicht gedacht. Aber Sie sind in ein System eingebunden gewesen, zu dem die Stasi gehörte... Sie haben gewiss keine Scheu gehabt, mit der Stasi zu kooperieren. Das Ministerium für Staatssicherheit war ein Teil dieses Staates... Dass Sie keine Scheu gehabt haben, daraus macht Ihnen niemand einen Vorwurf bei Ihrer Funktion.« Keller: »Ja, ich habe mit der Staatssicherheit notwendigerweise in meiner Funktion als Sekretär der Bezirksleitung zusammengearbeitet. Das hat jeder Oberschuldirektor, jeder Kreisrat, jeder Bürgermeister gemacht... Ich glaube ..., dass Sie mir trotzdem recht geben können: In Leipzig ist eine etwas andere Kulturpolitik gemacht worden, als in Berlin beschlossen worden ist. Bei allen Fehlern, die ich gemacht habe, hatte ich mir vorgenommen ... Repressionsmaßnahmen irgendwelcher Art von den Künstlern fernzuhalten... Sie wissen, dass es im Schriftstellerverband in Leipzig Kräfte gab, die auf Ausschluss drängten und wahrscheinlich eine Mehrheit gekriegt hätten.«

Dafür musste ich mich nicht entschuldigen, denn verhindert hatte ich es und kein anderer. Ich wollte ihm eigentlich noch zwei Fragen stellen, zu denen es leider aus Zeitgründen nicht mehr kam. Deshalb zwanzig Jahre später: Lieber Herr Loest. Sie waren nach Ihrer kurzen Mitgliedschaft in der NSDAP selbst zehn Jahre Mitglied der SED, haben nach Ihrer Haftentlassung nach Ihren eigenen Aussagen bis 1980 an einen demokratischen Sozialismus geglaubt, das war Ihre freie Entscheidung und keiner hat Sie dazu gezwungen. Warum billigen Sie diesen Glauben an die Reformierbarkeit des Sozialismus mir nicht zu, der viel später geboren wurde? Sie waren einige Jahre Vorsitzender und Parteileitungsmitglied des Leipziger Schriftstellerverbandes, hatten Sie etwa keinen, bewusst oder unbewusst, direkt oder indirekt, wissend oder unwissend, Kontakt zu Mitarbeitern der Staatssicherheit und schließen Sie aus, dass davon keine Notizen gemacht wurden und in irgendwelchen Akten mit Ihrem Namen noch schlummern? Schließen Sie das wirklich aus?

In diesen Tagen und Wochen gab es für mich zwei Ereignisse, die ich nicht verschweigen will. Bei einem Besuch in Leipzig Mitte 1991 entdeckte ich in einer abzweigenden Straße von der Hauptmagistrale Karl-Liebknecht-Straße, wo sich eine Bibliothek der Pädagogischen Hochschule befand, einen großen Container voller Bücher. Ich erschrak und zitterte vor Wut. Leider ohne Tasche, um mehr transportieren zu können, nahm ich mir zehn Bücher aus der Zeit der Jahrhundertwende, trug sie unter dem Arm weg und kam mir trotzdem vor wie ein Dieb. 200 Millionen Bücher aus der DDR-Produktion verschwanden nach der Wende in Müllkippen und Löchern des Braunkohlentagebaus, nicht nur Bücher von Marx und Engels oder von Kant und Neutsch, sondern auch Bücher von Camus bis Sophokles. Ich wehre mich an den Vergleich mit dem Satz »Wo Bücher brennen...«, aber ich bekomme ihn, wenn ich an den Container denke, nicht mehr aus dem Kopf. Der Leipziger Buchhistoriker Siegfried Lokatis sprach zwei Jahrzehnte später von einem »Untergang einer großen Literaturwelt«.

Das zweite Ereignis war damals von aktueller und ebenfalls brisanter Bedeutung. Ich war Mitglied des Haushaltsausschusses, des Ausschusses für Wissenschaft und Bildung, des Unterausschusses für Kultur und Stellvertreter im Sportausschuss des Deutschen Bundestages. Die Hauptlast für die einzelnen Ausschüsse trugen naturgemäß die Mitarbeiter, sie lasen und recherchierten ohne Pause. So fand mein Mitarbeiter für den Haushaltsausschuss in einem Dokument eine Fußnote, die besagte, dass der Verteidigungsminister Gerhard Stoltenberg den Beschluss zum Verbot der Waffenlieferung in die Türkei unterlaufen hatte. Ich veröffentlichte dazu natürlich sofort eine Presseerklärung, SPD und die Grünen sprangen auf unseren Zug auf, war das doch gutes und vor allem unbezahltes Fressen, und Gerhard Stoltenberg musste seinen Rücktritt einreichen.

Die SPD schämte sich nicht einmal, zu verkünden, sie habe den illegalen Panzerdeal auffliegen lassen, und die »parteiunabhängige« dpa plapperte brav nach. Der Löwe brüllte und war doch nur ein Mäuschen. Der Vorsitzende des Haushaltsausschusses, Rudi Walther, fast zwei Jahrzehnte Mitglied des Bundestages und fast ein Jahrzehnt Vorsitzender des Haushaltsausschusses, dem die Information seit langem vorgelegen und der sie verschwiegen hatte, war selbst Mitglied der SPD. So wurde im Bundestag Politik gemacht. Die SPD verfehlte das Ziel, die PDS traf mitten ins Schwarze, und die SPD schmückte sich mit dem Siegerkranz. Die Aufmerksamkeit eines Mitarbeiters der Gruppe der PDS hatte einen CDU-Minister zu Fall gebracht. Dessen Nachfolger allerdings begann dort, wo sein Vorgänger aufgehört hatte.

Ich kam mit vielen westdeutschen Sozialdemokraten ins Gespräch, suchte es auch bewusst, entweder in der Kneipe des Plenarsaales oder in den verschiedenen Ländervertretungen. Ich wollte hören, welche Chancen die PDS auf ein vernünftiges Miteinander mit der SPD habe. Der mir durch viele Ausstellungen von Künstlerinnen und Künstlern der DDR in Nordrhein-Westfalen bekannte, sehr rührige und mir sympathische Vorsitzende des Landschaftsverbandes Rheinland, Jürgen Wilhelm, organisierte eine Zusammenkunft mit dem beim Bundeskanzler a. D. Willy Brandt ehemals tätigen Staatsminister Horst Ehmke, der in der SPD ein hohes Ansehen genoss und für seine Ehrlichkeit und Redlichkeit weit über die Grenzen seiner Partei hinaus bekannt war.

Ich vertraute seiner Meinung, hatte ich doch schon aus verschiedenen anderen Anlässen Gespräche unter vier Augen mit Norbert Lammert und Heiner Geißler von der CDU und mit Hildegard Hamm-Brücher, Burkhard Hirsch und Gerhart Baum von der FDP geführt, die alle nicht nur dialogfreundlich und offen im Disput waren, sondern auch eine unerhörte Toleranzfähigkeit ausstrahlten. Kurze Zeit später hatte mir Rainer Haarmann, den ich aus seiner Tätigkeit in der Ständigen Vertretung der Bundesrepublik kannte und schätzte, ein Gespräch mit dem Ministerpräsidenten von Schleswig-Holstein und späteren SPD-Vorsitzenden als Nachfolger von Brandt, Björn Engholm, vermittelt. Letzteres fand in seiner Landesvertretung in Bonn statt und dauerte erstaunlicherweise mehrere Stunden, wo er sich kein einziges Mal durch irgendwelche Anrufe stören ließ.

Horst Ehmke und Björn Engholm waren neugierig, konnten zuhören, waren tolerant und interessiert. Beide waren sich aber unabhängig voneinander einig in der Aussage: Die Zusammenarbeit zwischen SPD und PDS bedarf der Zeit, in der SPD lägen noch zu viele Wunden offen, die Art und Weise des Einigungsprozesses von KPD und SPD und die folgenden Jahre der Ausschaltung ehemaliger Sozialdemokraten seien nicht vergessen. Wenn die PDS als die legitime Nachfolgepartei der SED es schaffe, ihre Vergangenheit konsequent aufzuarbeiten, sich zu ihren Fehlern und ihrer Schuld bekenne, wird es wahrscheinlich zehn Jahre dauern, bis beide Parteien wieder zu einem vernünftigen Dialog finden. Diese beiden Gespräche haben mich in meinem Geschichtsverständnis in vielen Fragen bestätigt und nicht unwesentlich mein weiteres Verhalten geprägt.

Bevor sich die Enquete-Kommission mit dem langen und falschen Namen konstituierte, mussten alle von den Bundesparteien vorgeschlagenen Mitglieder ihre Bereitschaft zur Überprüfung durch die Gauck-Behörde erklären. Die Antwort kam diesmal schon nach vier Wochen und erschütterte mich etwas: 1963, 1965, 1967 und 1974 waren Ermittlungen gegen mich geführt worden, am 19. April 1989 eine Operative Personenkontrolle wegen Gefahr des Landesverrates eingeleitet worden. Leider wurde meine Akte schon im Dezember 1989 vollständig vernichtet, einzelne Blätter tauchten später in anderen Akten auf und wurden mir zugestellt. Zum Zeitpunkt der Vernichtung war ich immerhin Minister in der Modrow-Regierung. Gesprochen hatte mit mir keiner darüber. Bei den Kollegen der anderen Zunft hatte sich bestimmt zu viel an Material und Verdachtsmomente gegen mich angesammelt, und keiner wollte es gewesen sein.

Seit dem Wechsel nach Bonn spürte ich, dass meine Ehe mit Gisela ins Wanken geraten war. Die gemeinsam zu verbringende Zeit wurde immer weniger, sie beschränkte sich zunehmend auf Einladungen bei Freunden und auf Besuche. Gisela trat, so unvorbereitet sie für mich in die SED eingetreten war, nach der Wende, ohne mich wenigstens zu informieren, aus der PDS aus. Sie war eine »klassische« Intellektuelle mit dem Gespür für Gefahr. Ich war eher ein pragmatischer Typ, der die Gefahr zwar weit vor ihr erkannt hatte, aber stur zu seiner Grundhaltung stand, ich blieb Mitglied der PDS.

Sie nahm nach der Wende einen schier unaufhaltsamen Aufstieg, während ich mir des Verlustes von Ehre und Würde immer mehr bewusst wurde. Während sie aufblühte, begann ich zu welken. Sie wurde als Kabarettistin und Direktorin der »Distel« von Funk und Fernsehen, von Vertretern von Banken, Konzernen und besonders von der Telekom umschwärmt und umgarnt, ich war schon froh, wenn ich echte Freunde traf, die mit mir sprachen. Wenn ich spätabends von irgendwelchen Veranstaltungen oder aus Bonn nach Hause kam, war sie zu Auftritten oder Gastspielen unterwegs. Wir sahen uns kaum noch. Wenn sie um Mitternacht oder noch später nach Hause kam, lag ich schon todmüde im Bett. Wenn ich morgens sehr zeitig mich zum Aufbruch rüsten musste, schlief sie noch den Schlaf des Gerechten. Ich brauchte dringend ihre Wärme, Nähe und Fürsorge, ihr Verständnis für meinen seelischen Absturz, sie merkte es nicht, weil sie glaubte, ich sei ein Riese an Kraft.

Die räumliche und örtliche Entfernung wurde zu einem Hindernis, das wir beide nicht meistern konnten. Wir waren nicht mehr im gemeinsamen Gespräch auf einer Wellenlänge und verloren uns als Partner, fanden uns, beide starke und sture Köpfe, nicht einmal als Freunde wieder. Ich litt darunter, wir fügten uns Schmerzen zu, ihre Briefe an mich zeigten, dass auch sie litt. Wir schafften es trotzdem nicht und trennten uns auf Zeit, aus der eine endgültige Trennung wurde. Ich verliebte mich in Bonn in Marlies Deneke, die ich aus der letzten Volkskammer der DDR kannte und die zu den 16 PDS-Bundestagsmitgliedern zwischen Oktober und Dezember 1990 gehört hatte, ehe sie schließlich im Frühjahr 1991 Büroleiterin bei Gregor Gysi in Bonn geworden war. Nach der Scheidung von Gisela heirateten wir im Dezember 1996 in Bad Honnef am Fuße des Siebengebirges.

Die Gruppe der PDS im Deutschen Bundestag hatte mich als ihren Vertreter für die Enquete-Kommission mit dem heiß umstrittenen Titel »Aufarbeitung von Geschichte und Folgen der SED-Diktatur in Deutschland« benannt. In der Abstimmung siegte ich gegen Uwe-Jens Heuer. Mein Stellvertreter wurde Hans Modrow, zum Sachverständigen wählte die Gruppe auf meinen Vorschlag hin Herbert Wolf, einen wunderbaren Menschen und klugen, lebenserfahrenen Wissenschaftler, bereits mit 28 Jahren zum Professor mit Lehrstuhl an die Finanzhochschule in Berlin berufen, danach an der Leipziger Universität tätig, von 1966 bis 1972 Stellvertreter des Vorsitzenden der Staatlichen Plankommission, Mitautor der Richtlinien des Neuen Ökonomischen Systems der Planung und Leitung der Volkswirtschaft und deshalb nach der Wahl Honeckers von dieser Funktion entbunden und als Professor an die Hochschule für Ökonomie in Berlin »umgesetzt«. Er war auch der Autor des Entwurfs des Partei- und Wahlprogramms der Grünen für die Volkskammerwahl 1990 gewesen.

Mir war vom ersten Tag an klar, dass ich mich in meiner letzten großen Aufgabe für die Gruppe für ein Himmelfahrtskommando entschieden hatte – sowohl in der Gruppe selbst als auch in der Kommission. Ich musste von Anfang an Farbe bekennen und konnte nicht – und wollte es allerdings auch nicht – zwischen allen Fronten wandeln. Beide deutsche Staaten hatten bisher weder die Geschichte der ersten Hälfte des 20. Jahrhunderts noch ihre eigene aufgearbeitet. Es ging in der Enquete-Kommission vom ersten Tag an um die politische Vorherrschaft zur Bestimmung des Geschichtsbildes in den Medien und in den Bildungseinrichtungen.

Die Errichtung der DDR war die dritte Niederlage der deutschen Bourgeoisie im 20. Jahrhundert, die Niederlage in den beiden Weltkriegen waren nicht mehr korrigierbar, deshalb musste die DDR um jeden Preis delegitimiert werden. Wer die Deutungshoheit in der deutschen Geschichte erlangte, hatte für lange Zeit auch die Deutungshoheit in der politischen und medialen Öffentlichkeit. Mit der bürgerlichen Mehrheit im Parlament und einer zersplitterten Bürgerrechtsbewegung aus der Ex-DDR war der Ausgang voraussagbar. Folglich blieben nur zwei Positionen: Totalverweigerung, Totalblockade oder wenigstens der Versuch, den Fuß in die Tür zu bekommen. Beide Positionen gab es in der Gruppe der PDS im Bundestag, im Parteivorstand und in der Mitgliedschaft der PDS und unter den ehemaligen Gesellschaftswissenschaftlern mit sehr unterschiedlichen Gewichten. Ich entschied mich aus der Erfahrung meines Lebens, in Erinnerung an mir wichtige Lehrer und mit meinem Wissen aus meiner Tätigkeit im Partei- und Staatsapparat für die zweite Variante.

Damit war klar, dass die Arbeit in der Enquete-Kommission zu wesentlichen Meinungsverschiedenheiten und Auseinandersetzungen führen musste. Die tiefere Ursache lag in der nach wie vor unzureichenden oder gänzlich fehlenden Aufarbeitung der Geschichte der SED und der DDR in den eigenen Reihen, obwohl das viele nicht wahrhaben wollten. Was in der Auseinandersetzung mit dem Stalinismus 1956 mit Halbheiten begonnen hatte, wurde 1989 mit Halbheiten fortgesetzt. Honeckers Abwahl und die Entmachtung seines Politbüros waren zwar Anlass für Spurensuche, zugleich aber auch willkommen für Nebelkerzen, die eine klare und schmerzende Sicht auf die Schuld der SED und die Schuld aller ihrer Mitglieder verhinderten. Ein peinlicher Verdrängungsmechanismus setzte ein.

Stalinismus und Poststalinismus blieben ungewollt, vielleicht bei manchen auch gewollt, bei nicht wenigen im Hinterkopf lebensfähig. Nur zur Konferenz »Der Stalinismus in der KPD und SED. Wurzeln, Wirkungen und Folgen« im November 1990 gab es einen matten Hoffnungsfunken für einen neuen Ansatz der Auseinandersetzung. Das Mitglied des Bundesvorstandes Klaus Höpcke erklärte zur Eröffnung der Konferenz, »dass nicht der Parteivorstand oder andere Arbeitsgremnien der Partei Geschichtswissenschaft betreiben können. Das ist Sache der Historiker.« Ein hoffnungsvolles Versprechen, das schon bald wieder gebrochen wurde.

Damals zählten zu den Referenten der Konferenz noch der sozialdemokratische Historiker Hermann Weber und der sozialdemokratische Politiker Hermann Kreutzer, der von einem sowjetischen Militärtribunal zu 25 Jahren Zwangsarbeit verurteilt und 1956 nach siebenjähriger Haft begnadigt worden und in die Bundesrepublik gegangen war. Die Konferenz blieb eine Ausnahme. Zu ständigen Referenten auf den historischen Konferenzen der PDS avancierten zwei so gegensätzliche Theoretiker wie der Philosoph Michael Schumann, mit dem in den neunziger Jahren meine Berührungspunkte trotz bitterer Erfahrungen in den achtziger Jahren wuchsen, und der 1958 gemaßregelte Staats- und Rechtswissenschaftler Uwe-Jens Heuer, mit dem ich schon in der Volkskammer kaum noch Berührungspunkte finden konnte. Letztlich brachten beide eine ausschließlich von ihrem Wissenschaftsgegenstand geprägte Sicht ein. Das wäre an sich kein Problem gewesen. Da jedoch der Parteivorstand, vor allem inspiriert von Klaus Höpcke, allein ihre Ansichten förderte und – wenn auch nicht offiziell – zur offiziellen Meinung der Partei erhob, wurden andere Sichten und Betrachtungsweisen eingeengt und zurückgedrängt. Das erwies sich als ein verhängnisvoller Fehler – mit Langzeitwirkungen bis in die Gegenwart.

Wie alle anderen Fraktionen reichte die Gruppe der PDS/Linke Liste im Bundestag im Mai 1992 einen eigenen Antrag zur Einsetzung einer Enquete-Kommission »Politische Aufarbeitung der DDR-Geschichte« ein. Ich war an seiner Erarbeitung wesentlich beteiligt, bat aber darum, nicht als Mitunterzeichner benannt zu werden, um mir von vornherein Handlungsspielraum zu lassen. Die Gruppe billigte meine Überlegung einmütig. So unterzeichneten den Antrag Andrea Lederer, Fritz Schumann und Gregor Gysi. In der Debatte im Bundestag am 12. März hielt Willy Brandt einen glänzenden Beitrag über Notwenigkeit und Gefahren der Aufarbeitung der Geschichte durch den Bundestag – das Protokoll verzeichnet mehrfach Zwischenbeifall und Applaus zum Abschluss auch durch die Gruppe der PDS/Linke Liste. Für unsere Gruppe sprach – nach einer Abstimmung in der Gruppe, bei der ich, für mich völlig unverständlich, unterlegen war – Uwe-Jens Heuer den Hauptbeitrag, ich den Ergänzungsbeitrag. Zwischen unseren Auffassungen lagen Welten, die Atmosphäre in der Gruppe war zum Zerreißen gespannt. Die Beschlussempfehlung an den Deutschen Bundestag, dominiert durch die parlamentarischen Mehrheitsverhältnisse, »Aufgaben der Enquete-Kommission ›Aufarbeitung der Geschichte und Folgen der SED-Diktatur in Deutschland‹« vom Mai des Jahres unterzeichnete ich als Berichterstatter der Gruppe neben Dorothee Wilms (CDU/CSU), Markus Meckel (SPD), Dirk Hansen (FDP) und Gerd Poppe (Bündnis 90/Grüne).

Da nach langen und schwierigen Diskussionen wenigstens einige kleine Kompromisse gefunden worden waren, denen ich trotz größter Bedenken, die ich in der Kommission und im Plenum des Bundestages auch formulierte, trotzdem zustimmen wollte und auch konnte, weil dies das Maximum des für mich Erreichbaren darstellte, erklärte ich: Mir bleiben nur Hoffnung auf Bemühen um eine objektive Darstellung des Gewesenen, Hoffnung auf eine Versachlichung der Diskussion, ich habe Hoffnung auf Versöhnung und Verbesserung der politischen Kultur in diesem Haus, auch wenn mir diese Hoffnung schwerfällt. Uwe-Jens Heuer sah sich genötigt, in einer Erklärung zur Abstimmung und zusätzlich in einer Presseerklärung sich von mir zu distanzieren. So begann für mich die Arbeit unter einem nicht gerade glücklichen Stern.

Im Oktober 1992 konstituierte sich in Berlin mit aktiver Unterstützung von Hans Modrow und Uwe-Jens Heuer die Alternative Enquete-Kommission »Deutsche Zeitgeschichte« mit 28 Arbeitsgruppen als Gegenstück zur Bonner Kommission. Ihr Vorsitzender wurde Wolfgang Harich, zu Mitgliedern des Vorstandes u. a. Gerhard Fischer, Manfred Gerlach, Fritz Rische, Gisela Steineckert und Annelie Thorndike gewählt. Harich war sein Leben lang ein Querdenker gewesen, sagte, was er dachte, und tat, was allein er für richtig hielt, er war Dissident und Häftling, hatte ein merkwürdiges Verhältnis zur Staatssicherheit, das sich nicht in ein schlichtes Täter-Opfer-Bild pressen lässt. Mitte der siebziger Jahre verließ er seine 1956 formulierten Demokratisierungsvorhaben und forderte den autoritären Sozialismus zum politischen System eines Weltstaates zu machen, brach 1991 mit diesem Konzept und sprach sich für die resolute Abkehr von jedwedem Diktaturtheorem undemokratischer Art aus.

Kurz nach seiner Wahl schrieb er einen mehrseitigen Brief an den Koordinator der Geheimdienste im Bundeskanzleramt, Staatsminister Bernd Schmidbauer, und bat um Hilfe bei seinem wichtigsten Vorhaben, der »nationalen Aussöhnung aller Deutschen«, nicht ohne zu vergessen, seinen Adressaten aufzufordern, »auf keinen Fall den PDS-Bundestagsabgeordneten Dietmar Keller in seine Aktivität ein(zu)beziehen«. Mir wurde klar, dass ich immer mehr in die Rolle eines Einzelkämpfers in einer von Beginn an verlorenen Schlacht geriet.

Nachdem mein Stellvertreter in der Enquete-Kommission, Hans Modrow, die 23. Sitzung unter Protest und Türe schlagend verließ – im Übrigen nahm er von den 43 Sitzungen nur an einer und einer halben teil –, was zu erregten und hitzigen Diskussionen in der Kommission führte, bat ich den Kommissionsvorsitzenden, Rainer Eppelmann, mir in der 24. Sitzung im Januar 1993, die sich mit Wesen und Struktur der SED beschäftigen sollte, Zeit für einen Vortrag »Die Machthierarchie in der SED« zu geben. Es sollte eigentlich ein Befreiungsschlag für meine von uns offensiv geführte Beteiligung in der Kommission werden, wurde aber zu einer Katastrophe. Ich hatte mir einige Spickzettel gemacht, sprach im Wesentlichen frei. Ich sagte nichts anderes, was vordem nicht schon von Historikern und anderen Wissenschaftlern nach der Wende gesagt und geschrieben worden war, natürlich nicht in dieser Kompaktheit und nicht mit doppelten Absicherungen. Die Sitzung der Kommission war auch keine wissenschaftliche Tagung, es ging in erster Linie um pragmatische und taktische Fragen der weiteren Arbeit. Wir mussten den Katzentisch in der Kommission verlassen und uns selbst offensiv ins Gespräch bringen.

Die Niederschrift meiner Rede im Protokoll erhielt auch Hans Modrow in seiner Eigenschaft als mein wieder einmal abwesender Stellvertreter. Einsicht nahm bei ihm Uwe-Jens Heuer, und der Vortrag gelangte so zur Redaktion des »Neuen Deutschland«, die ihn am 1. März ganzseitig druckte. Was ich sagte, war zweifelsohne heiß, streitbar und diskutabel, vielleicht manches auch nicht ausreichend ausgewogen und abgesichert, manches auch bewusst zugespitzt, die absolute Mehrheit der Aussagen aber sind schon lange zum allgemeinen Grundwissen für jeden linken Historiker und Politikwissenschaftler geworden. Darüber gibt es seit langem auch keine Meinungsverschiedenheiten mehr.

Ich aber hatte, nach Ansicht meiner Kritiker, zum falschen Zeitpunkt, natürlich am falschen Ort, ganz gewiss vor falschem Publikum zum falschen Thema Unerhörtes gesprochen. Und sofort brachen alle Dämme, und ich war

223

wieder in meiner alten, überwunden geglaubten SED gelandet, vom Regen in die Jauche. Ich hatte zu diesem Zeitpunkt gerade einen Brief über die Toleranz für ein größeres Buchprojekt des Luisenstädtischen Bildungsvereins Berlin geschrieben: »Das Spannungsfeld, in dem sich die Chance der Toleranz bewegt, beschäftigt die Menschheit, seit dem sie sie nötig hat... Toleranz (zählt) zu jenen Tugenden des Menschen, die zu praktizieren ihm mit am schwersten fällt. Alle Weltverbesserer haben dies bislang unterschätzt oder gar übersehen... Das betrifft naturgemäß auch die Tolerierung der Intoleranz... In vielen Disputen zur Toleranz scheinen mir überwiegend Synonyme wie dulden, zulassen, gelten lassen, nachsehen, gewähren lassen, allein zu obsiegen, obwohl man, das gebe ich zu, bereits dankbar sein könnte, gelänge allein dies im Umgang der Menschen miteinander häufiger, als es jeder von uns erlebt. Was mich anbetrifft, neige ich zunehmend, wenngleich mitunter widerstrebend, zu Goethe, für den dulden eigentlich beleidigen lassen hieß. Toleranz als vorübergehende Gesinnung, die vielleicht auch zur Anerkennung führt. Eine Gesinnung also, die Andersdenkende und Anderssein nicht nur anerkennt, sondern will.«

Welch ein gefährlicher Irrtum im täglichen Leben der PDS. Der Sprecherrat der Historischen Kommission der PDS schrieb nach der Veröffentlichung im »Neuen Deutschland« einen bitterbösen Brief an die Bundestagsgruppe und fragte mit dem letzten Satz, warum ich denn ausgerechnet Hermann Weber plagieren wolle. Vor zwei Jahren war der Nestor der DDR-Geschichtsschreibung der Bundesrepublik noch für würdig und kompetent gehalten worden, auf einer Konferenz der Historischen Kommission der PDS aufzutreten. War das nun gut oder nicht mehr gut? Jochen Czerny, Mitunterzeichner des Briefes, endete seine persönliche Zuschrift an das »Neue Deutschland« mit dem Satz: »Warum will Keller aber ausgerechnet den Stuhl von Prof. Wilke (Historiker und Sachverständiger der CDU/CSU – D. K.) haben?« Kurt Hager schrieb in einem Leserbrief an das »Neue Deutschland«: »Wenn seine heutige Sicht nicht die von übermorgen sein soll, müsste er schon große Anstrengungen machen, um den Gestank loszuwerden, in den er sich begeben hat.«

Und der Staats- und Rechtswissenschaftler Karl-Heinz Schöneburg, der später von der PDS/Linke-Liste in Brandenburg als Verfassungsrichter des Landes Brandenburg nominiert wurde, gab im »Journal« 4/93 noch mehr Pfeffer in die Auseinandersetzung: »Da es sich nicht um einen Faschingsscherz handelt, sondern um eine Büttenrede des Herrn K. in der Eppelmann-Kommission, sei erwidert..., es ist nachgerade skandalös und beleidigend..., wenn Herr K. seine eigene Borniertheit oder wissenschaftliche Blindheit zur angeblich existierenden, allgemein herrschenden Norm in der SED und der DDR-Gesellschaft hochstilisiert... Man möchte nachfragen, in welcher Partei Herr K. überhaupt war... Vielleicht erleben wir ihn noch als Jesuitenpater, als osterfahrenen Ordensbruder der Gesellschaft Jesu. Möglicherweise ruft er demnächst nach Inquisition, Folter und Henker für die Bürger des Unrechtsstaates DDR.« Starke Worte, im Prinzip eine charakterlose Unverschämtheit.

Bei solchen Urteilen kann man sich eigentlich nur noch erschießen, wenn man nicht wüsste, aus welchem Erbe sie kamen. Kein Einziger von diesen Kritikern hat mich je zu einem persönlichen oder offenen Disput gebeten, das war das eigentlich Schlimmste. Nicht einmal die Historische Kommission hielt es für nötig, mit mir ein Gespräch zu suchen. Ich wurde für mein Geschichtsbild über die SED und die DDR in der Luft zerrissen, dabei hatte ich doch nur über die »Machthierarchie in der SED« gesprochen. Unter solchen Bedingungen hatte ich kaum eine Chance, mich im Streit zu behaupten, denn die Angriffe gingen weiter. Uwe-Jens Heuer im »Neuen Deutschland«: »Im Übrigen halte ich es für verlorene Liebesmühe, wenn jemand versucht, vergangene Feigheit und Anpassung durch entsprechendes heutiges Verhalten wieder gutzumachen… Es kann ja wahr sein, dass Dietmar Keller wenig Ahnung von Marx und Engels hatte… In der Wissenschaft sollte man sich schon bemühen, die objektive Wahrheit zu finden, auch und gerade als Marxist. Ich weiß allerdings nicht, ob er das sein will, auch nicht, ob er das je war.«

Und Sahra Wagenknecht, von der noch zu reden sein wird: »Nicht zufällig haben jene linken Kräfte, die sich unter dem Vorwand des Stalinismus vom gesamten ersten Sozialismus abzugrenzen suchten, ihre Strategie auf Kapitalismus immanente Reformbemühungen umorientiert.« In dieser Situation sah ich keine andere Chance, als mich mit einem Buch für die Gegenwart und vor allem für die Zukunft zu wehren. »Zwischen den Stühlen. Pro und Kontra SED«, erschienen im Dietz Verlag Berlin noch 1993, ist auch nach fast zwei Jahrzehnten ein sehr ehrliches Zeitdokument der damaligen Lage in der PDS/Linken Liste.

Ich bekam etwas Luft, obwohl die Journalistin und Redakteurin Brigitte Hering, die im Aufwind von Heuer und seinen Freunden nichts ausließ, um die neutrale Position eines Journalisten aufzugeben und mir die Beine wegzuschlagen, im »Neuen Deutschland«, im Übrigen ohne Zustimmung und die Abwesenheit des Chefredakteurs Rainer Oschmann nutzend, das Buch in einer Rezension zerriss: »Da er sich also weiterhin standhaft weigert, sich einen Begriff von Begriffen zu machen, frage ich mich: wozu dann der ganze Aufwand?«

In dieser erhitzten Situation gab es im Juli 1993 in der Bundestagsgruppe PDS Linke/Liste endlich eine ernstzunehmende Geschichtsdiskussion, in einem umfangreichen Protokoll niedergelegt. Ich erklärte: »Für mich zählt nicht, was Eppelmann oder ein bürgerlicher Professor macht. Für mich zählt allein die Frage, was ist die tiefere Ursache, dass die glänzendste Menschheitsidee nach den urchristlichen Idealen so jämmerlich gescheitert ist. Ich habe mein ganzes Leben in einem Land vollbracht, das dieser Idee verpflichtet gewesen ist und zugleich diese Idee zum Teufel geritten hat. Ich bin in erster Linie Weltbürger, und als Weltbürger fühle ich mich verantwortlich für das, was in der Welt passiert. Und durch einen glücklichen Zufall bin ich in Deutschland geboren. Und durch einen noch glücklicheren Zufall habe ich in der DDR gelebt. Gegen meinen Willen bin ich, wie viele Millionen, in einer Bundesrepublik gelandet, die nicht mein Land ist. Antwort will ich auf die Frage, unerbittlich und konsequent, was sind die Ursachen dafür. In meiner Haltung zu meiner Geschichte und zu meiner Biographie wie zur Geschichte meines Landes zählt für mich eine ethisch moralische Frage und eine Gewissensfrage, die mir keiner abnehmen kann und die ich mir auch nicht aus dem Kopf reden lassen werde. Es gibt Menschen, die sagen, sie schämen sich nicht. Ich werde das akzeptieren, ich aber schäme mich. Ich schäme mich, dass ich nicht das, was in der Verfassung und im Parteistatut gestanden hat, unerbittlich eingehalten habe. Ich schäme mich, dass ich nicht den Mut gehabt habe, auch unter Aufgabe meiner sozialen Sicherheit und meiner beruflichen Existenz dagegen vorzugehen. Ich schäme mich vor denen, die es gemacht haben, wo ich mich nur weggeduckt habe, auch mein persönliches Versagen hat dazu beigetragen, dass unsere Idee gescheitert ist... Ich habe nur ein Leben. Und ich weiß, dass mein Leben gebaut ist auf Verlust, Trauer, Schmerz, Not und Blut von Generationen vor mir. Und ich möchte gern, dass ich in meinem Leben eine Antwort finde, warum wir gescheitert sind. Ich werde sonst nie die Kraft finden, für irgendetwas zu sein. Es ist leicht zu sagen, ich bin links. Ich weiß nicht mehr, was links ist. Es ist leicht zu sagen, ich bin für den Sozialismus. Bitte sage mir doch einer, was das ist.«

Uwe-Jens Heuer setzte erneut nach. In einem Leitartikel schrieb er im August 1993 im »Neuen Deutschland«: »Triumphierend schreibt der Leiter der Arbeitsgruppe Regierungs- und Vereinigungskriminalität, dass die Möglichkeit sehr gut sei, die Hinterlassenschaft eines totalitären Regimes diesmal erfolgreicher aufzuräumen. Wollen diejenigen in den Reihen der PDS, die so gerne davon sprechen, dass wir uns an schonungsloser Geschichtsaufarbeitung von niemandem übertreffen lassen wollen, hier wirklich konkurrieren?«

Ich setzte meine Arbeit in der Eppelmann-Kommission fort, konzipierte die Publikationsreihe »ANsichten zur Geschichte der DDR«, die bis 1998 in elf Bänden mit über 3000 Seiten erschien, verfasste mit einer Reihe von Historikern den Entwurf des Minderheitenvotums der Gruppe zum Abschlussbericht der Enquete-Kommission, der im Wesentlichen durch die Gruppe bestätigt wurde. In der wichtigsten Frage allerdings erlitt ich wiederum eine Niederlage. Der Berliner Historiker Gerhard Lozek hatte eine Überlegung formuliert, die einen Ausweg aus der festgefahrenen Situation ermöglicht hätte:

»Das Totalitarismuskonzept enthält überlegenswerte sozialwissenschaftliche Ansätze für den Vergleich diktatorischer Herrschaftssysteme.« Modrow und Heuer setzten sich in der Gruppe gegen mich durch. Der Vorschlag Lozeks wurde aus grundsätzlichen Erwägungen verworfen, nicht aus wissenschaftlichen Gründen, sondern einzig und allein aus politisch-taktischen Gründen.

In meiner letzten Rede vor dem Bundestag entschuldigte ich mich: »Ich finde es richtig, dass sich die Enquete-Kommission entschieden hat, in vielen Anhörungen Opfer von Menschenrechtsverletzungen anzuhören... Diese waren die bittersten Stunden meines Lebens, ...weil ich begriffen habe, was unter dem Namen Sozialismus auch mit meinen Idealen und meinen Vorstellungen, meinen Hoffnungen und Wünschen alles gemacht worden ist, wie sie missbraucht worden sind. Ich betrachte es ... als meine moralische Pflicht und Verantwortung, mich bei den Opfern der SED-Diktatur zu entschuldigen. Ihr Wort müssen wir ernstnehmen.«

Danach bekam ich viel Zuspruch aus allen politischen Himmelsrichtungen und Lagern. So schrieb mir der Augenoptiker A. F. aus Flörsheim a. M.: »Es gehört sehr viel Mut für eine solche Äußerung. Ich betrachte Ihre Entschuldigung als eine der Sternstunden der deutschen Demokratie und bedanke mich bei Ihnen hierfür.« Nur Hans Modrow und Uwe-Jens Heuer ließen mich wissen, dass ich mich mit meiner Entschuldigung selbst enthauptet habe.

Wie recht hatte doch Gerhard Lozek, der mir geschrieben hatte: »Ist es schon wieder so weit, dass Verfechter der reinen Lehre unbequeme Abweichler in eine Reihe mit politischen Gegnern stellen können, um sie unglaubwürdig zu machen? Es ist ja nicht allzu schwer, zu erkennen, wer hier dahinter steckt. Im Grunde soll wohl Dein und unser Herangehen an das Minderheitenvotum zu Fall gebracht und durch eine Variante ersetzt werden, die eine undifferenzierte Frontalkritik an der Enquete-Kommission übt und damit in populistischer Manier den in Ostdeutschland verbreiteten nostalgischen Stimmungen entgegenkommt.«

Die Auseinandersetzung um die Bewertung der Geschichte der DDR erstickte in den innerparteilichen Machtkämpfen. Eine rückwärtsgewandte und konservative Geschichtsbetrachtung hatte das Übergewicht gewonnen. Der Staats- und Rechtswissenschaftler Heuer hatte mit dem von ihm propagierten Primat der ideologischen Betrachtung und Bewertung das Sagen, er wurde sekundiert von den Vertretern der Kommunistischen Plattform Sahra Wagenknecht, Ellen Brombacher und Michael Benjamin, von den Theologen des »Weißenseer Arbeitskreis« Hanfried Müller und Dieter Kraft, bekam politischen Flankenschutz von Hans Modrow, Klaus Höpcke, Wolfgang Harich und Kurt Gossweiler sowie vom ehemaligen Mitglied des Politbüros der KPD Manfred Kapluck von der Marx-Engels-Stiftung in Wuppertal.

Die Schwäche der führenden Historiker der DDR vor und nach der Wende war die Stärke meiner Konkurrenten. Der Sprecherrat der Historischen Kommission konnte sich nicht aus seiner politischen Bindung und Umklammerung freimachen, obwohl zum Beispiel Wilfriede Otto beachtenswerte Publikationen vorgelegt hatte. Die antistalinistischen Reformer, die sich zum Teil 1989 für die Auflösung der SED eingesetzt hatten, die wie Thomas Klein, Michail Nelken, Helmut Bock und Jörn Schütrumpf für eine konsequent antistalinistische Aufarbeitung der Geschichte der SED und der DDR eintraten, blieben in einer unbeachteten Minderheit. Das seit 1989 verschleppte Problem war offensichtlich.

Es fehlte an offener und transparenter, weder vorverurteilender, verurteilender noch beschwichtigender Aufarbeitung der Geschichte der SED und der DDR. Der Parteivorstand wollte den inneren Frieden, ließ trotz vieler anderer Bemühen in dessen Interesse den Stallgeruch der Nostalgie über die Hintertür wieder in die Partei. Er glaubte, im Interesse des inneren Friedens eine offene innere Auseinandersetzung nicht beherrschen zu können. Er hatte Angst, noch mehr Mitglieder zu verlieren. Zum Ost-West-Spagat trat zumindest gleichberechtigt der Pluralismus-Spagat. »Kritik und Selbstkritik sind nicht vergnüglich«, schrieb der Historiker Helmut Bock. »Sie sind die bitteren Pillen, die vielleicht helfen, soziale und geistige Krankheiten zu bekämpfen – auch Selbsttäuschungen und den jetzt aufkommenden Irrtum, der die Krankheit nach dem Tod des Patienten als Gesundheit interpretiert.«

Ich war Ende 1994 angeschlagen, aber mit mir ziemlich im Reinen, ich war allein meinem Gewissen treu geblieben, bildete mir ein, fleißig gearbeitet zu haben, immerhin war ich in einer Rangliste der angeblich fünfzig mächtigsten Parlamentarier, erarbeitet für die Zeitschrift FOCUS durch den Soziologieprofessor Erwin K. Scheuch, mit sieben Mitgliedschaften in Ausschüssen und 64 Plenarbeiträgen auf dem ehrenwerten, aber zugleich auch nichtssagenden, 25. Rang gelandet. Vorwürfe für meine Arbeit musste ich mir nicht machen. Ich wollte aufrechten Ganges die Bühne der parlamentarischen Arbeit verlassen. Und trotzdem ließ ich mich durch Gregor Gysi noch einmal ohne Gegenwehr zu einem Parteisoldaten degradieren.

Heinrich Graf von Einsiedel, Kriegsgegner und Antimilitarist, kandidierte für den neuen Bundestag auf der Landesliste Sachsen. Er sollte auf jeden Fall Spitzenkandidat werden. In großen Teilen der Mitgliedschaft rumorte es gegen den West-Import. In Bayern hatte er nicht einmal die Spur einer Chance, überhaupt auf die Liste zu kommen. Deshalb überredete mich Gysi, ebenfalls zu kandidieren, um vor Ort Einsiedels Kandidatur als Spitzenkandidat unterstützen zu können, ihm Stimmen zuzuführen und zu verhindern, dass Uwe-Jens Heuer ihm diesen Platz streitig macht. Ich dummes Schaf stimmte dem zu,

Im Bundestagswahlkampf mit Marlies Deneke und Gregor Gysi, 1994

obwohl ich wusste – die Leipziger Bundestagsabgeordnete Barbara Höll hatte
es mir beizeiten gesteckt –, dass durch Absprachen im Landesverband die
sechs zu erwartenden sicheren Bundestagsplätze bereits zwischen Dresden,
Leipzig und Chemnitz namentlich ausgehandelt worden waren, nur die Reihenfolge wäre noch ein wenig offen.

Ich legte mich auf der Landesdelegiertenkonferenz ins Zeug, ergriff mehrfach das Wort, der Landesvorsitzende Peter Porsch sprach in drei Diskussions-
beiträgen vor allem für die Wahl der ihm wichtigen sächsischen Kandidaten,
nur der Parteivorsitzende Lothar Bisky, standesgemäß in der ersten Reihe platziert, schwieg beharrlich und meldete sich kein einziges Mal zu Wort. Ich dachte, ich bin im falschen Film. Heinrich Graf von Einsiedel wurde, wie in Bonn
gewünscht, auch durch mein Engagement Spitzenkandidat, über den letzten
und hoffnungsvollen sechsten Platz sollte es eine Kampfabstimmung zwischen Heuer, Ilja Seifert und mir geben. Ich verzichtete, denn ich wollte ja in
Wirklichkeit nicht mehr kandidieren. Zum letzten Mal meldete ich mich zur
Diskussion und plädierte zur Überraschung der Mehrheit der Konferenzteil-
nehmer für Heuer. Er gewann auch gegen Seifert. Wenn sie mich schon so
missbrauchten und schließlich hängenließen, sollten sie wenigstens an Heuer
noch vier Jahre Freude haben. Ich weiß, es war ein unfairer Racheakt, der mir
aber ein klein wenig Genugtuung verschaffte.

Am Montag dann in Bonn Blumen für den Spitzenkandidaten von Einsiedel und an mich die scheinheilige Frage von Gregor Gysi: Warum bist du denn nicht gewählt worden, und wieso gibst du dann auch noch Heuer deine Stimme? Ja, lieber Gregor, warum wohl? Erhobenen Hauptes verließ ich die Gruppe als Mitglied des Deutschen Bundestages, ohne Groll, aber auch ohne Glückseligkeit, denn dies war von mir langfristig geplant und ehrlichen Herzens gewollt. Da Marlies gute Chancen hatte, nach der Bundestagswahl auch weiterhin das Büro von Gregor Gysi zu leiten, nahm ich mir vor, mich nach erfolgreicher Wahl in der Gruppe als Mitarbeiter für Wissenschaft, Volksbildung und Kultur zu bewerben.

Als Berater verraten und verkauft

Ich konnte gar nicht so schnell denken, wie unsanft ich auf dem kalten Boden meiner fast schon vergessenen Parteiwirklichkeit landete. Die Vorsitzende der Personalkommission der Bundestagsgruppe, Ulla Jelpke, etwas anderes hatte ich nach den jahrelangen ideologischen Auseinandersetzungen mit ihr auch nicht zu erwarten gehabt, und der Geschäftsführer Norbert Gustmann, von dem ich anderes erwartet hatte, entschieden sich gegen meine Einstellung als Mitarbeiter der Bundestagsgruppe mit der seltsamen Begründung, ein ehemaliger Bundestagsabgeordneter wäre wohl kaum in der Lage, zurückhaltend, bescheiden und diszipliniert einem neuen Abgeordneten zu dienen. Jelpke kannte sich selbst zu genau, um so und nicht anders zu entscheiden und revanchierte sich für manches verlorene Streitgespräch in der Bundestagsgruppe. Da war sie wieder, meine geliebte Partei, so wie sie immer war. Wieder einmal und zum ersten Mal in meinem beruflichen Leben nach der Wende spürte ich die Kälte, Bitternis und Hoffnungslosigkeit, in den eigenen Reihen verdammt und ausgegrenzt zu sein.

Marlies, von Geburt an diszipliniert wie ein preußischer Grenadier, fuhr jeden Tag in aller Herrgottsfrühe nach Bonn, kam meistens erst nach Mitternacht nach Hause. Ich sagte mir, dann machst du eben das weiter, was du bisher am liebsten gemacht hast: Bücher. Schon als Sekretär der Leipziger Bezirksleitung hatte ich zwei Bände »Leipziger Anekdoten aus Kultur und Wissenschaft« sowie einen Midiband »Kunst und Künstler im Aphorismus« herausgegeben. Ursula Ragwitz fragte mich damals, ob ich nicht ausgelastet und die Herausgabe von Büchern nicht Wissenschaftlern und Künstlern vorbehalten sei. Wenn ich Langeweile hätte, hätte sie natürlich für mich ausreichend Beschäftigung. Deshalb veröffentlichte ich die nächsten zwei Bände »Adam, Eva und der Apfel« und »Liebe kennt kein Maß« unter dem Pseudonym Arthur Kiess, in Erinnerung und Dankbarkeit an meine beiden Großväter Arthur Keller und Arno Kiess.

Nach der Wende hatte ich im Berliner Dietz Verlag »Minister auf Abruf«, »VOLKSKAMMERspiele«, »Biermann und kein Ende« und das schon erwähnte »Zwischen den Stühlen« veröffentlicht. Während meiner Zeit als Bundestagsabgeordneter war ich Mitherausgeber des repräsentativen Text-Bild-Bandes »Das Weltkulturerbe. Deutschsprachiger Raum«, das später in mehreren Auflagen unter dem Titel »Unser Weltkulturerbe« verändert und erweitert im DuMont Buchverlag Köln erschien. Für die Deutsche Bank war ich als Mitherausgeber von »Der Mensch. Sein Haus. Das Glück«, erschienen im Coppenrath Verlag Münster, tätig gewesen.

Bücher zu schreiben oder als Herausgeber zu arbeiten, war meine heimliche Leidenschaft und bereitete mir höchstes Vergnügen. Deshalb entschloss ich mich nach meiner frühzeitigen Entscheidung, nicht mehr für den Bundestag zu kandidieren, mit meinem Mitarbeiter im Wahlkreis Frankfurt/Oder, Matthias Kirchner, den Versuch zu wagen, selbst einen kleinen Verlag zu gründen. Bereits Mitte 1993 hatte ich eine Konzeption für einen »k&k Verlag« ausgearbeitet. Die Buchstaben »k&k« standen für kontinuierlich und kompakt, kurz und knapp, konsequent und konträr, natürlich auch für Keller und Kirchner. In einer langen Diskussion, auch mit Freunden und anderen Verlegern, entschieden wir uns, für mich nicht überzeugend, aber mehrheitlich für »foe« – FRANKFURTER ODER EDITIONEN.

Matthias Kirchner zeichnete verantwortlich für Produktion und Vertrieb, ich für das Programm. Da ich selbst zu dieser Zeit noch als Bundestagsabgeordneter »gut im Brot stand«, verzichtete ich auf jegliche Vergütung. Unser Startbuch war »Von ABM bis ZUKUNTSFROH – Das große Karrikaturenbuch – Wörterbuch der Nachwende«. Aber all das lastete mich natürlich auch nicht aus. Sehr schnell hatte ich mich durch meine umfangreichen Kontakte aus der früheren beruflichen Tätigkeit mit einem halben Hundert Autoren in Verbindung gesetzt, ein Drei-Jahres-Programm konzipiert und vertragsreife Vorabsprachen geführt.

Es ging mir um eine solide Aufarbeitung von Biographien, um Bildung, Kultur und Wissenschaft sowie biographische Nachschlagewerke zu und aus vierzig Jahren DDR. Der Stoß liegengebliebener, aus Zeitgründen noch nicht gelesener Literatur, wurde auf meinem Schreibtisch immer kleiner. Ich begann, mich zu langweilen, hatte ich doch über viele Jahre von früh bis spät abends gearbeitet und immer das Gefühl gehabt, dass zu viel noch nicht Bewältigtes mich drängte. Ich war allein in einer großen Wohnung in einem fremden Umfeld, zum ersten Mal unausgelastet, und begann wieder einmal etwas mehr zu trinken, als vernünftig war.

Marlies zog die Bremsleine und stellte Gregor Gysi vor die Alternative, entweder ziehen wir beide nach Berlin zurück und bauen uns dort gemeinsam eine neue Existenz auf, oder ich bekomme irgendeine bezahlte Tätigkeit im Umfeld der Bundestagsgruppe. So wurde ich nach für mich unendlich langen und quälenden vier Monaten des Nichtstuns persönlicher Mitarbeiter von Gregor Gysi. Norbert Gustmann bot mir im Arbeitsvertrag, diensteifrig wie er war, ich war ja nun mit einem Male näher am »Chef« als er, ein Gehalt an, das ich für unmoralisch hielt und darum bat, es um tausend DM zu reduzieren, denn ich wollte Arbeit und keine Bevorteilung gegenüber anderen Mitarbeitern. Sehr schnell war mir klar, was zu tun war: Analysen, Zitatsammlungen, Materialsammlungen, Dispositionen für Reden und Referate, Briefverkehr, Hintergrundinformationen, Vorworte, Buchbeiträge und Nachworte für Publikationen, Glückwunsch- und Beileidsschreiben, die ganze Palette eines persönlichen Mitarbeiters des Leiters einer Gruppe im Bundestag.

Waren wir auch nur eine Gruppe von dreißig Abgeordneten, Arbeit gab es, als wären wir eine Fraktion gewesen. Zu »Gysis bunter Truppe« gehörten damals der Schriftsteller Gerhard Zwerenz, der Kriegsgegner Heinrich Graf von Einsiedel, der Pfarrer Willibald Jacob, der Betriebsrat Gerhard Jüttemann und der parteilose Schriftsteller und Alterspräsident des Bundestages Stefan Heym. Es war für mich eine wunderbare Zeit, wahrscheinlich die schönste Zeit meines beruflichen Lebens. Ich genoss es, den Zeitschriftendienst, den Wissenschaftlichen Dienst, das Informations- und Dokumentationszentrum und die wunderbare Bibliothek des Bundestages auszubeuten, ich nahm an Pressekonferenzen verschiedenster Art und aller Parteien teil, war ständiger Gast der Parteitage der SPD und der Grünen, besuchte nach Bedarf die wichtigsten Bundestagssitzungen, sprach mit Journalisten, die ich mit Hintergrundinformationen versorgte, diskutierte mit Politikern aller anderen Parteien, um Hintergrundinformationen zu erhalten, betreute Besuch aus Berlin und internationale Gäste. Es ging mir gut, und ich nutzte meine Chance. In meinem Privatarchiv lagern heute noch Hunderte Seiten der verschiedensten Ausarbeitungen, ich konnte, wenn es nötig war, schweigen wie ein Grab, und ich war mir auch nicht zu schade, Arbeiten zu machen, die eigentlich anderen zustand: Einkaufen, Botengänge, Postwege, Kaffee kochen und Abwasch des Geschirrs im Fraktions-Büro.

Da Marlies in der Regel bis Mitternacht im Büro ihres Chefs gebunden war – selbst einen Tag vor unserer Hochzeit vergaß er völlig, uns zumindest ab abends freizugeben, erst kurz vor Mitternacht waren wir zu Hause –, hatte ich viel Zeit für mich. Gysi war ein Spätaufsteher und Nachtarbeiter, in der Regel blieb ich bis zum Dienstschluss von Marlies im Büro und nutzte Computer und Internet, so weit es damals schon möglich war. Wenn sie mit Gregor Gysi im Lande unterwegs war und erst weit nach Mitternacht zurückkam, wartete ich in Bonn mit dem Auto auf sie, um mit ihr nach Ägidienberg, unserem kleinen neuen Wohnort, zurückzufahren. Meistens sah ich dann nach Mitternacht Joschka Fischer mit den verschiedensten Funktionären seiner Partei im angestrengten Gespräch auf den Straßen rund um das Haus der Parlamentarischen Gesellschaft und das Bundeshaus. Ich begriff das Wort individuelle Untergrund- und Hintergrundarbeit neu.

Mit der erstmaligen Wahl der PDS 1998 als Fraktion bekam sie die gleiche finanzielle Ausstattung wie andere Fraktionen entsprechend der Zahl der Mitglieder des Bundestages und mit der Journalistin Petra Bläss erstmalig auch eine Vizepräsidentin des Deutschen Bundestages. Die Fraktion beschloss, wie in anderen Fraktionen seit Jahren üblich, eine Beratergruppe des Vorstandes zu berufen, der ich von nun als persönlicher Mitarbeiter von Gysi angehörte. Heute glaube ich, dass meine Arbeitswut und mein ehrlicher Wille, wirklich etwas zu bewegen, mich auf eine Rutschbahn ins siedendheiße Öl innerparteilicher Kämpfe brachte. Was jetzt so einfach schien, wurde schließlich zu einem Hindernisrennen ohne Ende. Jeder in der Gruppe wollte andere Hintergrundinformationen, natürlich nur für sich persönlich, gezielte und interne Materialsammlungen, aufbereitete Redekonzepte, Zitatensammlungen und alles Mögliche, nur eines nicht: um Himmels willen nicht in politisch brisanten Fragen beraten werden.

Einige Abgeordnete schienen alles zu wissen und in der Regel per Amt alles besser zu wissen. Einen Arbeitsplan des Vorstandes für uns gab es nicht, wir produzierten in der Regel im Selbstauftrag. Wer hört sich schon gern unangenehme Informationen und Wertungen an, die er selbst bestellt hat, wer glaubt schon Beratern, wenn man als Abgeordneter »gottähnlich« schien. Manches erinnerte mich sehr an die DDR und an die »Hauptverwaltung ›Ewige Wahrheiten‹«: Gib einem ein Amt oder eine Funktion, und er glaubt, er sei nun ein besserer Mensch. Ich musste eine bittere Erkenntnis schlucken: Wer dient, um zu beraten, ist letztlich verraten. Manches schien wie vor der Wende. Entweder man schluckt es, dann lebt man bestimmt länger, oder man begehrt auf und steigt ab und aus.

Ehe ich diese Erkenntnis richtig begriffen hatte, musste ich zwei andere persönliche Niederlagen wegstecken. Ich war mir Anfang der neunziger Jahre mit Matthias Kirchner einig gewesen, dass die ersten zehn Jahre der Arbeit unseres kleinen Verlages schwere Hungerjahre sein werden. Man muss immer wieder investieren und kann vom Gewinn überhaupt nichts partizipieren. Ein Verlag lebt von seinen Titeln und vor allem der Pflege seiner Autoren. Er hielt diese Jahre leider nicht durch und begann, sich an anderen, schon viel älteren und erfolgreichen Verlagen und Verlegern zu messen.

Das war tödlich, da er sich zusätzlich noch persönlich in die Fänge eines westdeutschen Verlegers, Ingo Schmidt-Braul, begab, der schon einen anderen ostdeutschen Verlag in die Insolvenz getrieben hatte. Er wurde ihm gläubig. Die von mir vorgegebene Profillinie des Verlages wurde Schritt für Schritt verwässert, stabile geschäftliche Beziehungen aufgekündigt und fragwürdige neue eingegangen, bewährte und bisher schon erfolgreiche Autoren vertröstet und hingehalten, hinter meinem Rücken im Zusammenhang mit dem Jahrhunderthochwasser in Brandenburg verrückte und völlig riskante, vertraglich nicht abgesicherte Vereinbarungen mit der Landesregierung Brandenburg und dem

Bundeskanzleramt getätigt – und letztlich der Verlag in die Insolvenz geführt. Ich hatte fast acht Jahre für dieses, unser gemeinsames »Kind«, ohne einen Pfennig Vergütung gearbeitet und sah nun, wie mein persönlicher Freund und inzwischen zum Geschäftsführer avancierte Matthias Kirchner vor einem von ihm selbst verschuldeten Scherbenhaufen saß. Ich fühlte und sah, dass er persönlich sehr litt, konnte ihm aber aus dem von ihm selbst verschuldeten Dilemma nicht mehr heraushelfen. Ich hatte bereits zu viel Geld in den Verlag gesteckt und war meines Gesellschafteranteils auch verlustig gegangen.

Mitte 1999 rief mich Gisela an und sagte mir: Ehe du es aus den Medien erfährst, sollst du es von mir hören: Ich habe eine Akte bei Gauck, habe als IM unterschrieben. Mir blieb der Mund offen stehen, aber ich machte ihr Mut, versprach ihr Unterstützung bei der Aufklärung, bat um weitere Informationen und bekam leider keinen weiteren Anruf. In Wirklichkeit traf mich diese Information wie ein Hammer. Sie war, ohne mit mir zu reden, in die SED eingetreten und, ohne mit mir zu reden, aus der PDS ausgetreten. Sie hatte, ohne mit mir zu reden, eine Verpflichtungserklärung unterschrieben.

Natürlich wusste ich, und ich habe es ihr auch immer wieder gesagt, dass eine Hauptabteilungsleiterin Kultur einer der größten Universitäten der DDR ihre Monatsberichte und aktuellen Informationen an den Rektor, dem sie direkt unterstellt war, nicht kopieren musste, das machten andere für andere. Natürlich wusste sie, dass in allen Untergruppen und Ensembles ihres Verantwortungsbereiches informelle Mitarbeiter tätig waren, natürlich wusste sie, dass in jeder Vorstellung der unterschiedlichsten Ensemble ihrer Hauptabteilung informelle und bezahlte Mitarbeiter des anderen Ministeriums saßen, natürlich wusste sie auch, dass Mitarbeiter der Bezirksverwaltung direkt zu ihr Kontakt aufnehmen würden. Warum aber unterschrieb sie eine Verpflichtungserklärung?

Da wir außer diesem kurzen Telefongespräch keinen Kontakt mehr hatten, bleibt mir nur eine Erklärung. Wir beide waren Mitte der siebziger Jahre, zum Zeitpunkt ihrer Unterschrift, ineinander verliebt, wir beide waren noch verheiratet, und die Sicherheitsorgane verfolgten wahrscheinlich eine doppelte Absicht: Zum einen wollten sie mich »sicherstellen« und Informationen über mein sehr freizügiges Leben und mein Verhältnis zu Künstlern und Wissenschaftlern von ihr haben. Zum anderen: Nach unserer, wie die »Organe« annahmen, bestimmt nur kurzen Liebelei und voraussehbaren Trennung, hatten sie Gisela dann mit ihrer Unterschrift in der Hand. Ihre Mutter und ihre Geschwister lebten in der Bundesrepublik, Giselas Ausreise aus der DDR und ihre Arbeit für die Sicherheitsorgane im Ausland wären so ziemlich normal gewesen.

Ich war mit Gisela 1980 in eine Wohnung in die Mainzer Straße gezogen. Als ich dort einmal unangemeldet, weit vor Dienstschluss, auftauchte, um mich umzuziehen, war der in ihrer Akte mehrfach genannte Feldwebel Gläser anwesend. Ich verbat mir diese Anwesenheit in meiner Wohnung und infor-mierte meinen damaligen Vorgesetzten, Horst Schumann, darüber mit der Bit-te, die persönlichen Kontakte der Sicherheitsorgane zu Gisela sofort abzubre-chen, was ganz offensichtlich auch geschah. Natürlich muss sie darüber, wenn sie die Zeit für gekommen hält, auch irgendwann einmal selbst sprechen.

Nach der Enttarnung eines IM muss jeder Betroffene, Bekannte, Kollege oder Freund ganz allein für sich über sein weiteres Verhalten entscheiden. Ich akzeptiere grundsätzlich jede Form der nichtöffentlichen Entscheidung. Als aber Personen des öffentlichen Lebens, die Gisela seit Jahrzehnten kannten, die bei uns zu Hause ein- und ausgingen und seit Jahren mit ihr zusammenar-beiteten, sich öffentlich und diffamierend von ihr abwandten, fragte ich mich schon, ob ich vielleicht nicht auch in unserer gemeinsamen Zeit die falschen Freunde hatte.

In der Beratergruppe des Vorstandes der Fraktion war ich für Parteianaly-sen zuständig. Ich konnte selbst frei entscheiden, wen und was ich zu welchem Zeitpunkt analysieren wollte. Einmal schrieb ich in einer Analyse über die Lage in der CDU, dass zu den hoffnungsvollen Kadern dieser Partei Horst Köhler und Roland Koch gehören würden. Gregor Gysi und sein Pressesprecher Jür-gen Reents fragten mich milde lächelnd und verwundert, wer denn die beiden seien. Sie erfuhren es bei Koch sehr bald bei den Wahlen in Hessen und bei Köhler etwas später bei seiner Wahl zum Bundespräsidenten.

Nach dem Rücktritt von Oskar Lafontaine schrieb ich: »Nach vorn ist bei ihm alles offen.« Diese Einschätzung fand keine Zustimmung, denn Lafontai-ne habe sich nicht parteilich, ziemlich kleinbürgerlich, wenn nicht gar verräte-risch verhalten, das wurde schließlich zur übereinstimmenden Auffassung in der Fraktion. Der »Vordenker« in der PDS, André Brie, schrieb erst eineinhalb Jahre später im »Neuen Deutschland«: »Oskar Lafontaine ist für die gesamte Linke wichtig« und gab mir damit etwas spät, aber nicht zu spät, Genugtuung.

Bereits im Januar 2000 reichte ich im Vorstand der Bundestagsfraktion der PDS ein Diskussionsmaterial »Gedanken zur Lücke zwischen SPD und PDS« ein. Ein Jahrzehnt nach der Wende musste die Blockade zwischen PDS und SPD – natürlich von beiden Seiten – langsam aufgebrochen werden. Viele in der PDS dachten, die »alte Dame« SPD möge sich nun endlich der einzigen Linkspartei im Osten annähern, andere schmorten noch im alten »Sozialdemo-kratismus«, und die Mehrzahl der Mitglieder der PDS wollte oder konnte nicht verstehen, dass sich zuerst die PDS durch Veränderung bewegen müsse.

In der Analyse hieß es: »Die vorhandene Parteilandschaft/Struktur und die Grundstruktur der politischen und sozialen Erwartungen der Wählerschaft, besonders aber der Nichtwählerschaft, haben sich in den letzten Jahren deut-lich auseinander entwickelt. Das hat objektive und subjektive Ursachen. So oder so wurde dieser Widerspruch von den dominierenden politischen Kräften/Parteien/Strukturen nicht ausreichend erkannt und wahrgenommen. Daraus entstanden Demokratiedefizite, Politikverdrossenheit und Unzufriedenheit. Insofern entstanden Lücken und Freiräume... Die Mitte der Gesellschaft ist breiter geworden. Von rechts und links ist das nicht zu behaupten. In der Mitte fallen heute alle gesellschaftlich relevanten Entscheidungen, werden Wahlsiege entschieden. Dabei ist allerdings zwischen politischer und sozialer Mitte ein fundamentaler Unterschied. In der politischen Mitte hat die PDS nichts verloren, nichts zu suchen und nichts zu finden... Der hegemoniale Raum der Gesellschaft ist besetzt und durch die PDS kaum aufzubrechen. Auch die traditionellen Lösungsansätze sind mehrfach besetzt, die bewährten Modelle sind an ihren Grenzen. Das ist die Chance der PDS. Sie muss anders sein. Sie braucht neue Denkansätze, neue Lösungsansätze, neue Ideen, neue Modelle, ein unkonventionelles Herangehen an Probleme, das heißt, sie braucht eine offene, alternative sozialistische Gesellschaftspolitik. Das ist die eigentliche und ernstzunehmende Lücke, die die PDS in der Gesellschaft schließen muss... Die Modernisierung ist für die gegenwärtig dominierenden politischen Kräfte in der SPD eine Überlebensfrage. Dabei hat die SPD schon ihre eigenen Wurzeln verlassen und sich schon längst von der Arbeiterbewegung verabschiedet. Ihre politische Differenz zur CDU verschwindet immer mehr, sie wird durch personelle Kompetenz ersetzt... Parteien kämpfen nicht in erster Linie um Recht und Wahrheit, sondern um Wähler... Die PDS braucht dazu einen wirklich linken Flügel mit Köpfen, die sich als Minderheit begreifen und nicht die Absicht haben, die ganz Partei dominieren zu wollen, die sich als notwendige Minorität verstehen und darauf verzichten, die Mehrheit permanent belehren zu wollen... Die PDS braucht eine wirkliche kommunistische Plattform (die sie in Wirklichkeit nicht hat) und sie braucht gleichermaßen eine organisierte linke sozialdemokratische Plattform als Bindeglied zur SPD, nicht als ein vorübergehendes taktisches Moment, sondern als Ausdruck ihres Pluralismus... Fazit: Die PDS hat objektiv eine Chance, Teile des bisherigen Platzes der SPD einzunehmen, wenn sie es als ihre wichtigste Aufgabe betrachtet, erreichte soziale Standards zu verteidigen und sich glaubwürdig positioniert, auf dem Boden des Grundgesetzes eine Verfechterin der erlebbaren und erlebten Demokratie zu sein. Hier ist die Lücke bis an die Grenze zur SPD vollständig zu schließen. Das Wichtigste aber wird sein, ausgetretene und alte Denkstrukturen zu verlassen, neues, alternatives Denken zu befördern, sich der Gesellschaft zu öffnen, Teile der intellektuellen Mitte für die PDS zu erschließen und von dieser profitieren zu lernen.«

Und erneut hörte ich es in meinem Rücken grummeln. Jeder neue Gedanke wurde auf die »Klassenkampfwaage« gelegt und verworfen. Wieder sprach keiner mit mir, ich hörte nur, das Präsidium des Parteivorstandes habe diskutiert und Christa Luft ihre Ablehnung lautstark vertreten, ich entnahm solche Informationen aus Gesprächen und aus der Presse. Und es gab natürlich wie immer auch die »linken« Urteile wie »Vordenker des rechten Flügels der PDS«, »kleinbürgerlich-populistische Denkweise«, »Vertikalaufsteiger, um nicht Karrierist zu sagen«, »unverbesserlicher Sozialdemokrat« usw.

Mir wurde klar, ein Teil der Partei verweigerte sich nach wie ungewohnten Überlegungen, der Reformprozess in der Partei stagnierte nach wie vor, westdeutsche ehemalige 68er wie Diether Dehm und Uwe Hiksch und ihr Hinterland hatten für mich völlig unverständlich in der Partei immer mehr das Sagen, Gysi und Bisky schienen eine Verschnaufpause eingelegt zu haben. Jetzt ging es um nicht mehr und um nicht weniger als um die weitere Existenz der Partei.

Es bedurfte also eines neuen Diskussionsanstoßes in der gesamten Partei. Aber keiner in der Partei hatte wirkliches Interesse daran. Die ewig Gestrigen, die ostdeutschen SED-Nostalgiker, die immer noch in SED-Dimensionen Denkenden hatten gemeinsam mit den westdeutschen Sektierern wie durch ein Wunder eine neue Frontfrau gefunden: Sahra Wagenknecht, ein klein wenig hochstilisiert als Rosa Luxemburg der PDS, im Aussehen so frisiert, allerdings gescheit und gut vorbereitet von linken Altvorderen, scheinbar nachdenklich und immer freundlich-distanziert, mitunter manchmal etwas naiv, die alles von sich gab, was andere, die ihr mehr als nahestanden, für sie dachten oder formulierten.

Mit einer beispiellosen Ignoranz und unter Ausschaltung aller bisherigen Antistalinismus-Diskussionen in der Partei erklärte sie: »Nicht der Stalinismus – der Opportunismus erweist sich als tödlich für die gewesene sozialistische Gesellschaftsordnung.« Was darunter auch immer zu verstehen war. Kein Aufschrei aus der Partei entgegnete der Sprecherin der Kommunistischen Plattform. Die PDS war in einer schlimmen Krise, die Reformer in der Defensive. Die dogmatische Linke in der PDS mit wenigen Köpfen, aber einer bereitwilligen Gefolgschaft, bekam den Flankenschutz der dogmatischen West-Linken, die die Erfahrungen der konspirativen Arbeit der alten Bundesrepublik in die Partei einbrachten.

Gregor Gysi hatte in den vergangenen mehr als zwei Jahrzehnten unvorstellbare Arbeit geleistet. Er war der Kopf, das Herz, das Aushängeschild, der Alleinunterhalter und der einzige Medienstar der PDS. Er reiste quer durchs Land zu allen möglichen Partei-, Wahlveranstaltungen und Vorträgen. Er nahm an angenehmen und widerlichen Talk-Shows teil, er war gefragt im In- und Ausland, hielt Sonntagspredigen in Kirchen und konnte keiner Einladung ausweichen. Einmal nahm er sogar an einem Fußball-Benefizturnier in der Bremer Stadthalle teil, spielte als Torwart in einer Mannschaft, in der auch die

Schriftstellerin Hera Lind, die Handball-Nationalspielerin Christine Linde-mann und der Fernsehmoderator Kai Böcking das gleiche Trikot trugen. Er kam mit gebrochenen Händen nach Bonn zurück, stand mit den eingegipsten Händen am Rednerpult des Bundestages und zerpflückte den EU-Gipfel in Cardiff in bewährter Weise. Keine Aufgabe, der er sich im Interesse der Partei und ihrer Wirksamkeit im gesamten Bundesgebiet nicht gestellt hätte. Eines konnte er allerdings nicht, den gordischen Knoten, der die PDS beherrschte, lösen. Dieser war durch viele Kompromisse und Zugeständnisse über ein Jahr-zehnt hinweg nicht mehr lösbar und existiert bis heute.

Die Linken hatten sich schon in der ersten Hälfte des 20. Jahrhunderts er-bitterte personelle innerparteiliche Auseinandersetzungen geliefert und waren dabei mit ihren Freunden genauso umgegangen wie mit ihren Gegnern. Das stalinistische Zentralkomitee der KPD hatte sich ab 1927 Andersdenkender in ihren Reihen mit Verdächtigungen und Verleumdungen entledigt. Diese stali-nistische Politik erfuhr ihre nahtlose Fortsetzung nach 1945. Der Hang zur Ausgrenzung und Ausschaltung Andersdenkender dominierte und wurde mit Klassenkampfparolen garniert. Die Partei und das Land verloren einen Groß-teil ihrer kreativsten Köpfe und die Partei an wichtigen geistigen Potenzen; die einen wurden ausgeschlossen, den anderen die Stimme genommen.

Die Vielfalt emanzipatorischer Ansätze verband sich mit den Namen Anton Ackermann, Erich Apel, Rudolf Bahro, Fritz Behrens, Arne Benary, Hans Bentzien, Ernst Bloch, Heinz Brandt, Robert Havemann, Wolfgang Harich, Rudolf Herrnstadt, Walter Janka, Gustav Just, Georg Klaus, Leo Kofler, Gun-ther Kohlmey, Walter Markov, Hans Mayer, Paul Merker, Herbert Sandberg, Karl Schirdewan, Ralf Schröder, Wolfgang Steinitz, Kurt Turba, Wilhelm Zais-ser, Gerhard Zwerenz und mit vielen anderen. Hinter diesen Namen standen nicht nur geistige Ausstrahlung und Souveränität von europäischer Bedeutung, sondern auch Schüler, Anhänger und vielfältige kleine intellektuelle Gruppen. Keine deutsche Partei hat im 20. Jahrhundert solch einen Substanzverlust durch eigene Verantwortungslosigkeit erlitten.

Die SED war mit ihrer stalinistischen Ausgrenzungspolitik geistig verarmt. Mit dem Erneuerungsparteitag im Dezember 1989, trotz der nur halbherzigen Abkehr vom Stalinismus und vom Prinzip des demokratischen Zentralismus, sollten auch in der Partei das freie Denken, Versammlungs-, Organisations- und Pressefreiheit zur Normalität werden. Das sollte Ausdruck des innerpar-teilichen Pluralismus sein. Die SED hatte darunter gelitten, dass es in ihren Reihen neben berechtigten Ängsten auch unberechtigte Feigheit gab, Borniert-heit und Gesinnungslumperei unter der Decke schwelten. Was aber am Schlimmsten war: Unter den Gesellschaftswissenschaftlern, eigentlich mit der Künstlerschaft das Gewissen der Nation, gab es Verrat an intellektueller Redlichkeit, an den aufklärerischen Traditionen der europäischen Geschichte, Verrat an Ethik und Moral.

Ungeachtet dessen oder wahrscheinlich auch deshalb organisierten sich schon bald in der PDS Minderheiten mit überwunden geglaubten Auffassungen und Theorien. Unterschiedliche ideologische Strömungen gehörten vom ersten Tag an zum Inventar der Partei. Schon am 30. Dezember 1989 konstituierte sich die Kommunistische Plattform, eine Woche später der Sozialdemokratische Studienkreis, der jedoch bald seine Arbeit wieder einstellte. Es folgte die Bildung von Fraktionen, Arbeitsgemeinschaften, Plattformen. Die Partei, die in ihrer Geschichte jede Abweichung als Teufelszeug bekämpft hatte, entdeckte einen falsch verstandenen Pluralismus und lebte ihn geradezu genüsslich aus. Es begannen innerparteiliche Machtkämpfe, Intrigen und Winkelzüge in den Vor- und Hinterzimmern der politischen Macht.

Man kann eine andere politische Meinung nur gut vertreten, dachten sich einige – und sie hatten nicht einmal unrecht –, wenn man Geld, Ressourcen und Posten in den entscheidenden Gremien besitzt. Und ehe die Auseinandersetzung mit dem Stalinismus in all seinen Erscheinungsformen überhaupt richtig anlaufen konnte, begannen in der Partei die innerparteilichen personellen und fraktionellen Machtkämpfe. Pluralismus, der die unabdingbare Voraussetzung für ein kreatives Wirken – auch und nicht zuletzt in der Politik – ist, wurde ersetzt durch eine Cliquenwirtschaft. Sie erwies sich bald als politische Krankheit, als ein Spaltervirus, der immer neue Grabenkämpfe und Wunden durch Besserwisserei und beckmesserische Flügelkämpfe aufriss. Achtung und Toleranz unter Gleichgesinnten wurde gepredigt, in Wirklichkeit aber bekämpften sich die unterschiedlichen Strömungen mit allen Mitteln, fairen und unfairen. Da es im Gegensatz zum Fußball in der Partei keine gelben und roten Karten gibt, verfestigte sich ein falsch verstandener Pluralismus in der Partei zu einer unheilbaren Krankheit.

Im März 2000 unterbreitete ich deshalb zwei neue Analysen: »Die PDS heute« und kurz danach »Zur gegenwärtigen Lage in der PDS«. Beide Dokumente waren in der Beratergruppe mehrfach und ausführlich diskutiert worden und hatten letztlich nach langen und gründlichen Diskussionen Zustimmung gefunden. Und wieder schwiegen der Fraktionsvorstand und der Parteivorstand, wieder sprach keiner mit mir als dem verantwortlichen Autor beider Papiere. Keiner war bereit, eine Diskussion über unangenehme Fragen zu eröffnen. Die Fraktion leistete sich hochbezahlte Berater, ohne sie zur Kenntnis zu nehmen.

Beraten hieß so viel, wie uneingeschränkt im Interesse des »Großenganzen« zu schweigen und allen recht zu geben. Dabei war doch für jeden, der sehen wollte, offensichtlich, dass die Partei nach der Wende viele hoffnungsvolle junge Mitglieder verloren hatte, der im Dezember 1989 auf dem Erneuerungsparteitag gewählte Vorstand, hatte sich auf peinliche Weise verdünnt, keiner bemühte sich um die verloren Gegangenen.

Viele Namen tauchten nirgends mehr auf, ihre Träger hatten schon nach wenigen Monaten die Partei verlassen. Der Parteivorstand schien darüber kein schlechtes Gewissen zu haben. Nie wurde die Frage nach den Ursachen gestellt. Die Kultur des Umgangs miteinander, die Kultur der Diskussion und der Auseinandersetzung, die Kultur des Meinungsstreites erinnerte immer mehr an alte Zeiten. Das Einzige, was zunimmt, ist die Kultur der Denunziation, urteilte völlig zu Recht und verbittert Lothar Bisky.

Ich war unendlich traurig und deprimiert, mir reichte es. Ich konnte und ich wollte so nicht weiter. Der »Spiegel« hatte aus seinen vielfältigen Informationsquellen in der Fraktion von der Analyse erfahren und stellte mich durch seinen Redakteur Stefan Berg vor die Alternative, entweder Veröffentlichung des Papiers, was ihnen natürlich wörtlich vorlag oder ein Interview mit mir. In dieser Situation sah ich keinen anderen Ausweg, um wenigstens auf diesem Umweg eine innerparteiliche Grundsatzdiskussion zu eröffnen. Die Partei war in der Krise, und die Mehrheit wusste davon nichts, und die, die es wussten, wollten es nicht zur Kenntnis nehmen. Viele der ehemals führenden Gesellschaftswissenschaftler, die die Entwicklung in der Partei aufmerksam verfolgten, machten sich erneut schuldig und schwiegen erneut.

Der »Spiegel« brachte in seinem Heft 16/2000 das Interview von Stefan Berg mit mir unter dem marktschreierischen Titel »Die Machtfrage stellen«. »Neues Deutschland« veröffentlichte kurze Zeit später in der Rubrik »Zettelkasten« wichtige Aussagen: »Wir, die Reformer, wollten eine sozialistische, demokratische Partei gestalten. Wir wollten eine radikale Abkehr vom Wahrheitsmonopol einer Gruppe. Und wir haben der alten Funktionärselite der DDR ein Friedensangebot gemacht: Wir nehmen euch mit, wir verteidigen auch eure Rechte... Ihr könnt den Kommunismus ausleben, ihr bekommt eure Wärmestube – aber nur in der Partei. Ihr habt kein Recht, die Partei nach außen zu vertreten und die Reform in Frage zu stellen... Weil sich die SED in Jahrzehnten ihrer inneren Oppositionseliten immer wieder entledigte – von Walter Janka bis Rudolf Bahro –, stand 1989 keine geschlossene Reformgruppe zur Übernahme der Partei bereit. Das macht die Schwäche der Reformer in der PDS bis heute aus... Die Partei war beim Überlebenskampf darauf angewiesen, die Alten mit einzubeziehen. Aber wir hatten auch die Hoffnung, dass die Funktionärsschicht die Chance zum Überdenken ihrer Politik, ihrer Ideologie nutzt. Deshalb hat es in der PDS eben keine radikale Abrechnung mit dem Stalinismus gegeben... Es gibt vorzügliche Texte zum Stalinismus. Aber die Schuld an den Verbrechen wurde immer auf eine kleine Gruppe reduziert –

auf das Politbüro. So ist die gesamte alte Funktionärsschicht, auch die Mitgliedschaft, ziemlich trocken unter dem Regen weggekommen. Die Masse der Mitglieder hat nicht darüber nachgedacht, was ihre persönliche Verantwortung war. Wer hat denn darüber nachgedacht, ob der Sozialismus überhaupt lebensfähig war? … Es ist seltsam, dass diejenigen, die einst für eine Vereinigung zwischen KPD und SPD waren, jetzt jede Zusammenarbeit mit der SPD denunzieren. Und es ist bis heute ein Leichtes, jemanden in der Partei als Sozialdemokraten zu brandmarken. In dieser Frage brauchen wir eine radikale Kursumkehr, oder wir landen im politischen Aus – so wie die kommunistischen Parteien früher in Westdeutschland… Soll doch die Kommunistische Plattform eine KP gründen. Die bekämen bei Landtagswahlen nicht mal ein Prozent… Die PDS hat keinen Kern. Sie ruht nicht in sich. Die Identität der Partei macht sich bis heute an Begriffen wie DDR und Klassenkampf fest. Da schlagen die Herzen höher. Und das kann nicht so bleiben, wenn die Partei eine Überlebenschance in dieser Gesellschaft haben soll.«

Ein neues Spiel war, so glaubte ich jedenfalls in meiner Naivität, von mir eröffnet worden, der Ausgang offen, so hoffte ich jedenfalls, aber ich unterlag wieder und diesmal zum letzten Mal in meinem Leben einem naiven Irrtum. Wer als Mitglied der PDS dem »Spiegel« ein Interview gibt, war schon verloren, noch ehe der Text bekannt wurde. Als ich in der Enquete-Kommission sagte, die SED sei in wichtigen Fragen keine emanzipatorische Partei gewesen, stürzten sich die parteiinternen Kritiker auf mich. Gregor Gysi hatte schon im Mai 1990 gesagt, dass die SED eigentlich eine reaktionäre Partei gewesen sei.

Mit dem Parteivorsitzenden Gysi wollte sich allerdings niemand anlegen. Fast zur gleichen Zeit, in der mein Interview im »Spiegel« erschien, formulierte der Parteivorsitzende Lothar Bisky auf einem Forum in Eberswalde: »Die Situation der Partei ist sehr ernst… Uwe-Jens Heuer, Michael Benjamin und Winfried Wolf … müssten eigentlich, wären sie nicht zu feige, einen sofortigen Abwahlantrag gegen mich und Gysi stellen… Die PDS müsse zum Gründungskonsens zurückkehren.« Das war in anderen Worten nichts anderes, als ich formuliert hatte.

So wie schon in der Amtszeit von Gregor Gysi wollte sich auch mit dem neuen Parteivorsitzenden Bisky niemand anlegen. Mit mir wurde also wieder einmal ein klassischer Stellvertreterkrieg geführt. Auf einen Beschwerdebrief des Kreisverbandes Nürnberg antwortete Gysi für mich ziemlich enttäuschend und wieder mit dem Versuch des niemand schadenden Ausgleichs: »Zweifellos haben wir in der Partei Probleme, und ich selbst habe mich auch gegen einen bestimmten Hang zum Dogmatismus gewandt. Aber ich würde das nie so festmachen wie Dietmar Keller… Allerdings stören mich schon die Sprecherinnen und Sprecher (der Kommunistischen Plattform – D. K.), von denen ich seit

Jahren keine Politikangebote bekomme, sondern regelmäßig nur ideologische Bewertungen dessen, was ich tue und sage. Sie haben sich eine Art Wächterrolle angemaßt, die ihnen so nicht zukommt... Wir werden mit Dietmar Keller über sein Interview diskutieren.«

Diskutiert wurde in allen möglichen Gremien – nur mit mir nicht. Das Maß war für mich ein für alle Mal voll, als der Ehrenvorsitzende der Partei, Hans Modrow, in einem Interview mit den »Potsdamer Neuesten Nachrichten«, auf den »fehlenden Kern in der PDS« angesprochen, antwortete: »Die Frage ist, welchen Kern der PDS Dietmar Keller überhaupt meint. Ich vermute, er sieht einen ganz anderen Kern als ich. Keller gehört aus meiner Sicht leider überhaupt nicht mehr zum Kern der PDS, sondern befindet sich auf einem Rand unserer Partei. Von einem solchen Rand ist dann die Gesamtsicht auf die PDS immer schwierig.« Das klang mir so wie die Verteidigungsrede Hagers für das »Großeganze«.

Er bekam Flankenschutz von Arnold Schölzel in der »Jungen Welt« und manch anderem Gleichgesinnten, von denen ich es nie erwartet hätte und die mich überraschten, aber ich war auf einem sinkenden Boot, da kann man schon mal dem »Großenganzen« Flankenschutz geben. Jetzt war für mich die Grenze erreicht, denn nun ging es um meine Ehre und Würde. Eine »Randfigur« konnte doch nicht Berater der Fraktion sein. Ich wollte und ich konnte nicht mehr. Am 22. Mai 2002 schrieb ich einen Brief an Gregor Gysi, dass ich darum bitte, dass wegen meines Gesundheitszustandes, in diesem Falle bediente ich mich einer alten SED-Formulierung, mein und Marlies' Arbeitsvertrag Ende des Jahres aufgelöst werden sollte. Zum ersten Mal in meinem Leben hatte ich den Mut zu sagen: Bis hierher und keinen Schritt weiter.

In der Öffentlichkeit wurde Schritt für Schritt meine Erkrankung ins Gespräch gebracht, denn ich wollte nicht, dass meine Trennung von der PDS nach fast 40-jähriger Mitgliedschaft und 30-jähriger Tätigkeit in wichtigen Funktionen zu einem Presseereignis wurde. Von dem Tag des Schreibens an Gysi bis zu meinem Ausscheiden schrieb ich keine einzige Zeile mehr als Berater. Ich verweigerte mich, was in der Fraktion ohne Diskussion zur Kenntnis genommen wurde. Mit einer Ausnahme machte ich im Prinzip fast so etwas wie bezahlte Freistellung, die ich mir in meiner Einbildung wohl auch verdient hatte. Für Gregor Gysi organisierte ich in der Berliner Stadtbibliothek eine ständig völlig überfüllte Gesprächsreihe unter dem Titel »Über Gott und die Welt«. Seine Gäste waren u. a. Daniela Dahn, Lothar de Maizière, Hans-Otto Bräutigam, Peter-Michael Diestel, Guido Westerwelle, Günter Gaus, Angelica Domröse und Christoph Hein.

Im Übrigen hatte Gysi Westerwelle nach dem Gespräch zu einem kleinen Umtrunk in das Restaurant »Zur letzten Instanz« eingeladen. Er hatte allerdings seine Brieftasche wieder einmal nicht bei sich. Der Wirt erklärte beide als von ihm eingeladen. Vor großer Runde und in Anwesenheit von Gysi erklärte Westerwelle später: Ich war besoffen und Gregor angetrunken. An diesem Abend habe ich das Wesen des Sozialismus verstanden.

Die Gespräche erschienen in drei Bänden bei »Schwarzkopf & Schwarzkopf«, herausgegeben vom Chefredakteur des »Neuen Deutschland« Jürgen Reents und mir. Ich war zum Schluss wieder dort gelandet, wo ich immer die größte Befriedigung empfunden hatte – bei der Herausgabe von Büchern. Es war ein Abschied ohne Tränen, aber mit ganz viel Wehmut. Mit Rainer Eppelmann veröffentlichte ich noch das Dialogbuch »Zwei deutsche Sichten«, herausgegeben von Christian v. Ditfurth. Ich ging in die Arbeitslosigkeit und danach vorzeitig in die Strafrente für SED-Funktionäre.

Epilog

Mein Verhältnis zur DDR und zur SED war und ist völlig unsentimental. Mit Freude, Bereitschaft und aufklärerischem Willen habe ich in der DDR gelebt, ihr gedient und bin in die SED als ihrer größten politischen Organisation eingetreten. Zu sagen, es muss sich etwas ändern, ändert noch gar nichts. Hinter den Gardinen die Faust zu ballen und mit erhobenem Zeigefinger zu drohen, ist keine Heldentat. Sich einzubringen und zu versuchen, unter schwierigen Umständen zu verändern, war nötig. Dem habe ich mich, so glaube ich jedenfalls, solange das Land existierte, gestellt. Lange habe ich allerdings den Mechanismus des Machtapparates einer allein herrschenden Partei nicht richtig begriffen.

Ich hatte im Gegensatz zu etlichen Oppositionellen weder westdeutsche Berater, westdeutsche Geldgeber noch Zeitungen, westdeutsche Journalisten oder die Kirchen als Partner und Auffangbecken. Die Chancen mühevoller und mühsamer Veränderungsarbeit waren vorhanden, sie waren allerdings so bescheiden, dass man sich manchmal nicht zu schade sein durfte, auch gegen seinen Willen mit der Zunge fremde Schreibtische zu wischen.

Mein Vater hatte mich gewarnt: Junge, die Politik ist eine Hure. Wenn ich ihm heute noch antworten könnte, würde dies so sein: Vater, wer Charakter hat, wird ihn in der Regel auch in der Politik nicht verlieren, wer allerdings keinen hat, wird ihn auch in der Politik nicht gewinnen. Ich kann und werde niemals verdrängen, dass in der DDR eine Reihe grundlegender sozialer Menschenrechte gewährleistet waren. Daran ändert auch die Tatsache nichts, dass diese Fortschritte nicht frei von Deformierungen waren. Wir bezahlten allerdings unsere weitestgehende soziale Freiheit mit dem teuren Preis der politischen Unfreiheit.

Der Journalist und Publizist Heribert Prantl schrieb zwei Jahrzehnte nach der Wende in der »Süddeutschen Zeitung«: »Beim Aufbauen und Zupacken im Osten war der Westen nicht pingelig. Die Aufbau-Maschinerie fraß das, was im Osten schlecht gewesen war ebenso wie das, was dort gut gewesen war. Sie fraß die alte Ost-Elite, sie fraß die Politiker der ersten Wendestunde; sie fraß auch den Stolz der Ostdeutschen, ihre Sicherheit, ihr Selbstvertrauen und die Lust, den neuen Staat mitzugestalten. Die Menschen im Osten waren nicht Anpacker, sie wurden angepackt. Sie hatten die Mark gerufen, dann rollte die Marktwirtschaft über sie hinweg.« Und Ernesto Cardenal, Pfarrer und Ex-Kulturminister unter Ortega in Nicaragua, ebenfalls zwei Jahrzehnte nach der

Wende: »Der Sozialismus ist nicht gescheitert, weil er noch gar nicht richtig praktiziert worden ist. Was bisher gewesen ist, war noch nicht Sozialismus. Ich glaube, dass Sozialismus möglich und notwendig ist. Das ist die Doktrin der Heiligen Väter, der Bibel: Das gemeinschaftliche Eigentum ist heiliger als das Privateigentum; Gott hat den Reichtum für alle geschaffen und nicht nur für einige wenige. Gott hat uns als Sozialisten erschaffen, weil er uns wollte und uns braucht.«

Was ist wahr und was nicht? Es fällt mir heute noch schwer, das Zusammenspiel von Macht und Ohnmacht, von Tätern und Opfern im Staate DDR in all ihren Verästelungen zu verstehen. Das betrifft gleichermaßen die Gegenwart der Bundesrepublik. Ist wirklich nichts von der zivilen und gewaltfreien Absetzung der herrschenden Klasse übriggeblieben? Es gab zum Glück keinen Bürgerkrieg, nicht einmal einen Schuss. Das friedliche Ende der DDR verdient, welthistorisch gesehen, hohe Anerkennung, und das nicht nur für die relativ kleine Zahl der mutigen Bürgerrechtler, sondern auch für all die, die auf der Straße waren oder ihre Verantwortung im Interesse der Bürger wahrnahmen.

Natürlich stelle ich mir heute mehr denn je die alles entscheidende Frage: Warum hast du funktioniert, warum war dein Zweifel immer kleiner als dein Glaube und deine Hoffnung auf bessere Zeiten, warum warst du überzeugt, mit Lessing, Engels und Marx auf dem richtigen Wege zu sein? Ja, ich war überzeugt von der Alternative: Sozialismus oder Barbarei.

Letzten Endes wollte ich Ideale durchsetzen, die dieses System zwar postuliert hatte, die jedoch mit ihm unvereinbar waren. Das zu spät begriffen zu haben, war mein Fehler. So wurde ich als Verfechter humanistischer und emanzipatorischer Ideale selbst zum Träger dieses Systems. Dafür hatte ich meinen Preis zu zahlen, und ich habe ihn bezahlt.

Personenverzeichnis

Bildnachweis
Archiv des Autors (8, 12, 20, 34, 38, 58, 84, 87, 104, 124, 132, 148, 150, 151, 152, 173, 187, 189, 193, 195, 208, 229), Viola Boden (130, 161), Bundesarchiv Koblenz: (90, 159, 171, 181, 183, 185), Bundesbildstelle Bonn (173), Volker Döring (164), Film- u. Bildstelle der Universität Leipzig (36, 48), Armin Herrmann (126, 145), Landesbildstelle Berlin (157), Reinhard Mende (96), Siegfried Prölß (139), Helfried Strauß (92, 93, 127, 141, 153, 155)